# **Immobilien** verwalten und vermieten

Werner Siepe

# Immobilien
## verwalten und vermieten

# Inhaltsverzeichnis

**26** Diese Punkte gehören in eine Gemeinschaftsordnung

**145** So erstellen Sie eine gute Betriebskostenabrechnung für Mieter

**84** So prüfen Sie die Jahresabrechnung der Verwaltung

**115**
So finden Sie schnell
geeignete Miet-
kandidaten

**34**
Diese Kriterien
erfüllt eine gute
Hausverwaltung

**131**
Diese Informationen
dürfen Sie von Miet-
bewerbern erwarten

# Was wollen Sie wissen?

Alle reden über Kauf, Finanzierung oder Verkauf von Immobilien. In der eigentlichen Nutzungsphase stehen jedoch das Verwalten, die laufenden Bewirtschaftungskosten, das Modernisieren und für Kapitalanleger auch das Vermieten im Vordergrund. Praxisnahe Ratschläge und Tipps für Haus- und Wohnungseigentümer sind eher selten, aber doch unerlässlich.

## Worauf muss ich beim Hausgeld achten und wie hoch ist dies ungefähr?

**Das monatlich zu zahlende Hausgeld** umfasst sämtliche Bewirtschaftungskosten außer der Grundsteuer, also außer den im Fall der Vermietung umlagefähigen Betriebskosten auch die nicht umlagefähigen Verwaltungs- und Instandhaltungskosten. Zusätzlich ist im Hausgeld eine Instandhaltungsrücklage enthalten, über deren Höhe die Wohnungseigentümerversammlung nach Vorschlag des Hausverwalters entscheidet.

Das Hausgeld liegt durchschnittlich bei 4 bis 4,50 Euro pro Quadratmeter Wohnfläche im Monat. Zu den Betriebskosten von durchschnittlich 3 Euro pro Quadratmeter Wohnfläche im Monat kommen die Kosten für die Hausverwaltung in Höhe von jährlich 200 bis 300 Euro sowie laufende Instandhaltungskosten und die Instandhaltungsrücklage von beispielsweise monatlich 1 Euro pro Quadratmeter Wohnfläche hinzu. Über die Höhe des Hausgelds, die Jahresabrechnung und den Wirtschaftsplan des Hausverwalters informiert das 2. Kapitel „Wer zahlt was?"

## Welchen Nutzen haben eigentlich Eigentümerversammlungen und Beiräte?

**Der Hausverwalter** ist nur das ausführende Organ der Wohnungseigentümer. Daher sind die in der jährlich einzuberufenden Eigentümerversammlung gefassten Beschlüsse für ihn bindend. Insofern stellt diese Versammlung der Wohnungseigentümer das eigentliche „Parlament" dar. Wer an der Versammlung nicht teilnehmen kann oder will, sollte zumindest sehr sorgfältig das Einladungsschreiben zur Versammlung sowie das später übersandte Protokoll über die Wohnungseigentümerversammlung lesen.

Die meist aus drei Personen bestehenden Beiräte sind selbst Wohnungseigentümer. Gerade bei großen Eigentumswohnanlagen sind sie ein Bindeglied zwischen der Gemeinschaft der Wohnungseigentümer und dem Hausverwalter. Näheres dazu finden Sie im 1. Kapitel dieses Buches „Die Eigentümergemeinschaft".

## Welche Aufgaben hat ein Hausverwalter und was kostet er?

**Der Hausverwalter übernimmt** bei Eigentumswohnanlagen die Verwaltung des Gemeinschaftseigentums und sorgt für die ordnungsmäßige Instandhaltung dieses Eigentums, das allen Wohnungseigentümern gemeinsam gehört. Zu seinen Aufgaben zählt die Abrechnung über die Bewirtschaftungskosten im letzten Jahr und die Aufstellung des Wirtschaftsplans für das laufende Jahr. Außerdem beruft er die jährliche Wohnungseigentümerversammlung ein. Die Verwaltung des Sondereigentums Wohnung bleibt Aufgabe des Wohnungseigentümers, sofern er keinen individuellen Zusatzvertrag über die Verwaltung des Sondereigentums mit dem Wohnungsverwalter abschließt.

## Soll ich als Kapitalanleger auch die Mietverwaltung in fremde Hände geben?

**Wer seine Eigentumswohnung** vermietet, kann die Mietverwaltung, also die Verwaltung seines Sondereigentums Wohnung (Sondereigentumsverwaltung), selbst übernehmen. Die jährliche Betriebskostenabrechnung mit dem Mieter ist einfach, da die umlagefähigen Betriebskosten direkt der Jahresabrechnung des Hausverwalters entnommen werden können. Hinzu kommt dann nur noch die Grundsteuer, sofern diese laut Mietvertrag auf den Mieter umgelegt werden kann. Die Mietverwaltung durch Dritte (zum Beispiel auch durch den jeweiligen Hausverwalter) ist selbstverständlich nicht kostenlos. Insofern steigen die nicht umlagefähigen Verwaltungskosten, wenn sowohl die Verwaltung des Gemeinschaftseigentums (Hausverwaltung) als auch die Verwaltung des Sondereigentums (Mietverwaltung) in fremde Hände gegeben werden.

## Wie kalkuliere ich als Vermieter die angemessene Höhe von Nettokaltmiete und Neben- bzw. Betriebskosten ?

**Die geforderte Miete** soll sich an der ortsüblichen Vergleichsmiete laut offiziellem Mietspiegel orientieren. Bei Mieterhöhungen im Bestand bildet diese auch die Obergrenze. Außerdem darf die Kappungsgrenze von 15 bzw. 20 Prozent nicht überschritten werden, die Mieterhöhung darf danach innerhalb von drei Jahren maximal 20 Prozent der bisherigen Nettokaltmiete (bzw. 15 Prozent in Gebieten mit erhöhtem Wohnungsbedarf) ausmachen.

Die monatliche Umlage für die Betriebskosten sollte sich an den zu erwartenden umlagefähigen Betriebskosten aus dem Wirtschaftsplan für das laufende bzw. Folgejahr zuzüglich der Grundsteuer orientieren, damit die Mleter später nicht mit horrenden Nachforderungen überrascht werden.

## Wie gehe ich als Vermieter in Konfliktfällen vor?

**Über die Höhe der Nettokaltmiete,** die jährliche Abrechnung der Betriebskosten, die Beseitigung von Mängeln in der Wohnung und eventuelle Mietrückstände kommt es dann und wann zum Streit zwischen Vermieter und Mieter. Trotz möglichen Ärgers bei diesen Belastungsproben im laufenden Mietverhältnis sollten Vermieter ihre Mieter immer als Vertrags- und Sozialpartner ansehen und nach einer Lösung der aufgetretenen Probleme suchen. Ein juristischer Streit vor dem zuständigen Amtsgericht verursacht Zeit und evtl. auch Kosten, sofern Sie als Vermieter den Mietprozess verlieren und keine Rechtsschutzversicherung Ihre Anwalts- und Gerichtskosten übernimmt.

## Welche Maßnahmen zur Modernisierung und energetischen Sanierung beim Gemeinschaftseigentum sollten durchgeführt werden?

**Beim Gemeinschaftseigentum** können bauliche Änderungen nur einstimmig beschlossen werden, so dass derartige Wünsche von Miteigentümern in der Praxis fast immer scheitern. Anders sieht dies bei der Modernisierung im Gemeinschaftseigentum aus. Hier reicht ein doppelt qualifizierter Mehrheitsbeschluss. Dieser liegt dann vor, wenn drei Viertel aller stimmberechtigten Wohnungseigentümer, die mehr als die Hälfte aller Miteigentumsanteile vertreten, der Modernisierungsmaßnahme zustimmen.

Außer der Modernisierung ist häufig auch eine energetische Sanierung sinnvoll. Für Einzeldarlehen gibt es über die staatliche KfW-Bank zinsgünstige Fördermittel im Programm „Energieeffizient sanieren". Über Modernisierung und energetische Sanierung erfahren Sie Näheres im 4. Kapitel „Gemeinschaftseigentum erhalten".

# Die Eigentümer-gemeinschaft

Als Mitglied einer Wohnungseigentümer-gemeinschaft sind Sie im Gegensatz zum Eigentümer eines Einfamilienhauses nicht Ihr eigener „Herr im Haus", sondern Teil einer Hausgemeinschaft. Der Hausverwalter nimmt Ihnen die laufende Verwaltung ab und erstellt eine jährliche Abrechnung über die entstandenen Bewirtschaftungskosten.

**Manche Eigentümer von** Eigentumswohnungen empfinden ihr Miteigentum als Nachteil oder Zwang nach dem Motto „Mitgefangen, mitgehangen". Nicht selten wird die eigene Wohnung als „Eigentum auf der Etage" verspottet.

Die Eigentumswohnung bietet Ihnen im Vergleich zum Einfamilienhaus aber auch manche Bequemlichkeiten. Die Verwaltung und Erhaltung des Gemeinschaftseigentums wird in der Regel von einer hoffentlich professionellen Hausverwaltung gemanagt. Hausreinigung und Hausmeistertätigkeit erledigen ebenfalls Dritte. Das gute nachbarschaftliche Miteinander in intakten Eigentümergemeinschaften ist ebenfalls von Vorteil. Eher die Ausnahme dürften ständige Konflikte und ein bewusstes Gegeneinander unter hoffnungslos zerstrittenen Miteigentümern sein.

# Recht und Ordnung beim Wohnungseigentum

Manche Eigentümer von Eigentumswohnungen fürchten sich vor den vielen rechtlichen Bestimmungen. Als Nicht-Jurist wird es Ihnen aber nicht schwerfallen, die für Sie wichtigsten Teile des Wohnungseigentumsgesetzes (WEG) zu verstehen.

**Das WEG** müssen Sie ja nur in Zweifelsfällen zurate ziehen. Über wichtige Gerichtsentscheidungen wird Sie ein guter Hausverwalter auf dem Laufenden halten.

Die für Sie als Wohnungseigentümer wichtigsten Dokumente sind die Teilungserklärung einschließlich Aufteilungsplan sowie die Gemeinschaftsordnung. Rechtliche Grundlagen zum Wohnungseigentum finden Sie im WEG, das quasi ein „Grundgesetz" über Eigentumswohnungen darstellt und zumindest in Grundzügen jedem Wohnungseigentümer bekannt sein sollte.

## Das Wohnungseigentumsgesetz (WEG)

Das Wohnungseigentumsgesetz (abgekürzt WEG, offizielle Bezeichnung „Gesetz über das Wohnungseigentum und das Dauerwohnrecht") stammt aus dem Jahr 1951 und wurde zuletzt im Jahr 2007 reformiert. Einzelne Änderungen sind aber auch danach noch eingeführt worden (www.gesetze-im-internet.de/woeigg).

Der Kern des WEG steckt im I. Teil mit lediglich 30 Paragrafen. Der II. bis IV. Teil mit dem Dauerwohnrecht (§§ 31 bis 42), den Verfahrensvorschriften (§§ 43 bis 50) und den Ergänzenden Bestimmungen (§§ 61 bis 64) ist für Sie weniger interessant.

## Wohnungseigentum

Die Begriffe „Wohnungseigentum" und „Eigentumswohnung" werden oft gleichgesetzt. Tatsächlich bedeuten sie aber etwas Verschiedenes. Der vor allem umgangssprachlich verwendete Begriff „Eigentumswohnung" meint das Immobilienobjekt Wohnung im Unterschied zum Ein-, Zwei- oder Mehrfamilienhaus.

Hingegen ist „Wohnungseigentum" ein rechtlicher und gesetzlich definierter Begriff. Er gibt Auskunft über den rechtlichen Inhalt des Eigentumsrechts am Objekt Eigentumswohnung oder an einem anderen Objekt.

So heißt es in § 1 Abs. 2 Wohnungseigentumsgesetz (WEG) wörtlich: „Wohnungseigentum ist das Sondereigentum an einer Wohnung in Verbindung mit dem Miteigentumsanteil an dem gemeinschaftlichen Eigentum, zu dem es gehört."

Dieses Wohnungseigentum im Sinne des WEG ist somit eigentlich eine Mischform beziehungsweise ein Zwitter. Einerseits stellt es Alleineigentum an einer Wohnung dar. Auf der anderen Seite ist mit diesem Alleineigentum an einer Wohnung noch ein Miteigentums- beziehungsweise Bruchteilsanteil am Gemeinschaftseigentum verbunden.

Jedes „Objekt" Eigentumswohnung mit Miteigentumsanteil am Gemeinschaftseigentum ist daher zugleich „Rechtskonstrukt" Wohnungseigentum im juristischen Sinne. Aber umgekehrt muss nicht jedes Wohnungseigentum auch eine Eigentumswohnung sein. So kommt es – wenn auch nur in seltenen Fällen – durchaus vor, dass ein Reihenhaus zu Wohnungseigentum im Sinne des WEG werden kann, sofern gleichzeitig ein Miteigentumsanteil am Gemeinschaftseigentum damit verbunden ist.

### → Reihenhaus: Ein Sonderfall im Sinne des WEG

Im August 2011 wurde zum Beispiel am Amtsgericht Neuss bei Düsseldorf ein vermietetes Reihenendhaus versteigert. Dieses Reihenhaus war rechtlich Wohnungseigentum im Sinne des WEG, da der ursprüngliche Ei-

# HÄTTEN SIE'S GEWUSST?

Verordnungen und Gesetze zum Mietrecht bestehen bereits seit über hundert Jahren. Nach einer Reform in 2001 sind diese mit Inkrafttreten des Mietrechtsreformgesetzes in das Bürgerliche Gesetzbuch übernommen worden.

Das Wohnungseigentumsrecht ist dagegen relativ jung und erst nach der Währungsreform in 1948 entstanden.

Bis heute hat das 1951 verabschiedete und relativ schlanke Gesetz erst zwei Reformen erfahren. Eine mögliche dritte Reform in den nächsten Jahren kündigt sich an.

Zum WEG gibt es eine umfangreiche Rechtsprechung. Allein der Bundesgerichtshof (BGH) als oberstes Zivilgericht spricht Jahr für Jahr zwischen 45 und 55 Urteile zum Wohnungseigentumsrecht.

gentümer sein Mehrfamilienhaus in fünf gleichartige Reihenhäuser mit Miteigentumsanteilen am Gemeinschaftseigentum aufgeteilt und zugleich auch einen Hausverwalter bestellt hatte. Die Verwirrung unter den Bietinteressenten war angesichts der für sie ungewöhnlichen Rechtssituation groß, obwohl der zuständige Rechtspfleger ausführlich diese rechtliche Besonderheit erläuterte. Die Verwirrung nutzte offensichtlich der einzige ernsthafte Bieter, um das im Jahr 2003 gebaute Reihenendhaus mit einer Wohnfläche von 133 Quadratmetern und einem Verkehrswert von 240 000 Euro für 70 Prozent des Verkehrswerts zu ersteigern. Der Ersteigerungspreis von 168 000 Euro machte nur das 14-Fache der Jahresnettokaltmiete von rund 12 000 Euro aus.

Wie das Beispiel zeigt, werden auch Einfamilien-(reihen-)häuser zuweilen vermietet. Bei Eigentumswohnungen ist dies sogar recht häufig der Fall.

In der öffentlichen Diskussion spielt jedoch das selbst genutzte Wohneigentum eine größere Rolle. Dazu zählen üblicherweise sowohl Einfamilienhäuser als auch Eigentumswohnungen. Knapp drei Viertel aller Selbstnutzer bewohnten laut Volkszählungsdaten des Statistischen Bundesamts ein Einfamilienhaus.

Ein knappes Viertel nutzt die Eigentumswohnung selbst. In Westdeutschland wohnen rund 25 Prozent aller Selbstnutzer in Eigentumswohnungen. Nur in den Bundesländern der ehemaligen DDR, wo bis zum Jahr 1990 der Erwerb einer Eigentumswohnung nicht möglich war, liegt der Anteil der Selbstnutzer in Eigentumswohnungen mit 15 Prozent deutlich darunter.

Bei der von der Statistik ermittelten Wohneigentumsquote, also dem Anteil der vom Eigentümer selbst bewohnten Häuser (zum Beispiel freistehendes Einfamilienhaus, Reihenhaus, Doppelhaushälfte) oder Wohnungen (zum Beispiel Eigentumswohnung oder selbst genutzte Wohnung im eigenen Mehrfamilienhaus), kommt es gar nicht auf das Immobilienobjekt an, sondern allein auf die Art der Nutzung. Aktuell liegt diese Wohneigentumsquote nach der Volks- und Gebäudezählung in Deutschland bei rund 44 Prozent. Das heißt: Knapp die Hälfte aller Häuser und Wohnungen wird vom Eigentümer selbst bewohnt. Immer noch mehr als die Hälfte aller Wohnimmobilien bewohnen Mieter, die einen Mietvertrag mit einem privaten Wohnungseigentümer oder einem Wohnungsunternehmen (einschl. Genossenschaften und Kommunen) abgeschlossen haben.

In einer typischen Eigentumswohnanlage sind unter den Wohnungseigentümern daher sowohl Selbstnutzer als auch Kapitalanleger beziehungsweise Vermieter anzutreffen. Insbesondere in kleineren Wohnanlagen sind meist die Selbstnutzer deutlich in der Mehrheit, während die Kapitalanleger und Investmentfirmen in Großwohnanlagen oft dominieren. Eine gesunde Mischung aus Selbstnutzern und Kapitalanlegern ist allerdings für jede Eigentumswohnanlage von Vorteil. Die gemeinsamen Interessen hinsichtlich Verwaltung, Bewirtschaftung, Kosten und Erhaltung der Wohnanlage sollten die gegensätzlichen Interessen bei der Nutzung des Wohnungseigentums (Selbstnutzung oder Vermietung) deutlich übersteigen.

Zuweilen kommt es innerhalb der Eigentümergemeinschaft zum Streit, wenn ein Eigentümer seine Wohnung auch für nichtwohnliche Zwecke (zum Beispiel als Büro eines Steuerberaters, Rechtsanwalts oder Architekten) nutzen will. Meist ist eine Regelung vorgesehen, wonach die Nutzung der Wohnung für freiberufliche oder gewerbliche Zwecke einer schriftlichen Zustimmung des Verwalters bedarf. Dabei gilt nach herrschender Rechtsmeinung der Grundsatz, dass eine vom Wohnzweck abweichende Nutzung nur zulässig ist, wenn die davon ausgehenden Störungen nicht größer sind als bei einer bestimmungsgemäßen wohnlichen Nutzung des Wohnungseigentums.

Die Eigentümergemeinschaft kann aber auch einstimmig beschließen, dass Wohnungseigentum grundsätzlich von einer beruflichen oder gewerblichen Nutzung ausgeschlossen wird. Allerdings muss eine solche Nutzungsbeschränkung in das Grund-

# HÄTTEN SIE'S GEWUSST?

40 Millionen Wohnungen gibt es in Deutschland, etwa jede vierte ist eine Eigentumswohnung.

30 Millionen Wohnungen befinden sich in Ein- oder Zweifamilienhäusern sowie in reinen Miethäusern.

Knapp 10 Millionen Eigentumswohnungen mit als 1,8 Millionen Eigentümergemeinschaften gibt es in Deutschland.

54 Prozent der privaten Eigentumswohnungen werden von den Wohnungseigentümern selbst genutzt.

Die übrigen 46 Prozent sind vermietet. Die Vermieter legen das Geld typischerweise in einer Eigentumswohnung an, um damit eine zusätzliche Altersvorsorge aufzubauen.

buch eingetragen werden, damit im Falle eines Eigentümerwechsels auch der neue Eigentümer daran gebunden ist.

## Teileigentum

Das Teileigentum, das nach § 1 Abs. 3 WEG nicht wohnlich genutzt werden darf, ist hingegen grundsätzlich für eine berufliche oder gewerbliche Nutzung vorgesehen. Typischerweise fallen darunter freiberuflich oder gewerblich genutzte Räume wie Büros, Läden oder Gewerberäume.

Das Teileigentum unterscheidet sich vom Wohnungseigentum also lediglich durch die Art der Nutzung und besitzt den Charakter von „Gewerbeeigentum". Gemeinsam mit dem Wohnungseigentum hat es aber die Zwittereigenschaft, also das Alleineigentum an den Räumen in Verbindung mit dem Miteigentumsanteil am Gemeinschaftseigentum.

Für Sie als Wohnungseigentümer sind die Teileigentümer keine Konkurrenten, da sowohl Wohnungs- als auch Teileigentümer zur Eigentümergemeinschaft gehören. Für das Teileigentum gelten bis auf die unterschiedlichen Nutzungsrechte und -zwecke die gleichen Vorschriften wie für das Wohnungseigentum.

Viele Eigentümergemeinschaften möchten aber ausschließen, dass die im Teileigentum befindlichen Räume gleichermaßen für alle gewerbliche Nutzungen zur Verfügung stehen (zum Beispiel Gaststätte oder Nachtbar). Sie können dann eindeutige Nutzungsbeschränkungen wie „Teileigentum Büro" oder „Teileigentum Laden" festlegen. Wenn eine solche Regelung vorliegt, kann jeder Eigentümer die Unterlassung einer abweichenden Nutzung verlangen.

## Gemeinschafts- und Sondereigentum

Ein Grundsatzstreit zwischen Selbstnutzern und Vermietern der Eigentumswohnungen oder zwischen Wohnungs- und Teileigentümern ist in aller Regel überflüssig und kommt in der Praxis auch relativ selten vor. Ganz anders sieht dies bei der Abgrenzung des Wohnungs- oder Teileigentums (als Sondereigentum an einer Wohnung oder an nicht wohnlich genutzten Räumen) vom

Gemeinschaftseigentum aus. Gedanklich ist alles ganz einfach: Gemeinschaftseigentum ist alles, was nicht Sondereigentum und damit nicht Alleineigentum an einer Wohn- oder Gewerbeeinheit ist.

Oder noch einfacher: Alles, was beispielsweise bei einer reinen Wohnungsbesichtigung nach Öffnen der Wohnungstür unmittelbar ins Auge fällt, wäre Sondereigentum. Was aber bei einer gründlichen Hausbesichtigung mit Kellerräumen, Treppenhaus und Außenanlagen zu sehen ist und nicht zum Sondereigentum zählt, wäre danach Gemeinschaftseigentum.

Ganz so einfach ist die Abgrenzung von Sonder- und Gemeinschaftseigentum in der Praxis aber leider nicht, wie die vielen teilweise erbittert vor den zuständigen Gerichten (Amts-, Land-, Oberlandesgericht und Bundesgerichtshof) ausgetragenen Streitfälle belegen.

Die Gründe für einen Streit zwischen Wohnungseigentümern und der Eigentümergemeinschaft liegen meist auf zwei ganz verschiedenen Ebenen. Es gibt Wohnungseigentümer, die ihren Balkon frei nach ihren Wünschen gestalten wollen (zum Beispiel Sonnenmarkise, Schilfmatten, Wintergarten) und dadurch den Unmut einiger Miteigentümer hervorrufen. Oft wissen diese Eigentümer nicht, dass Balkongeländer und Markisen zum Gemeinschaftseigentum und nicht zum Sondereigentum zählen. Steht andererseits bei einer Wohnung eine teure Balkonsanierung an,

meinen wiederum viele Miteigentümer, sie müssten dafür die Kosten nicht mittragen, obwohl alle der Sicherheit dienenden festen Balkonbauteile (Balkonplatte, -gitter, -brüstung, -decke einschließlich Abdichtungen und Abflüsse) eindeutig Gemeinschaftseigentum sind.

## → Was zum Gemeinschafts- und Sondereigentum gehört

Zum Gemeinschaftseigentum gehört zunächst einmal das Gebäude selbst, also alle tragenden Bauteile und Versorgungsleitungen bis zu den Wohnungen, Heizungsanlage, Fahrstuhl, Treppenhaus und Fassade. Dazu kommen alle Gemeinschaftsanlagen wie Wasch- und Trockenräume im Keller oder die Außenanlagen.

Das Sondereigentum Wohnung umfasst insbesondere folgende Teile innerhalb der Wohnung: Nichttragende Zwischenwände, Fußboden- und Deckenbeläge, Belag von Balkonen, Loggien und Terrassen, Wandbelag und Wandbekleidung, Heizkörper sowie Elektro- und Sanitärinstallationen.

Bei Türen und Fenstern kommt es aber darauf an. Die Hauseingangstür und Wohnungseingangstür von außen zählen ebenso zum Gemeinschaftseigentum wie Fenster und Fensterbänke von außen sowie Außenjalousien. Wohnungseingangstür von innen und Innentüren innerhalb der Wohnung sind indes genauso Sondereigentum wie Fenster und Rollladenkästen einschließlich der Rollladengurte von innen.

Grundsätzlich zählen Balkonraum, Innenanstrich und Bodenbelag noch zum Sondereigentum. Die konstruk-tiven Bauteile einschließlich Außen-geländer und Markisen sind aber Ge-meinschaftseigentum.

Schon das Anbringen von Schilfmatten an der Balkonbrüstung kann als bauliche Ver-änderung von Gemeinschaftseigentum an-gesehen werden und daher ebenso zum Ab-bau zwingen wie das Aufspannen eines Son-

## Checkliste

# Gemeinschafts- und Sondereigentum

**Zum Gemeinschaftseigentum gehören:**

- ☐ Briefkastenanlage
- ☐ Carports
- ☐ Dach und Dachfenster
- ☐ Fensterrahmen (mindestens die Außenseiten)
- ☐ Hauseingangsflur
- ☐ Wohnungstüren (mindestens die Außenseiten)
- ☐ Treppenhaus
- ☐ Aufzug
- ☐ Fußbodenheizung
- ☐ Markisen
- ☐ Garten

**Zum Sondereigentum gehören:**

- ☐ Heizkörper mit Heizkörperventilen
- ☐ Gasetagenheizung
- ☐ Offener Kamin (nicht aber der Kamin/Rauchabzug)
- ☐ Nichttragende Trennwände
- ☐ Wohnungsinnentüren
- ☐ Sanitärobjekte im Bad
- ☐ Einbauküche

**Aufzug und Treppenhaus**
sind ganz sicher Gemeinschaftseigentum.

nensegels auf der Hochterrasse. Das Oberlandesgericht Köln verbot einem Wohnungseigentümer, aus seinem Balkon einen Wintergarten zu machen (Az. 16 Wx 205/96), da die Miteigentümer ihre Zustimmung verweigert hatten. Einen Rückbau der Balkonverglasung forderte das Bayerische Oberste Landesgericht (Az. II BR 123/97), da sich die Miteigentümer nachteilig beeinträchtigt sahen.

Nicht erlaubt sind auch Satellitenschüsseln, die vom Wohnungseigentümer eigenmächtig an Dach oder Hauswand befestigt werden – es sei denn, dass kein Kabelanschluss vorhanden ist. Das Aufstellen von Parabolantennen auf dem Balkon ist wiederum erlaubt, sofern sie nicht oder nur wenig über die Brüstung hinausragen.

Sie mögen diese Fälle als Kleinkram ansehen. Dennoch kommen sie in der Praxis immer wieder vor und führen oft zu Streit. Dieser wäre zu vermeiden, wenn die Wohnungseigentümer zunächst die Zustimmung der Eigentümergemeinschaft zu den von ihnen geplanten Maßnahmen einholen würden.

Einige Beispiele für eindeutige Abgrenzungen zwischen Sonder- und Gemeinschaftseigentum sind in der Checkliste auf Seite 18 aufgeführt. In diesen Fällen dürfte es auch nach geltender Rechtsprechung keinen Streit mehr geben.

## Sondereigentum und Sondernutzungsrecht

Terrassen und Gartenflächen bei Erdgeschosswohnungen oder Tiefgaragenstellplätze zu Wohnungen können direkt als Sondereigentum oder auch als Sondernutzungsrecht beim Gemeinschaftseigentum geregelt sein.

Bei einem zur Wohnung gehörenden Tiefgaragenstellplatz kann es beispielsweise im Wohnungsgrundbuch heißen:

„TG-Stellplatz als Sondereigentum

Blatt 1704

6,153/1 000 Miteigentumsanteil an dem Grundstück ... , verbunden mit dem Sondereigentum an der Wohnung Nr. 108 nebst einem Keller im Kellergeschoss

Blatt 1890

0,239/1 000 Miteigentumsanteil an dem Grundstück ... , verbunden mit dem Sondereigentum an dem KFZ-Einstellplatz Nr. 395 in der Tiefgarage"

In diesem Fall stellen sowohl die Wohnung nebst dazugehörigem Kellerraum als auch der Stellplatz in der Tiefgarage Sondereigentum dar. Es handelt sich also juristisch um zwei Immobilien, die daher auch getrennt in zwei unterschiedlichen Grundbuchblättern eingetragen werden.

Folge: Der jetzige Eigentümer von Wohnung und TG-Stellplatz kann beide Einheiten getrennt an zwei verschiedene Eigentümer verkaufen. Vom Hausverwalter erhält er auch zwei unterschiedliche Jahresabrechnungen über die entstandenen Kosten. Nur steuerlich zählen Wohnung und TG-Stellplatz als ein Objekt. Dies kann von Bedeutung sein, wenn ein Eigentümer mehr als drei Objekte innerhalb eines Zeitraums von fünf Jahren verkaufen und dadurch zum gewerblichen Grundstückshändler avancieren würde.

Garagenstellplätze können übrigens nur Sondereigentum werden, wenn sie dauerhafte Markierungen besitzen. In diesem Fall gelten sie ausnahmsweise wie Wohnungen als abgeschlossene Räume.

Meist wird den Wohnungseigentümern aber nur ein Sondernutzungsrecht am jeweiligen Garagenstellplatz eingeräumt, der rechtlich weiterhin zum Gemeinschaftseigentum zählt. Dann heißt es beispielsweise im Grundbuchblatt:

„TG-Stellplatz als Gemeinschaftseigentum mit Sondernutzungsrecht

Blatt 12026

44,48/1 000 Miteigentumsanteil an dem Grundstück ... verbunden mit dem Sondereigentum an der Wohnung im 1. Obergeschoss, im Aufteilungsplan mit Nr. 6 bezeichnet. Es sind hinsichtlich der im Gemeinschaftseigentum stehenden Terrassen, mit G 1 bis G 12 bezeichneten Stellplätze in der Tiefgarage und mit K 1 bis K 12 bezeichneten Kellerräume Sondernutzungsregelungen getroffen."

In diesem Fall handelt es sich also wirtschaftlich und rechtlich um ein Immobilienobjekt. Die Eigentumswohnung ist Sondereigentum, während zur Wohnung gehörenden TG-Stellplätze und Kellerräume im Gemeinschaftseigentum stehen, an dem der Wohnungsinhaber ein exklusives Sondernutzungsrecht hat.

Dieses Sondernutzungsrecht ist also ein alleiniges Nutzungsrecht am Gemeinschaftseigentum zugunsten des jeweiligen Sondereigentümers und schließt alle anderen Miteigentümer von der Nutzung aus. Oft wird geregelt, dass der Inhaber des Sondernutzungsrechts auch die Kosten der Bewirtschaftung zu tragen hat. Wenn dies nicht vereinbart wird, bleiben die Kostenlast sowie die Pflicht zur Instandhaltung und -setzung des mit Sondernutzungsrechten belegten Gemeinschaftseigentums (zum Beispiel TG-Stellplatz oder Terrasse bei der

Erdgeschosswohnung) Angelegenheit der Eigentümergemeinschaft.

Häufig sind auch Sondernutzungsrechte für Gartenflächen, die an Erdgeschosswohnungen angrenzen. Für direkt der jeweiligen Wohnung zugeordnete Kellerräume (Abteile) wird meist kein Sondernutzungsrecht vereinbart, wenn der Kellerraum mit der Wohnung gemeinsam Sondereigentum bildet.

Sondernutzungsrechte an Balkonen beziehungsweise Loggien kommen in der Praxis außerordentlich selten vor.

## Teilungserklärung und weitere Dokumente

Recht und Ordnung für Ihr Wohnungseigentum sind in einer Fülle von Dokumenten festgelegt. Das sind im Einzelnen:

- ▶ Teilungserklärung
- ▶ Aufteilungsplan mit Miteigentumsanteilen
- ▶ Abgeschlossenheitsbescheinigung
- ▶ Gemeinschaftsordnung
- ▶ Hausordnung

Damit Sie diese Dokumente immer griffbereit haben, sollten Sie diese in einem Ordner aufbewahren oder digital (als Scans) auf Ihrem Computer speichern. Einige Hausverwalter bieten Ihnen nach Eingabe von Benutzername und Kennwort auf ihrer Homepage oder unter dem Informationsportal www.meineverwaltung.info auch das Herunterladen dieser und weiterer Dokumente wie Protokolle von Eigentümerversammlungen, Feuerversicherungspolice und Energieausweis an.

Das mit Abstand wichtigste Dokument für den Wohnungseigentümer ist die notariell beurkundete Teilungserklärung (Muster in der Hilfe ab Seite 173). Darin erklärt der Eigentümer des Grundstücks nach § 8 WEG gegenüber dem Grundbuchamt, wie er das Grundstück beziehungsweise Haus in Miteigentumsanteile aufteilt und das individuelle Sondereigentum vom Gemeinschaftseigentum abgrenzt.

Die Teilungserklärung klärt die Eigentumsverhältnisse und beantwortet letztlich die Frage, was und wie viel vom Grundstück beziehungsweise Haus nach erfolgter Teilung wem gehört.

Der Grundstückseigentümer erklärt vor dem Notar die Teilung des Grundstücks und beantragt die Eintragung im Grundbuch. Der Eintragungsbewilligung, die jedem Grundbuchamt vorliegt, ist nach § 7 Abs. 4 WEG eine Bauzeichnung beizufügen, aus der die Aufteilung des Gebäudes sowie die Lage und Größe der im Sondereigentum und im Gemeinschaftseigentum stehenden Gebäudeteile ersichtlich ist (Aufteilungsplan). Gleichzeitig ist eine Bescheinigung über die Abgeschlossenheit von Wohnungen oder sonstigen Räumen (Abgeschlossenheitsbescheinigung) als Anlage beizufügen. Beide Dokumente – Aufteilungsplan und Abgeschlossenheitsbescheinigung – werden von der zuständigen Baubehörde

**Fassade und Balkone**
Auch das gehört zum Gemeinschaftseigentum

oder in Ausnahmefällen von einem öffentlich bestellten und anerkannten Sachverständigen für das Bauwesen ausgestellt.

### → Wer die Teilungserklärung abgibt

Der Eigentümer des Grundstücks
kann ein Bauträger sein, der ein zu
errichtendes Haus in Neubau-Eigen-
tumswohnungen aufteilt. Bei einem
gebrauchten Mietwohnhaus wird als
Eigentümer ein Wohnungsunternehmen oder ein privater Investor infrage
kommen, der Mietwohnungen in Eigentumswohnungen umwandelt und
dabei das Mietwohnhaus in Wohnungen nach dem WEG aufteilt.

Schließlich kann auch der Eigentümer eines Zweifamilienhauses auf die
Idee kommen, sein Haus beispielsweise in zwei Eigentumswohnungen
aufzuteilen. Die größere Eigentumswohnung nutzt er dann meist selbst,
während er die kleinere Eigentumswohnung vermietet. Diese Konstrukti-

on wird gern gewählt, um die Hypo-
thekenzinsen für die zu 100 Prozent
fremdfinanzierte vermietete Eigentumswohnung steuerlich absetzen zu
können.

Ihre Rechte und Pflichten als Wohnungseigentümer sind unabhängig
von der Frage, ob Sie Ihre Eigentumswohnung als Neubau vom Bauträger,
als gebrauchtes Objekt von einem
Wohnungsunternehmen oder vom
privaten Eigentümer erworben haben,
der in dem Haus noch selbst eine Eigentumswohnung nutzt.

In ganz seltenen Fällen wird Wohnungseigentum nach § 3 WEG durch
die vertragliche Einräumung von Sondereigentum durch mehrere Grund-
stücks- beziehungsweise Miteigentümer begründet.

### Der Aufteilungsplan

Kern jeder Teilungserklärung ist der Aufteilungsplan. Darin werden die Sondereigen-

**Grundriss und Aufteilungsplan** sind für die Eigentümer ganz wesentliche Unterlagen.

tumseinheiten (Wohnungs- und Teileigentum) mit ihrer genauen Lage innerhalb des Hauses (zum Beispiel „Erdgeschoss links") beschrieben und mit einer Nummer bezeichnet. Wenn Kellerräume den Wohnungen direkt zugeordnet werden, können sie die gleiche Nummerierung erhalten wie die Wohnungen. Gesonderte Nummern bekommen Stellplätze in der Tiefgarage.

## Miteigentumsanteile

Für jedes Wohnungs- und Teileigentum wird zugleich der Miteigentumsanteil (meist mit „MEA" abgekürzt) angegeben, und zwar in Form eines jeweiligen Bruchteils (zum Beispiel „Miteigentumsanteil von ... 21,831/1000 ... verbunden mit dem Sondereigentum ..."). Dies bedeutet konkret, dass der Eigentümer zu 21,831 Promille beziehungsweise rund 2,2 Prozent am gesamten Grundstück beziehungsweise Haus beteiligt ist. Dieser Miteigentumsanteil soll bei einem reinen Wohnhaus (also ohne Teileigentum) die Wohnfläche seiner Wohnung an der gesamten Wohnfläche des Hauses widerspiegeln, muss es aber nicht. Es kann daher sinnvoll sein, anhand der Wohnfläche für die einzelne Wohnung im Verhältnis zur Gesamtwohnfläche für das Haus die Berechnung des konkreten Miteigentumsanteils zu überprüfen.

In der Praxis kommen Anteile als Hundertstel, Tausendstel oder auch Zehntausendstel vor. Auch scheinbar völlig praxisfremde Miteigentumsanteile wie 73,0391772/10000 bei einer größeren Eigentumswohnanlage in Düsseldorf gibt es tatsächlich. In diesem Fall macht der Miteigentumsanteil nur 0,73 Prozent der gesamten Wohnfläche aus.

Für jeden Miteigentumsanteil wird im Wohnungsgrundbuch beziehungsweise Teileigentumsgrundbuch ein besonderes Grundbuchblatt angelegt. Die Höhe des Miteigentumsanteils wirkt sich für Sie als Wohnungseigentümer gleich in doppelter Weise aus. Die Verteilung der laufenden Betriebs- und Instandhaltungskosten für das Wohnungseigentum laut Jahresabrechnung des Hausverwalters richtet sich in der Regel nach dem Miteigentumsanteil, sofern nicht ein anderer Verteilungsschlüssel (zum Bei-

24

spiel tatsächlicher Verbrauch von Kaltwasser durch Wasserzähler sowie Heizungs- und Warmwasser bei Heizkostenverteilern in der Wohnung, Anzahl der Wohneinheiten, Wohnfläche) gewählt wird.

Darüber hinaus wird auch die Stimmberechtigung in der Wohnungseigentümerversammlung meist nach Miteigentumsanteilen berechnet, falls nicht nach Köpfen beziehungsweise Anzahl der Wohnungen je Eigentümer abgestimmt wird.

Der Miteigentumsanteil als Berechnungsmaßstab für die Kosten- und Stimmverteilung führt zu der an sich logischen Folgerung: Eine große Wohnung mit einem hohen Miteigentumsanteil wird mit höheren laufenden Kosten belastet als eine kleine. Außerdem hat der Eigentümer der größeren Wohnung beziehungsweise von zwei Wohnungen ein gewichtigeres Stimmrecht als derjenige mit einer kleineren Wohnung beziehungsweise nur einer Wohnung.

### → Zu geringe oder zu hohe Miteigentumsanteile

Vorsicht ist geboten, wenn die zugrunde gelegten Miteigentumsanteile das Verhältnis der Wohnflächen nicht richtig widerspiegeln. Der teilende Grundstückseigentümer könnte die ihm weiter gehörenden großen Eigentumswohnungen mit zu geringen Miteigentumsanteilen ansetzen, um bei der Verteilung der Kosten Geld zu sparen. Umgekehrt könnte er relativ zu hohe Miteigentumsanteile für die weiter in seinem Eigentum stehenden Wohnungen vorsehen, um sich in der Eigentümerversammlung eine leichtere Stimmenmehrheit zu verschaffen. Dem teilenden Grundstückseigentümer bleibt es schließlich selbst überlassen, wie er die Miteigentumsanteile berechnet. Eine spätere Änderung ist nahezu unmöglich, da sie einstimmig erfolgen muss.

### Abgeschlossenheitsbescheinigung

Die Abgeschlossenheitsbescheinigung ist eine weitere Voraussetzung für die Teilung eines Grundstücks. Wohnungen und andere Räume, die das Sondereigentum bilden, müssen nach § 3 Abs. 2 WEG in sich abgeschlossen und baulich vom Gemeinschaftseigentum völlig getrennt sein. Garagenstellplätze gelten ausnahmsweise als abgeschlossene Räume, wenn ihre Flächen durch dauerhafte Markierungen ersichtlich sind.

Als abgeschlossen gelten nach einer Verwaltungsvorschrift Wohnungen, die einen eigenen abschließbaren Zugang unmittelbar vom Freien, von einem Treppenhaus oder von einem Vorraum haben und bei denen Wasserversorgung, Ausguss und WC innerhalb der Wohnung liegen.

Als Wohnung gilt nach der gleichen Verwaltungsvorschrift die Summe der Räume, welche die Führung eines Haushalts ermöglichen. Dazu zählen zwingend eine Küche oder ein Raum mit Kochgelegenheit (sogenannte Kochnische) sowie Wasserversorgung, Ausguss und WC. Eine bestimmte Mindestgröße in Quadratmetern ist nicht vorgeschrieben.

## Gemeinschaftsordnung

Der Teilungserklärung im engeren Sinne müssen nur der Aufteilungsplan mit Miteigentumsanteilen und die Abgeschlossenheitsbescheinigung beigefügt sein. Damit wird lediglich geklärt, wem was gehört (zum Beispiel Sondereigentum Wohnung mit Kellerraum und Garagenstellplatz) und wie groß dessen Miteigentumsanteil am gesamten Grundstück ist.

Die eigentlichen Regelungen für das Verhältnis der Mitglieder der Eigentümergemeinschaft (Wohnungs- und Teileigentümer) untereinander stehen in der Gemeinschaftsordnung, die meist als Anhang der Teilungserklärung beigefügt und im weiteren Sinne auch zur Teilungserklärung gezählt wird. Diese Gemeinschaftsordnung ist am ehesten mit einer Vereinssatzung zu vergleichen, da sie Regeln für ihre Mitglieder beziehungsweise Miteigentümer aufstellt. Einen Auszug aus einer solchen Gemeinschaftsordnung finden Sie im Hilfeteil ab Seite 173.

## Hausordnung

Eventuell wird der Gemeinschaftsordnung auch noch die Hausordnung beigefügt. Die

### Unser Experten-Tipp

**Als Vermieter werden** Sie die Hausordnung in der Regel als Anlage zum Mietvertrag auch für Ihre Mieter zur gültigen Vereinbarung machen. Inhaltlich muss die Hausordnung sich im Rahmen der gesetzlichen und vertraglichen Regelungen halten. Es können darin keine zusätzlichen, wesentlichen Pflichten auferlegt oder übliche Rechte wesentlich eingeschränkt oder gar ganz aufgehoben werden. Beachten Sie, dass Ihre Mieter die Hausordnung unterschreiben müssen, damit sie rechtlich bindend wird.

Hausordnung regelt das tägliche Miteinander der Hausbewohner, also beispielsweise das Einhalten von Ruhezeiten, Benutzungsregelungen für die Gemeinschaftsräume und Abstellregelungen für Treppenhaus, Hauseingang sowie Kellerräume. Im Gegensatz zur Gemeinschaftsordnung können Änderungen der Hausordnung jederzeit mit einfachem Mehrheitsbeschluss erfolgen.

Diese Hausordnung ist dann sinnvoll, wenn Eigentumswohnungen auch von Mietern genutzt werden oder wenn Vermieter und Mieter in der gleichen Eigentumswohnanlage wohnen.

# Das gehört in eine Gemeinschaftsordnung

☐ **Gegenstand des Wohnungs- und Teileigentums:** Begriffsbestimmungen zu Wohnungseigentum, Teileigentum, Sondereigentum, Gemeinschaftliches Eigentum, Sondernutzungsrechte

☐ **Gebrauchsregelung:** insbesondere zum Gebrauch von Sondereigentum und Sondernutzungsrechten, Nutzungsvorschriften für Garagen und Teileigentum

☐ **Veräußerung und Vermietung** von Wohnungseigentum: erforderliche schriftliche Zustimmung des Verwalters bei der Veräußerung, aber nur Anzeigepflicht mit Benennung des Mieters bei der Vermietung

☐ **Instandhaltung und Instandsetzung**: bei Sondereigentum und gemeinschaftlichem Eigentum, Bildung einer Instandhaltungsrückstellung

☐ **Veränderungen und Verbesserungen**: erforderliche schriftliche Zustimmung des Verwalters, falls das gemeinschaftliche Eigentum berührt wird, aber keine vorherige Zustimmung beim Sondereigentum und Sondernutzungsrecht

☐ **Versicherungen:** Abschluss von Gebäudeversicherung gegen Feuer-, Sturm-, Hagel- und Leitungswasserschäden sowie Grundbesitzhaftpflichtversicherung gegen Inanspruchnahme aus der gesetzlichen Haftpflicht als Grundstückseigentümer

☐ **Entziehung des Wohnungseigentums**: zum Beispiel bei hohen Hausgeldrückständen

☐ **Kosten des Wohnungseigentums**: Beiträge des Eigentümers zur Deckung der laufenden Bewirtschaftungskosten, und zwar der Betriebskosten, Heizungs- und Warmwasserkosten, Instandhaltungskosten und Verwaltungskosten, mit monatlicher Vorausleistung des Eigentümers und jährlicher Abrechnung sowie Wirtschaftsplan durch den Verwalter

☐ **Versammlung der Wohnungseigentümer**: mindestens einmal im Jahr Eigentümerversammlung, Beschlussfähigkeit, Stimmanteile entsprechend den Miteigentumsanteilen, einfache Mehrheit oder qualifizierte Mehrheit bei baulichen Veränderungen

☐ **Verwalter**: Bestellung und Abberufung des Verwalters, Abschluss eines Verwaltervertrags

☐ **Verwaltungsbeirat**: Bestellung durch Stimmenmehrheit, Beirat bestehend aus drei Wohnungseigentümern

# Rund um die Verwaltung

Wohnungseigentumsgesetz, Teilungserklärung sowie Gemein-
schafts- und Hausordnung sind nur die rechtlichen Grundlagen
für die Eigentümer, worauf die eigentliche Verwaltung aufbaut.

**Während die Verwaltung** des Sondereigentums (zum Beispiel der vermieteten Eigentumswohnung) grundsätzlich jedem einzelnen Wohnungseigentümer
überlassen bleibt, sind für die Verwaltung
des Gemeinschaftseigentums drei Organe
zuständig:

▸ Wohnungseigentümer (einschließlich
  Wohnungseigentümerversammlung)
▸ Verwalter
▸ Verwaltungsbeirat.

Die Wohnungseigentümer treffen ihre Entscheidungen in der Eigentümerversammlung, die als oberstes Verwaltungsorgan fungiert, quasi als „Parlament" der Wohnungseigentümer.

Der von den Wohnungseigentümern bestellte Verwalter ist ausführendes Organ.
Der aus den Reihen der Wohnungseigentümer gewählte Verwaltungsbeirat unterstützt schließlich den Verwalter bei seiner
Arbeit.

Die Annahme, dass alles am Verwalter
(üblicherweise als „Hausverwalter" bezeichnet, obwohl dieser Begriff im Wohnungseigentumsgesetz gar nicht vorkommt) hän-
genbleibt, steht also im Widerspruch zu der
genannten Dreiteilung der Verwaltung, die
so auch vom Wohnungseigentumsgesetz
gewollt ist. Die eigentlichen Herren der Verwaltung sind und bleiben die Wohnungseigentümer selbst. Es hängt von den jeweiligen Machtverhältnissen in einer Wohnungseigentümergemeinschaft (auch als
„WEG" abgekürzt ebenso wie das Wohnungseigentumsgesetz) ab, wie dominant die Rolle des Hausverwalters oder beispielsweise
von Mehrheitseigentümern ist.

## Ordnungsmäßige Verwaltung

Die Verwaltung einer Eigentumswohnanlage erfolgt typischerweise durch einen Hausverwalter, der selbst nicht Wohnungseigentümer ist. Dies muss aber nicht zwingend so
sein.

Die Wohnungseigentümer können aus
ihren Reihen einen Hausverwalter wählen,
der selbst eine Wohnung im Objekt besitzt
und selbst nutzt. Dies kommt bei kleineren
Eigentümergemeinschaften durchaus vor.
Die „Selbstverwaltung" durch einen Miteigentümer in kleineren Eigentümergemeinschaften, die möglicherweise sogar noch ehrenamtlich vom Miteigentümer ausgeübt
wird, stellt aber sicher eine Ausnahme dar.

## Umfang der ordnungsmäßigen Verwaltung nach WEG

- ☐ Aufstellung einer Hausordnung
- ☐ Ordnungsmäßige Instandhaltung und Instandsetzung des gemeinschaftlichen Eigentums
- ☐ Feuerversicherung des gemeinschaftlichen Eigentums zum Neuwert sowie angemessene Versicherung der Wohnungseigentümer gegen Haus- und Grundbesitzerhaftpflicht

- ☐ Ansammlung einer angemessenen Instandhaltungsrückstellung
- ☐ Aufstellung eines Wirtschaftsplans
- ☐ Duldung aller Maßnahmen, die zur Herstellung einer Fernsprechteilnehmereinrichtung, einer Rundfunkempfangsanlage oder eines Energieversorgungsanschlusses zugunsten eines Wohnungseigentümers erforderlich sind

Auf einen Hausverwalter kann sogar vollständig verzichtet werden, falls sich die Eigentümergemeinschaft darauf einigt. Dies bietet sich beispielsweise bei einem Haus mit nur zwei oder drei Eigentumswohnungen an, in dem der ehemalige Eigentümer des Hauses selbst eine Wohnung nutzt.

Rechtlich gilt Folgendes: Nach § 20 Abs. 2 WEG kann die Bestellung eines Verwalters nicht ausgeschlossen werden. Das heißt aber nur, dass eine solche Bestellung nicht verweigert werden darf, wenn mindestens ein Eigentümer dies verlangt.

Im Regelfall ist der Hausverwalter aber ein externer Dienstleister, der laut Verwaltervertrag gegen Vergütung arbeitet. In größeren Eigentümergemeinschaften beziehungsweise Eigentumswohnanlagen gibt es dazu praktisch auch keine Alternative.

Unabhängig von der Frage, ob der Hausverwalter nun ein Dritter oder ein Miteigentümer ist oder überhaupt nicht existiert, müssen die Wohnungseigentümer eine ordnungsmäßige Verwaltung des gemeinschaftlichen Eigentums sicherstellen.

Was heißt aber ordnungsmäßig? Nach WEG ist es das, was dem geordneten Zusammenleben in der Gemeinschaft dient und dem Interesse der Gesamtheit der Wohnungseigentümer nach billigem Ermessen entspricht. Diese zunächst recht vage Umschreibung einer ordnungsmäßigen Verwal-

**Eigentumswohnungen verwalten**
Für Gesprächsbedarf ist immer gesorgt.

tung wird in § 21 Abs. 5 WEG durch die Aufzählung einzelner Maßnahmen konkretisiert (siehe Checkliste Seite 28).

Diese Liste der Maßnahmen für eine ordnungsmäßige Verwaltung ist bei Weitem nicht vollständig. Beispielsweise wird in der Checkliste nicht die Aufstellung einer Jahresabrechnung oder Einberufung der Eigentümerversammlung erwähnt, die für einen von den Wohnungseigentümern bestellten Hausverwalter unbedingte Pflicht sind. Darüber hinaus ist auch der laut WEG vorgegebene Rahmen noch im konkreten Einzelfall auszufüllen.

Dies gilt beispielsweise für die Aufstellung einer Hausordnung, die Gebrauchsregelungen für die Nutzung von Sondereigentum und Gemeinschaftseigentum im Haus selbst betrifft. Daher ist die Hausordnung von allen Bewohnern des Hauses einzuhalten, also von den Eigentümern, die ihre Wohnung selbst nutzen, und den Mietern der jeweiligen Eigentumswohnung.

Üblicherweise wird die Hausordnung durch mehrheitlichen Beschluss in der Wohnungseigentümerversammlung aufgestellt auf Basis eines vom Verwalter oder Verwaltungsbeirats erarbeiteten Entwurfs. Diese von den Wohnungseigentümern beschlossene Hausordnung sollte dann gut sichtbar im Hausflur ausgehängt sein. Wer seine Eigentumswohnung vermietet, muss seine Mieter bereits im Mietvertrag ausdrücklich auf die Einhaltung der Hausordnung hinweisen oder die geltende Hausordnung gleich als Anlage dem Mietvertrag beifügen.

## Verwalter

Der Verwalter einer Eigentumswohnanlage wird im Normalfall durch Mehrheitsbeschluss der Wohnungseigentümer bestellt. Handelt es sich um ein Neubauobjekt oder um ein aus Mietwohnungen in Eigentumswohnungen umgewandeltes Objekt, wird der Bauträger oder teilende Eigentümer (also das umwandelnde Unternehmen) den ersten Verwalter bereits in der Teilungserklärung beziehungsweise Gemeinschaftsordnung bestellen.

Wenn Sie eine neugebaute oder vor kurzem durch Umwandlung entstandene Eigentumswohnung erworben haben, haben

**Checkliste**

# Zusätzliche Aufgaben des Verwalters laut WEG

☐ Einberufung der Wohnungseigentümerversammlung (mindestens einmal im Jahr und mit einer Einladungsfrist von mindestens zwei Wochen, sofern kein Fall besonderer Dringlichkeit vorliegt)

☐ Einberufung einer außerordentlichen Wohnungseigentümerversammlung, wenn dies schriftlich unter Angabe der Gründe von mehr als einem Viertel der Wohnungseigentümer verlangt wird

☐ Niederschrift über die in der Versammlung gefassten Beschlüsse und Führung einer Beschluss-Sammlung

☐ Durchführung der Beschlüsse der Wohnungseigentümer und Organisation für die Durchführung der Hausordnung

☐ Treffen von Maßnahmen für die ordnungsmäßige Instandhaltung

und Instandsetzung sowie sonstige Erhaltung des gemeinschaftlichen Eigentums

☐ Verwaltung eingenommener Gelder getrennt von seinem eigenen Vermögen

☐ Anforderung, Entgegennahme und Abführung von Lasten- und Kostenbeiträgen sowie Abführung und Entgegennahme von allen Zahlungen und Leistungen, die mit der laufenden Verwaltung des gemeinschaftlichen Eigentums zusammenhängen

☐ Erstellung eines Wirtschaftsplans (jeweils für ein Kalenderjahr)

☐ Erstellung einer Jahresabrechnung nach Ablauf des Kalenderjahrs

☐ Rechnungslegung auf Verlangen der Wohnungseigentümer

Sie es fast immer mit dem Erstverwalter zu tun. In den übrigen Fällen hat die Eigentümerversammlung den bestehenden Verwaltervertrag fristgemäß auslaufen lassen oder den Erstverwalter aus wichtigen Gründen vorzeitig abberufen.

Die Wohnungseigentümerversammlung hat sich anschließend im Regelfall mit

**Hausverwalter im Gespräch**
Auf seine Qualifikation und Seriosität
kommt es besonders an.

Mehrheit für einen neuen Verwalter entschieden. Kommt ausnahmsweise kein Mehrheitsbeschluss zustande, kann jeder einzelne Wohnungseigentümer wegen seines Anspruchs auf ordnungsgemäße Verwaltung die Bestellung eines Verwalters durch das Gericht verlangen. Der gerichtlich bestellte Verwalter kann dann von den Wohnungseigentümern durch Mehrheitsbeschluss wiederbestellt oder durch einen neuen Verwalter abgelöst werden.

Im Wohnungseigentumsgesetz (WEG) ist immer nur von dem „Verwalter" die Rede. Dieser Verwalter ist ausschließlich für die Verwaltung des Gemeinschaftseigentums, also des Hauses oder der Eigentumswohnanlage, zuständig und wird daher auch als „Hausverwalter" bezeichnet oder auch als Wohnimmobilienverwalter im „Gesetz zur Einführung einer Berufszulassungsregelung für gewerbliche Immobilienmakler und Wohnimmobilienverwalter", das zum 1.8.2018 in Kraft getreten ist. Bis zum 1.3.2019 haben bereits tätige Verwalter von Wohnungseigentum Zeit, ihre Erlaubnis zu beantragen. Laut Gesetz geforderte Nachweis über Fortbildungen müssen erstmals im August 2021 nachgewiesen werden.

### → Hausverwaltung als WEG-Verwaltung

Die Hausverwaltung, also die Verwaltung des Gemeinschaftseigentums, ist streng von der Verwaltung des Sondereigentums (zum Beispiel bei einer noch zu vermietenden oder bereits vermieteten Eigentumswohnung) zu unterscheiden. Die eigentliche Hausverwaltung ist im Wohnungseigentumsgesetz (WEG) und in der Teilungserklärung einschließlich Gemeinschaftsordnung geregelt. Der Hausverwalter wird daher auch „WEG-Verwalter" genannt.

Die Mietwohnungsverwaltung als Verwaltung des Sondereigentums (z. B. Wohnung) ist davon streng zu trennen. Regelungen darüber finden sich nur in einem extra abgeschlossenen Vertrag zwischen dem Mietwohnungsverwalter, der meist gleichzeitig als Hausverwalter fungiert, und dem Kapitalanleger, der seine Eigentumswohnung an Dritte vermietet. Wer seine Eigentumswohnung selbst nutzt, benötigt keinen Extra-Vertrag. Ob sich eine kostenpflichtige Mietwohnungsverwaltung für den Vermieter und Kapitalanleger überhaupt lohnt, ist fraglich. Näheres dazu erfahren Sie im Kapitel über die Vermietung.

### Aufgaben des Verwalters

Die Aufgaben des Verwalters beziehungsweise Hausverwalters gehen deutlich über die für eine „nur" ordnungsmäßige Verwaltung notwendigen Maßnahmen hinaus.

Zunächst einmal muss sich der Hausverwalter streng an die Bestimmungen des Wohnungseigentumsgesetzes, der Teilungserklärung einschließlich Gemeinschaftsordnung sowie an die Beschlüsse der Wohnungseigentümerversammlung halten. Zusätzliche, über eine ordnungsmäßige Verwaltung hinausgehende Aufgaben des Verwalters laut Wohnungseigentumsgesetz oder Gemeinschaftsordnung sind zu beachten.

Die auf Seite 30 aufgeführten Aufgaben sind unabdingbar und können nicht durch Vereinbarungen der Eigentümer eingeschränkt werden. Neben diesen hier genannten Aufgaben des Verwalters ist zusätzlich auf die Aufgaben für eine ordnungsmäßige Verwaltung zu verweisen. Dazu gehört beispielsweise die Ansammlung einer angemessenen Instandhaltungsrückstellung (meist als „Instandhaltungsrücklage" bezeichnet) und der Abschluss einer Wohngebäudeversicherung sowie einer Haus- und Grundbesitzerhaftpflichtversicherung.

### Verwaltervertrag

Der Verwaltervertrag wird zwischen der Wohnungseigentümergemeinschaft und dem Verwalter abgeschlossen. Meist werden darin nur Vertragsdauer und mögliche Kündigung bei Vorliegen eines wichtigen Grundes sowie die Verwaltervergütung festgelegt.

Hinsichtlich der Aufgaben des Verwalters wird in der Regel nur auf die Bestimmungen des Wohnungseigentumsgesetzes, der Teilungserklärung mit Gemeinschaftsordnung sowie die gefassten Beschlüsse der Wohnungseigentümergemeinschaft hingewiesen.

Oft wird dem Verwaltervertrag als Anlage ein kompletter Leistungskatalog des Verwalters beigefügt, der sämtliche Grund- und Zusatzleistungen detailliert auflistet. Dieser Leistungskatalog sollte dann sehr genau geprüft werden.

Beispielsweise ist der Winterdienst (Streupflicht bei Schneefall und Eisglätte zwischen 7 und 20 Uhr) Aufgabe des Hausverwalters und sollte aus rechtlichen Gründen im Verwaltervertrag ausdrücklich aufgeführt sein. Der Hausverwalter wird diese Aufgabe dann an Dienstleister vergeben, sodass sich der Wohnungseigentümer nicht selbst um den Winterdienst kümmern muss.

**Verwaltungsvertrag**
Handschlag ist gut, schriftlicher
Vertrag ist besser.

## Muster-Verwaltungsvertrag

Die von den Verwalter- und Wohnungsge-
sellschaftsverbänden entwickelten Muster-
formulare für Verwaltungsverträge richten
sich typischerweise nach den Interessen ihrer Mitglieder. Auch die Formulare, die regelmäßig von den Verwaltern selbst verwendet werden, orientieren sich natürlich
vorrangig an deren eigenen Interessen.

Der Verein „wohnen im eigentum e.V."
hat einen eigenen Muster-Verwaltungsver-
trag speziell für Wohnungseigentümergemeinschaften entwickelt. Dieser Musterver-
trag bietet Wohnungseigentümergemeinschaften die Chance, ihre eigenen Vorstellungen und Anforderungen besser zu
erkennen, zu optimieren, zu konkretisieren
und schriftlich zu fixieren. Das Muster steht
allerdings seit 2017 nur noch WEG-Mitglie-
dern des Vereins ohne Zusatzkosten zur Verfügung. Es soll als Vorlage dienen oder kann
direkt als Vertragsentwurf in die Verhand-
lungen eingebracht werden.

Außer dem Vertragsformular nebst Erläuterungen wird als Anlage ein Formular
für den Leistungskatalog geboten, in dem
die Grundleistungen und die Zusatzleistungen eines Verwalters aufgelistet sind und
mit Vergütungssätzen versehen werden
sollten. Ebenso beigefügt ist die Muster-Ver-
waltervollmacht.

## Verwaltervergütung

Die Verwaltervergütung wird meist auf monatlicher Basis angegeben und je Wohnung
und zusätzlich je Garagenstellplatz berechnet. Die Höhe ist grundsätzlich frei vereinbar-
bar. Üblicherweise liegen die jährlichen Entgelte zwischen 200 und 300 Euro pro Wohnung und 20 bis 30 Euro pro Tiefgaragen-
stellplatz. Als Orientierungshilfe gelten
auch die Vorschriften der Zweiten Berechnungsverordnung, die aber nur für den
staatlich geförderten Mietwohnungsbau
verbindlich sind. Danach dürfen seit 1.1.2017
für die Verwaltung bis zu 284,63 Euro pro
Wohnung und Jahr und 37,12 Euro pro Garagenstellplatz und Jahr berechnet werden.
Meist liegt die tatsächlich pro Jahr gezahlte
Vergütung für die Verwaltung von Eigentumswohnungen und Tiefgaragenstellplät-
zen mehr oder minder deutlich darunter.

**Checkliste**

# Der geeignete Hausverwalter

## Qualifikation und Kommunikation

Der Hausverwalter

☐ ist kaufmännisch, bautechnisch und rechtlich versiert,

☐ ist Mitglied in einem Berufsverband für Hausverwalter,

☐ hat eine Vermögensschadenhaftpflicht- und

☐ eine Berufshaftpflichtversicherung abgeschlossen,

☐ ist persönlich oder über Mitarbeiter ansprechbar,

☐ hat einen Notdienst eingerichtet (24-Stunden-Service),

☐ führt regelmäßig (mindestens einmal vierteljährlich) eine Begehung der verwalteten Wohnanlage durch,

☐ überwacht ständig die Arbeiten von Hausmeister und Hausreinigungskräften,

☐ vergibt größere Instandhaltungsmaßnahmen nach Einholung von mindestens drei Angeboten an Handwerksunternehmen (nach Abstimmung mit dem Verwaltungsbeirat oder Mehrheitsbeschluss in der Eigentümerversammlung),

☐ überwacht die Ausführung der Instandhaltungsarbeiten,

☐ prüft, ob die Hausordnung eingehalten wird.

## Eigentümerversammlung

Der Hausverwalter

☐ versendet die Einladung zur jährlichen Eigentümerversammlung mindestens zwei Wochen vor dem Versammlungstermin, der nicht in Ferienzeiten liegt und mit dem Verwaltungsbeirat abgestimmt wird,

☐ erläutert verständlich die einzelnen Tagesordnungspunkte und macht Vorschläge für zu treffende Beschlüsse der Eigentümerversammlung,

☐ erstellt das Protokoll über die Eigentümerversammlung und sendet es den Wohnungseigentümern spätestens zwei Wochen nach dem Versammlungstermin zu,

☐ führt eine Beschluss-Sammlung, in die jeder Wohnungseigentümer Einsicht nehmen kann.

**Jahresabrechnung, Wirtschaftsplan und Rechnungswesen**

Der Hausverwalter

☐ erstellt eine verständliche und nachprüfbare Jahresabrechnung bis Mitte des Folgejahrs,

☐ trennt die Kosten nach umlagefähigen Betriebskosten und nicht umlagefähigen Verwaltungs- und Instandhaltungskosten auf (wichtig für Vermieter),

☐ legt eine Zusammenstellung über die steuerlich absetzbaren Lohnanteile für Handwerkerleistungen und haushaltsnahe Dienstleistungen bei (für Selbstnutzer oder Mieter, die 20 Prozent der Lohnanteile von ihrer Steuerschuld abziehen können),

☐ weist Bildung und Auflösung von Instandhaltungsrückstellungen sowie der darauf entfallenden Zinsen minus Zinsabschlagsteuer und Solidaritätszuschlag für das Objekt insgesamt und anteilig für Ihre Eigentumswohnung und eventuell Garagenstellplatz aus,

☐ erstellt einen Wirtschaftsplan mit Hinweis auf voraussichtliche Instandhaltungen und Instandsetzungen und eventuell Erhöhung der Instandhaltungsrückstellung oder geplanter Sonderumlage,

☐ lässt das vollständige und übersichtliche Rechnungswesen stichprobenmäßig vom Verwaltungsbeirat überprüfen.

**Qualifizierte und geeignete Hausverwalter**

Ein guter, also qualifizierter und geeigneter Hausverwalter, ist sein Geld wert. Wer als Wohnungseigentümer mit seinem langjährig tätigen Hausverwalter voll zufrieden ist, kann sich glücklich schätzen.

Die Beurteilung, was ein guter Hausverwalter ist, lässt sich nicht allein an der Erfüllung der laut Wohnungseigentumsgesetz sowie Teilungserklärung mit Gemeinschaftsordnung festgelegten Pflichten festmachen. Der fachlich qualifizierte und geeignete Hausverwalter muss kaufmännisch, bau-

**Hausverwaltung**
Nutzen Sie auch Empfehlungen aus dem Bekanntenkreis bei Ihrer Auswahl.

technisch und rechtlich kompetent sein, also in drei Bereichen professionell arbeiten können. Leider gibt es heute keine bundesweit einheitlichen Prüfungsstandards für die Ausbildung von Verwaltern, lediglich 20 Stunden Fortbildung innerhalb von 3 Jahren sind nachzuweisen. Im Prinzip kann also jeder gewerblicher Hausverwalter werden. Meist ist es ein gutes Zeichen, wenn der Hausverwalter einem Fachverband wie beispielsweise dem Dachverband Deutscher Immobilienverwalter e.V. angehört.

Ob Ihr Hausverwalter gut arbeitet, können Sie anhand der Checkliste auf Seite 34 überprüfen, die sich anlehnt an die beim Verbraucherschutzverein „wohnen im eigentum" entwickelten Empfehlungen (www.wohnen-im-eigentum.de).

Einige Hausverwalter bieten den Wohnungseigentümern auch einen besonderen Service im Internet an. Über ein „Kundenlogin" auf der Homepage des Hausverwalters können Sie als Wohnungseigentümer nach Eingabe Ihrer Zugangsdaten (Objektnummer, Benutzername und Kennwort) wichtige Unterlagen wie beispielsweise Tei-

lungserklärung mit Gemeinschaftsordnung, Hausordnung, Feuerversicherungsnachweis, Energieausweis, Beschluss-Sammlung, Protokolle von früheren Eigentümerversammlungen und Tagesordnung für die nächste Eigentümerversammlung einsehen beziehungsweise herunterladen.

Andere Hausverwalter bieten einen ähnlichen Service über das Informationsportal www.meineverwaltung.info an. Dort kann Ihr Hausverwalter nach Verwendung einer speziellen Software Dokumente und News für die Wohnungseigentümer einstellen. Das Login erfolgt dann direkt über die Angabe von Benutzername und Kennwort, die Sie von Ihrem Hausverwalter mitgeteilt bekommen.

Falls ein neuer Hausverwalter gesucht und ausgewählt wird, sollte der Verwaltungsbeirat mindestens drei Angebote über Leistungen und Vergütungen des Hausverwalters einholen und auf der Vorlage von Referenzen bestehen. Die Auswahl und Bestellung des neuen Hausverwalters erfolgt dann durch Mehrheitsbeschluss in der Eigentümerversammlung.

## Suche und Auswahl von Hausverwaltern

Oft sind Wohnungseigentümergemeinschaften auf der Suche nach dem richtigen Hausverwalter und bei der Auswahl überfordert. Der Verein „wohnen im eigentum e.V." gibt dazu folgende Tipps:

Hochglanzprospekte, aufwändige Internetseiten, umfangreiches Informationsmaterial, überzeugendes Auftreten – wenn sich WEG-Verwalter um neue Aufträge bemühen, werden alle Register modernen Marketings gezogen. Doch was steckt dahinter? Was leistet der Verwalter und ist er zuverlässig? Geht der Verwalter verantwortungsbewusst mit den Geldern der Eigentümer um?

Die Eigentümergemeinschaft vertraut dem Verwalter umfangreiches Vermögen an. Sie muss ihm vertrauen und auf seine Kompetenz setzen können. Hier hakt es, denn Eigentümergemeinschaften wissen meistens nicht, an wen sie sich wenden und wie sie die Auswahl entsprechend ihrer Anforderungen durchdacht und zielbewusst durchführen sollen.

Der Verwalter wird in der Regel für zwei bis fünf Jahre bestellt und nimmt die wichtigste Rolle bei der Verwaltung ein – unterstützt vom Beirat und der Eigentümergemeinschaft. Die Auswahl des richtigen Verwalters ist daher von entscheidender Bedeutung.

Zur Bewertung und als Entscheidungshilfe veröffentlicht der Verein „wohnen im Eigentum" ein Themenpaket „Verwaltungswechsel", mit dem die Wohnungseigentümergemeinschaften die richtigen Schritte gehen, um eine geeignete (neue) Verwaltung zu bestellen; und um einen Verwaltervertrag mit ihr abzuschließen, der die Bedürfnisse der Wohnungseigentümer ins Zentrum stellt. Für WEG-Mitglieder bei „wohnen im eigentum e.V." ist das Paket gratis abrufbar, für Einzelmitglieder und Nichtmitglieder ist es kostenpflichtig.

## Auskunftsportal zur Verwaltersuche

Seit 5. Februar 2014 ist unter www.wohnen-im-eigentum.de das neue Auskunftsportal zur Verwaltersuche freigeschaltet. Mitglieder können sich hier nach Erfahrungen mit bestimmten Verwaltungen erkundigen. Dies kann sehr hilfreich sein bei der Suche nach einem neuen Verwalter. Von WiE-Mitgliedern wurden bereits mehr als 800 Verwaltungsunternehmen (Stand: 1.9.2017) aus dem gesamten Bundesgebiet eingetragen.

Diese Auskünfte können wichtige Zusatzinformationen sein – zusätzlich zu den Bewerbungsunterlagen des Verwalters, zum Vorstellungsgespräch und zu den Vertragsverhandlungen. Die erhaltenen Informationen können helfen, die Bewerbungsunterlagen richtig zu interpretieren und den Bewerbern die „richtigen" Fragen zu stellen. So profitieren Sie von den Erfahrungen anderer Eigentümergemeinschaften und können diese als Hilfen bei der Auswahl eines geeigneten Verwalters nutzen.

# „So verstehe ich professionelle Hausverwaltung."

**Sandra Braunwald** leitet seit 1994 eine Hausverwaltung in Berlin.

**Seit fast zwanzig Jahren sind Sie Hausverwalterin für Eigentumswohnanlagen in Berlin. Wie schaffen Sie es, die Jahresabrechnung bereits im jeweiligen Frühjahr nach Belegprüfung mit dem Verwaltungsbeirat an die Wohnungseigentümer zu versenden?**

Ich beginne sehr früh im Jahr damit, die Zählerstände den Versorgern zuzuschicken und kann so sehr früh die Daten an die Heizkostenabrechnungsfirmen weitergeben, sodass ich dann sehr früh mit den Wohngeldabrechnungen beginnen kann. So bin ich mit den ersten Abrechnungen schon Anfang Februar, mit den letzten in der Regel bis Mitte April fertig, dann folgen die Belegprüfungen und die Versammlungen, sodass ich in der Regel bis Ende Juni mit allen regulären Versammlungen durch bin.

**Jahresabrechnung und Wirtschaftsplan sind ja Gegenstand der jährlichen Eigentümerversammlung. Kommt es**

dabei zuweilen auch zum Streit über den richtigen Kostenverteilungsschlüssel? Nach welchem Berechnungsschlüssel sollten nach Ihrer Meinung beispielsweise die Kalt- und Abwasserkosten für das Sondereigentum Wohnung verteilt werden?

Leider kommt es immer wieder zu Auseinandersetzungen, aber hier gelten immer die Regelungen der Teilungserklärung, sofern sie nicht per Beschlussfassung geändert werden. So können auch die Wasserkosten nur entsprechend der Teilungserklärung oder, was ich auch für sinnvoll halte, über separate Verbrauchserfassung abgerechnet werden.

**Entscheidungen über notwendige Instandhaltungen und -setzungen treffen Sie in Absprache mit dem Verwaltungsbeirat, sofern die Kosten nicht mehr als 2 500 Euro ausmachen. Wie entscheiden die Wohnungseigentümer typischerweise in der Versammlung, wenn die Kosten deutlich darüber liegen?**

Die Eigentümer richten sich in der Regel nach den Empfehlungen des Beirats und von mir, wenn vorher die notwendigen Instandsetzungsmaßnahmen mit der Einholung von Angeboten und der Überlegung, wie die Finanzierung erfolgen kann, gründlich vorbereitet sind.

**Worin sehen Sie zurzeit die größten Hindernisse bei der Planung und Beauftragung von Instandsetzungen oder Reparaturen? Was empfehlen Sie deshalb Ihren Eigentümergemeinschaften?**

Aktuell ist das größte Problem, dass die Firmen oft schon auf Monate hinaus ausgebucht sind. Kleinaufträge können so oft nur noch ohne vorheriges Angebot im Stunden- und Materialnachweis in einer angemessenen Zeit bearbeitet werden. Das Einholen von Vergleichsangeboten auch für größere Bauvorhaben ist zwischen April und November kaum noch möglich, so werden die Zeiten zwischen dem Wunsch nach Umsetzung einer größeren Maßnahme und der tatsächlichen Umsetzung immer länger.

**Sie veröffentlichen auf Ihrer Homepage eine Empfehlungsliste von Handwerkern und Architekten in Berlin. Haben Sie bzw. die von Ihnen vertretenen Wohnungseigentümer, die beispielsweise ihr Sondereigentum Wohnung modernisieren wollen, damit gute Erfahrungen gemacht?**

Viele Eigentümer fragen mich nach Handwerkern, wenn sie Arbeiten beauftragen wollen. Mit der Empfehlungsliste haben sie dazu einen ersten Ansatz bekommen, um Firmen anzufragen, dies hat sich in der Vergangenheit bewährt.

**Die von Ihnen geführten laufenden Treuhandkonten lauten auf den Namen der jeweiligen Wohnungseigentümergemeinschaft. Halten Sie Treuhandkonten, die üblicherweise auf den Namen des Verwalters eingetragen sind, aus Sicht der Wohnungseigentümer für gänzlich ungeeignet oder sogar für gefährlich?**

Mit diesen Konten habe ich persönlich keine Erfahrung, bin aber sehr dafür, die Konten komplett getrennt von denen der Hausverwaltung zu halten.

**Angesichts der andauernden Niedrigzinsphase bringt die Anlage der Instandhaltungsrücklage nur noch Minizinsen um die 1 Prozent. Die Neuausgabe von Bundesschatzbriefen wurde im Jahr 2013 sogar eingestellt. Gibt es außer Tages- oder Festgeld nach Ihrer Ansicht keine Alternative? Welche anderen Wünsche äußern die Wohnungseigentümergemeinschaften?**

Meines Erachtens gibt es keine Alternative, da die Gelder mündelsicher festgelegt werden müssen.

## Abberufung des Verwalters

Ein ganz heißes Eisen ist der verständliche Wunsch der Wohnungseigentümer nach Abberufung eines Verwalters, mit dem man nicht mehr zusammenarbeiten will. Sofern der über meist drei und höchstens fünf Jahre laufende Verwaltervertrag nicht ohnehin in Kürze endet, müssen aber wichtige Gründe für eine fristlose Kündigung des Vertrags vorliegen. Üblicherweise steht im Verwaltervertrag folgende Klausel:

„Beim Vorliegen eines wichtigen Grundes kann das Vertragsverhältnis von jedem Vertragsteil ohne Einhaltung einer Frist außerordentlich beendet werden."

Über das, was ein wichtiger Grund der Wohnungseigentümer zur Trennung vom Hausverwalter ist, kann man im Einzelfall streiten. Es muss sich im Grundsatz um ein nachhaltig zerstörtes Vertrauensverhältnis zwischen Hausverwalter und den Wohnungseigentümern handeln, sodass eine weitere Zusammenarbeit beiden Seiten nicht mehr zugemutet werden kann. Eine bloße Unzufriedenheit mit dem jetzigen Hausverwalter reicht nicht aus.

Im Vorfeld sollte daher eine hieb- und stichfeste Begründung für die Abwahl des bisherigen Verwalters vorliegen. Als wichtige Gründe zur sofortigen Kündigung des Verwaltervertrags und Abberufung des Hausverwalters kommen nach der Rechtsprechung beispielsweise infrage:

### → Wichtige Gründe für die Abwahl des Hausverwalters

Veruntreuung oder unberechtigte Verfügung über Gemeinschaftsgelder

Verurteilung des Verwalters wegen Eigentums- oder Vermögensdelikten oder Verschweigen nicht getilgter Vorstrafen bei der Verwalterbestellung

Entgegennahme von Provisionen beim Abschluss von Versicherungsverträgen für die Eigentümergemeinschaft

Wiederholte, nicht rechtzeitige oder verzögerte Vorlage der Jahresabrechnung (zum Beispiel nach Ablauf des auf den Abrechnungszeitraum folgenden Jahres)

Nichteinberufung einer ordentlichen Eigentümerversammlung über einen Zeitraum von eineinhalb Jahren oder Verhinderung einer außerordentlichen Eigentümerversammlung zur Abwahl des Verwalters

Wahrheitswidrige und unrichtige Protokollführung über die in der Eigentümerversammlung gefassten Beschlüsse oder Übersendung des Protokolls erst drei Monate nach dem Versammlungstermin

Nichtgewährung des Einsichtsrechts in die Protokolle früherer Eigentümerversammlungen oder in die Beschluss-Sammlung

Tätigkeit als Makler gegen den Willen der Wohnungseigentümer

Nicht als wichtiger Grund werden beispielsweise angesehen: Verzögerungen bei der Durchführung von Reparaturen oder bei der Beantwortung von Anfragen der Wohnungseigentümer, personelle Verflechtungen des Verwalters mit einem Wohnungseigentümer oder gelegentliche Unhöflichkeiten des Verwalters und seiner Angestellten.

## 66 Getrennt marschieren im Konfliktfall: Unerwünschten Hausverwalter abberufen und zugleich einen neuen bestellen!

Die Abberufung des ehemaligen Verwalters und die Bestellung des neuen sollte sinnvollerweise unmittelbar nacheinander in einer außerordentlichen Eigentümerversammlung erfolgen. Diese außerordentliche Versammlung der Wohnungseigentümer muss stattfinden, wenn mehr als ein Viertel der Wohnungseigentümer dies unter Angabe eines wichtigen Grundes verlangt. Der bisherige Verwalter hat dann die außerordentliche Eigentümerversammlung einzuberufen, in der er selbst abstimmungsberechtigt ist mit seiner eigenen Stimme als auch mit den ihm durch Vollmacht übertragenen Stimmen von Eigentümern. Bei einer gro-

ßen Anzahl von Vollmachten und einer entsprechenden Stimmenmehrheit kann er also seine eigene Abberufung verhindern.

Kommt eine Abberufung des Verwalters trotz Vorliegen eines wichtigen Grundes nicht zustande, kann sie auf Antrag eines Wohnungseigentümers auch durch das Gericht erfolgen.

### Der Verwaltungsbeirat
Die Bestellung eines Verwaltungsbeirats, der den Hausverwalter nach § 29 Abs. 2 Wohnungseigentumsgesetz (WEG) bei der Durchführung seiner Aufgaben unterstützt, ist gesetzlich zwar nicht vorgeschrieben. Üblicherweise bestellen aber die Wohnungseigentümer durch Stimmenmehrheit aus ihren Reihen einen Verwaltungsbeirat, der dann aus drei Personen – einem Vorsitzenden und zwei Beisitzern – besteht.

Wirtschaftsplan, Jahresabrechnung, Rechnungslegung und Kostenvoranschläge sollen laut § 29 Abs. 3 WEG vor dem Termin für die jährliche Eigentümerversammlung vom Verwaltungsbeirat geprüft und mit dessen Stellungnahme versehen werden.

Professor Derleder sieht in dieser Aufgabenbeschreibung des WEG für den Verwaltungsbeirat eine „unüberbrückbare Knappheit" und eine „verblüffend einfache Rechtsstruktur" für den Verwaltungsbeirat, der sich aber in der Praxis „aufplustern kann wie ein Kugelfisch oder schrumpfen zu einer Ameise" (siehe Artikel in der Zeitschrift „Der Verwalter").

# „Augen auf bei der Verwalterwahl"

**Sandra Lenzen-huber**, Dipl.-Kauffrau und Geschäftsführerin des Bundesfachverbands der Immobilienverwalter e.V. (BVI)

**Wie viele Hausverwalter kommen auf rund neun Millionen Eigentumswohnungen, die es in Deutschland gibt, und wie viele davon halten Sie für fachlich qualifiziert und berufserfahren?**

Grundsätzlich sprechen wir von Immobilienverwaltern – denn bei der Verwaltung geht es in der Regel um Haus, komplexe Gebäude und Grundstücke gleichermaßen. Von den mehr als 23 000 Immobilienverwaltern bundesweit halten wir ein Zehntel für qualifiziert.

**Sie sind Geschäftsführerin beim BVI. Wie viele Hausverwalter sind Mitglieder Ihres Verbandes? Welche anderen Verbände für Haus- und Immobilienverwalter gibt es und wie viele Hausverwalter sind dort organisiert?**

Unser Verband umfasst nach starken Mitgliederzuwächsen derzeit etwa 600 professionelle Immobilienverwaltungen. Daneben gibt es beispielsweise den Dachverband Deutscher Immobilienverwalter (DDIV), den Immobilienverband Deutschland (IVD) und den BFW Bundesverband Freier Immobilien- und Wohnungsunternehmen e. V., in denen sich Immobilienverwalter ebenfalls organisieren können.

**Halten Sie das ab 1. August 2018 in Kraft tretende Gesetz über die Zulassung von Immobilienverwaltern für ausreichend? Wenn nein, welche fachlichen und persönlichen Qualifikationen sollte denn ein Hausverwalter insbesondere haben?**

Wir begrüßen zunächst, dass der Gesetzgeber grundsätzlich das Thema aufgenommen und damit unserem jahrelangen politischen Druck nachgegeben hat. Allerdings reichen die verabschiedeten Regelungen bei weitem nicht aus. Wir werden uns dafür einsetzen, dass das Gesetz in der laufenden Legislaturperiode nachgebessert wird, denn es bietet in seiner jetzigen Form weder für den professionellen Immobilienverwalter noch für den Eigentümer einen sicheren Schutz. Kernanliegen bleibt für uns, dass die ständige Weiterbildung des Verwalters zur Pflicht wird. Da reichen 20 Stunden in drei Jahren einfach nicht aus. Wir fordern das Dreifache. Außerdem drängen wir auf die Einführung eines echten Sachkundenachweises, mit dem der Immobilienverwalter bei Aufnahme seiner Tätigkeit seine fachliche Qualifikation unter Beweis stellt. Es kann nicht angehen, dass nach wie vor beispielsweise eine Politesse im Nebenerwerb Wohneigentum verwalten kann, allein wenn sie zusagt, ein Gewerbe anzumelden, sich in die Thematik einzuarbeiten und sich weiterzubilden – wie das Landgericht Stuttgart in einem bizarren Fall zugelassen hat.

Dringend muss auch die Pflicht zum Nachweis einer Vertrauensschadenversicherung Eingang in den Gesetzestext finden. Denn nur sie bietet Eigentümern einen vollumfänglichen Schutz ihrer Immobilienwerte.

### Welche Versicherungen außer der Berufshaftpflichtversicherung sollte ein Immobilienverwalter noch abgeschlossen haben und warum?

Wie bereits erwähnt, raten wir zusätzlich zur Berufshaftpflichtversicherung dringend zum Abschluss einer Vertrauensschadenversicherung, weil auf diese Weise die Eigentümer auch gegen mutwilliges Fehlverhalten der Inhaber oder Mitarbeiter des Verwaltungsunternehmens versichert sind. Diese Versicherung umfasst übrigens auch vorsätzliche Vermögensschäden, die durch externe Mitarbeiter wie beispielsweise IT-Administratoren verursacht werden. Für alle BVI-Mitglieder ist diese Versicherung zusammen mit der Berufshaftpflichtversicherung seit vielen Jahren Pflicht.

### Welche Voraussetzungen muss ein Immobilienverwalter erfüllen, wenn er Mitglied im BVI werden will?

Voraussetzung sind die Verwaltung von mindestens 500 Wohneinheiten, mindestens 6 Jahre Berufserfahrung und ein Nachweis der Sachkunde. Wir setzen eine Vermögensschaden-, Vertrauensschaden- und eine Betriebshaftpflichtversicherung voraus.

Unterlagen wie Selbstauskunft, Wirtschaftsplan, Verwaltervertrag müssen zur Prüfung exemplarisch eingereicht werden. Ein geschäftsführender BVI-Immobilienverwalter prüft die eingereichten Unterlagen und das Unternehmen und empfiehlt anschließend die Aufnahme.

### Worauf sollten Wohnungseigentümergemeinschaften bei der Suche und Auswahl von Hausverwaltern ganz besonders achten?

Die Mitgliedschaft in einem Fachverband wie dem BVI Bundesfachverband der Immobilienverwalter e.V. oder einem anderen Fachverband ist auf jeden Fall ein Qualitätskriterium und kann ein Gütesiegel sein, wenn der Verband transparente Aufnahmekriterien hat und seine Mitglieder einer ständigen Prüfung unterzieht. Der BVI holt beispielsweise jährlich die Weiterbildungsnachweise seine Mitglieder ein. WEGs sollten sich außerdem darüber informieren, ob der jeweilige Fachverband über ein funktionierendes Beschwerdemanagement zur Konfliktlösung verfügt – das Beschwerdemanagement des BVI etwa wird durch Mediatoren und Schiedsgerichte unterstützt.

Die Frage nach den Versicherungen sollten sich auch die Eigentümergemeinschaften stellen: Verfügt der potenzielle Verwalter über eine Vermögensschadenhaftpflicht-, Vertrauensschadenversicherung und Betriebshaftpflichtversicherung zum Schutz der Eigentümer? Von Interesse kann auch sein, ob die Beiräte mitversichert sind.

Auf jeden Fall sollte der Verwalter über ein dichtes Netz an Beratern in Sachen WEG- und Mietrecht, Steuerrecht und Datenschutzgesetz verfügen, um immer einen aktuellen Wissensstand garantieren zu können.

Einen guten Überblick über die zu stellenden Anforderungen bieten Checklisten zur Auswahl des richtigen Verwalters, wie sie z.B. auf der Seite „imEigentum.de" eingestellt ist. Dort kann man auch gleich die Kontaktdaten der Verwalter finden, die diese Kriterien erfüllen.

**Wie stellen Sie sich eine gute Kommunikation zwischen Hausverwaltern und Wohnungseigentümergemeinschaften vor?**

Eine gute Kommunikation basiert auf Vertrauen. Schließlich geht es hier um Immobilien, deren Werterhaltung und -steigerung. Unter Umständen legt der Eigentümer seine gesamte Altersvorsorge in die Hände des Verwalters. Vertrauen entsteht durch Transparenz und Offenheit und eine gewisse Schnelligkeit in der Kommunikation. Für die Zukunft sehen wir da einen Fortschritt durch die Digitalisierung, die oftmals Kommunikationsstrukturen auch noch transparenter macht.

Wir sind der Ansicht, dass Verwalter und Eigentümer in einen Dialog treten und sich gegenseitig informieren sollten, um Missverständnisse über die Aufgaben des einen und die Bedürfnisse des anderen zu vermeiden. Wir halten es für selbstverständlich, dass Verwalter ihre Kunden regelmäßig über aktuelle Rechtsprechungen, politische Entscheidungen und weitere relevante Ereignisse auf dem Laufenden halten oder sie beispielsweise zu Beiratsseminaren einladen, wo sie ebenfalls mit allen wesentlichen Informationen versorgt werden können. Initiativen unser Mitglieder unterstützen wir dabei durch unseren Internetauftritt „imEigentum.de", wo wir beispielsweise auch Termine für kommende Beiratsseminare veröffentlichen.

**Inwiefern hält die Digitalisierung inzwischen auch bei Hausverwaltern Einzug? Welche Vorteile bieten Kundenportale auf der Homepage von Haus-**

**verwaltern, in die sich Wohnungsei-
gentümer nach Eingabe ihrer Zugangsdaten einloggen können?**

In Zukunft führt sicher kein Weg an digitalen Prozessen vorbei: Die Kommunikationskultur ist im Wandel begriffen. Für Verwalter bieten diese Neuerungen erhebliche Vorteile, da sie sowohl die Kommunikation mit den Kunden erleichtern als auch die internen Abläufe innerhalb des Unternehmens. Die Einarbeitung neuer Mitarbeiter, Anträge, die Verarbeitung von Vor-Ort-Terminen, bei all dem können vor allem Verwaltungen mit verstreut liegenden Objekten im Portfolio Kosten und Zeit optimieren. Das gewonnene Potenzial können sie anderweitig einsetzen und sich so Freiräume schaffen, um selbst zum Innovationstreiber zu werden, etwa was die Entwicklungen bei den Themen Smart Home, Health Home und Energiemanagement betrifft.

Wenn Verwalter und Eigentümer da zusammenarbeiten, werden die digitalen Neuerungen durch die Auflösung des Innovationsstaus beispielsweise bei der energetischen Sanierung zu Wertsteigerungen von Immobilien und Quartieren führen.

Digitale Kundenportale bewerten wir ausdrücklich positiv. Dank eines Passwortzugangs sind die Daten geschützt. In diesen internen Bereichen können sich Kunden auf Augenhöhe und transparent austauschen, Informationsflüsse etwa zu Handwerkerleistungen, Terminen und aktuellen Rechtsprechungen erfolgen einfacher, günstiger und vor allem schneller. Nicht zuletzt können kleinere Probleme oder Aufgaben unkomplizierter erledigt werden, auch weil sich Eigentümer, Mieter und Dienstleister in diesen Foren über Erfahrungswerte austauschen können. Wir als Fachverband schließlich können unseren Kunden in Portalen Informationen und Material einfach und umfassend bereitstellen, ohne auf den Papierweg zurückgreifen zu müssen.

**Frau Lenzenhuber, wir danken Ihnen für das Gespräch.**

Die Position des dreiköpfigen Verwaltungsbeirats steht und fällt mit der Kompetenz seiner Mitglieder, die von der Eigentümerversammlung bestellt oder auch wieder abberufen werden. Ein guter Verwaltungsbeirat vertritt zu allererst die Interessen der Wohnungseigentümer und übt eine Kontrolle des Hausverwalters aus. Zusätzlich positioniert er sich als Mittler zwischen Wohnungseigentümern und Hausverwalter.

Die Beiratsmitglieder sind in der Regel ehrenamtlich und ohne Anspruch auf Vergütung tätig. Ein Ersatz von Telefon-, Korrespondenz- und Fahrtkosten durch eine pauschale Aufwandsentschädigung ist aber üblich. Erhält der Verwaltungsbeirat ausnahmsweise doch eine Vergütung durch Mehrheitsbeschluss der Wohnungseigentümer, gilt dies rechtlich als Geschäftsbesorgungsvertrag.

Der Verwaltungsbeirat haftet grundsätzlich gegenüber der Wohnungseigentümergemeinschaft für die pflichtgemäße Erfüllung der ihm übertragenen Aufgaben. Im Falle der Verletzung dieser Pflichten haftet er für Schäden, die aus mangelhafter Erfüllung dieser Aufgaben oder aus Untätigkeit entstehen. Auch das einzelne Beiratsmitglied haftet für grobe Fahrlässigkeit.

Unabhängig von den rechtlichen Regelungen im Wohnungseigentumsgesetz und in der Gemeinschaftsordnung ist festzuhalten: Ohne einen fachlich und persönlich geeigneten Verwaltungsbeirat würden viele für die Eigentümergemeinschaft sinnvolle Entscheidungen erst gar nicht getroffen beziehungsweise wenig sinnvolle bis sinnlose Entscheidungsvorlagen der Verwaltung nicht verhindert werden.

Dies belegen beispielsweise zwei Erfahrungsberichte über Wohnungseigentümergemeinschaften, bei denen der Verwaltungsbeirat eine ganz entscheidende Rolle übernommen hat. Beide Originalberichte werden mit freundlicher Genehmigung des Verbraucherschutzvereins „wohnen im eigentum" sowie der beiden Autoren im Folgenden abgedruckt.

Im ersten Erfahrungsbericht geht es um eine kleine Eigentümergemeinschaft mit 18 Eigentumswohnungen, die bereits im Jahr 1972 gebaut wurden und von zwei Dritteln der Ersteigentümer auch heute noch bewohnt werden. Nur vier der insgesamt 18 Eigentumswohnungen sind vermietet.

### Bericht: Gute Nachbarschaft seit vier Jahrzehnten

„Bei uns ist alles ganz unspektakulär: keine Prominenten, keine Besonderheiten, aber Gott sei Dank auch kein größerer Ärger – weder mit der Hausverwaltung noch unter den Eigentümern", so beschreiben Kurt und Ursel Brehmer die Wohnungseigentumsanlage in der Werderstraße in Bremen.

1972 wurde die aus drei Häusern bestehende Wohnanlage gebaut; Brehmers sind gleich nach der Fertigstellung im Jahr 1973 eingezogen – wie die meisten ihrer Miteigentümer. In zwölf der insgesamt 18 Eigentumswohnungen leben heute noch die Ersteigentümer. Die meisten Wohnungen werden von den Eigentümern genutzt – nur vier sind vermietet. Die Fluktuation ist gering; die neu Hinzugezogenen haben sich gut integriert.

Dass die Gemeinschaft schon seit über 40 Jahren so gut funktioniert, liegt nach Auffassung von Kurt Brehmer auch daran, dass die Gemeinschaft mit 17 Eigentümern überschaubar ist: Jeder kennt jeden – und achtet auf gute Nachbarschaft.

Die Beete rund ums Haus pflegen die Eigentümer gemeinsam. „In den ersten Jahren haben wir uns aus Kostengründen entschieden, selbst in die Hände zu spucken", erinnert sich Kurt Brehmer. Wer sich an der Gartenarbeit beteiligt, bekommt eine kleine Aufwandsentschädigung, die von den übrigen Miteigentümern gezahlt wird. Aus gesundheitlichen Gründen greifen jedoch immer weniger Eigentümer selbst zu Hacke und Spaten. Denn viele sind heute um die 70.

Mit den Besitzern ist auch die Wohnanlage in die Jahre gekommen. „Die Häuser entsprechen dem Standard der frühen 70er Jahre", erklärt Kurt Brehmer. In den vergangenen Jahren wurden lediglich in fast allen Wohnungen die Fenster erneuert, und zwar auf Kosten der einzelnen Wohnungseigentümer. Deshalb stehen in den kommenden Jahren energetische Sanierungen an. „Rund 100 000 bis 200 000 Euro müssen in die Anlage investiert werden", schätzt Verwaltungsbeirat Brehmer.

Doch die meisten seiner Miteigentümer sind von der Vorstellung, im Alter noch einmal viel Geld ins Haus und in die Wohnung investieren zu müssen, wenig begeistert. Denn wie auch Familie Brehmer haben die meisten anderen Eigentümer die Wohnung in jungen Jahren gekauft, um im Alter das Geld für die Miete zu sparen. „Da müssen die Mitglieder des Verwaltungsbeirats noch viel Überzeugungsarbeit leisten", meint Kurt Brehmer, der sich von Anfang an in dem Gremium engagiert und inzwischen Vorsitzender des Beirats ist. Und auch seine Mitstreiter sind schon seit vielen Jahren im Amt. Die jüngeren Eigentümer, so seine Erfahrung, überlassen die Aufgabe gerne den älteren.

Die Mitglieder des Verwaltungsbeirats arbeiten gut zusammen, und auch mit der Verwaltung gibt es keine Probleme.

„Die Verwaltungsgesellschaft hat unsere Interessen immer gut vertreten", erklärt Kurt Brehmer. „Wir sind zufrieden." Dass sie sich vor fast vier Jahrzehnten für den Kauf einer Eigentumswohnung entschieden haben, haben Kurt und Ursel Brehmer nie bereut. „Früher haben wir uns sicher manchmal mehr Platz und einen größeren Garten gewünscht", erinnern sie sich. Aber jetzt, als Rentner, sind sie froh, dass sie sich nicht allein um Haus und Garten kümmern müssen.

**Der Verwaltungs-beirat**
Wichtiges Bindeglied zwischen Wohnungs-eigentümern und Haus-verwaltung

## Bericht: Mit guter Planung zum Erfolg

Im folgenden zweiten Erfahrungsbericht geht es um eine größere Eigentumswohn-anlage mit 12 Häusern und insgesamt 108 Wohnungen, die 1970 gebaut und im Jahr 2005 umfassend modernisiert wurde. Die Hälfte der Eigentumswohnungen wird von den Eigentümern selbst genutzt, die andere Hälfte von Kapitalanlegern an Dritte ver-mietet.

### Das Projekt

Erneuerung der Eigentums-Wohnanlage Hannover, Am Siepen 11. Die Wohnanlage Am Siepen 11 besteht aus zwölf Häusern mit insgesamt 108 Wohnungen. Sie wurde 1969/70 von der Firma Wast-Bau, Hannover, gebaut und verkauft. Die Hausverwaltung liegt seitdem in Händen der eigenständigen Firma Wast Hausverwaltung. Etwa die Hälf-te der Wohnungen wird von den Eigentü-mern selbst genutzt, die andere Hälfte ist vermietet. Auslöser für die Modernisierung der Wohnanlage waren insbesondere Be-schwerden der Eigentümer und Mieter we-gen zahlreicher baulicher Mängel wie Was-sereintritt von außen, Schimmelbildung usw. Mietkürzungen wurden angedroht.

### Das Erneuerungskonzept

2003 entschieden die Eigentümer nach Be-ratung durch einen fachkundigen Architek-ten, nicht nur einzelne Mängel zu beseiti-gen, sondern mehr Geld in die Modernisie-rung zu investieren. Es wurde beschlossen, die sechs Ölheizungsanlagen durch die Er-neuerung der Kesselbrenner und der Regler-anlagen zu optimieren und eine Wärme-dämmung auf die Fassaden aufzubringen. Die ursprünglich vorhandenen Holzfenster mit Einfachverglasung waren bereits seit 2000 durch Kunststofffenster mit Doppel-verglasung ersetzt worden. Die Beschlüsse, die Heizungsanlagen zu verbessern und die Fassade zu dämmen, wurden getrennt ge-fasst.

### Die Vorbereitung

Frühzeitig, Anfang 2000, wurden in den Hausgemeinschaften die Möglichkeiten der Erneuerung erörtert. Hilfreich war dabei der kontinuierliche Kontakt des Vorsitzenden des Verwaltungsbeirats mit den Vertrauensleuten, die gemäß Teilungserklärung für jedes Haus bestimmt worden waren. Die Vertrauensleute der einzelnen Häuser beteiligten sich aktiv an den Beratungen über die nötigen Maßnahmen. Weil größere Erneuerungsarbeiten anstanden, war die Instandhaltungsrücklage bereits im Jahr 2003 auf 21,64 Euro pro Quadratmeter und Jahr und in 2004 – begrenzt für sechs Jahre – auf 31 Euro pro Quadratmeter und Jahr angehoben worden. Die Eigentümer schlossen sich damit den Argumenten des Verwalters und des Verwaltungsbeiratsvorsitzenden an. Von Anfang an war man sich einig, keine Sonderumlage für anstehende Modernisierungsarbeiten zu erheben.

### Die Durchführung

Die Erneuerung der Kesselbrenner und der Regleranlagen an den Heizkesseln wurde von einem Heizungsfachbetrieb durchgeführt. Auf eine zentrale Warmwasserbereitung wurde verzichtet, da es in allen Wohnungen Durchlauferhitzer gibt. Die Fassadenerneuerung mit 15 cm Styropor einschließlich der Erneuerung der außen liegenden Fensterbänke lag in Händen eines Architekten. Wegen der notwendigen Verschiebung von Traufen und Ortgängen nach außen mussten Dachpfannen aufgenommen und durch neue Pfannen passend ersetzt werden. Günstige Ausschreibungsergebnisse und ebenso günstige Bauabläufe

hatten eine Verkürzung der Bauzeiten zur Folge. Die zwischenzeitlich erhöhte Instandhaltungsrücklage von 31 Euro pro qm und Jahr konnte früher als geplant auf die ursprüngliche Höhe von 21,64 Euro pro qm und Jahr zurückgeführt werden.

Die Gesamtkosten der Maßnahmen betrugen ca. 1,1 Mio. Euro – dies entspricht durchschnittlich 10 000 Euro pro Wohnung und ca. 160 Euro pro Quadratmeter Wohnfläche. Öffentliche Förderung wurde nur in sehr geringem Umfang in Anspruch genommen: Die regionale „ProKlima"-Förderung erbrachte eine Ersparnis von ca. 3 bis 4 Prozent.

### Die Energieeinsparung

Obwohl weder die Decken über den Obergeschosswohnungen noch die Kellerdecken isoliert wurden, liegen die Kosten für die Beheizung der Wohnungen durchschnittlich 41 Prozent (6 Liter Öl m²/Jahr) unter den Werten vor der Modernisierung (14,5 Liter m²/Jahr). Dies beweist, dass auch bei Beschränkung der Erneuerungsmaßnahmen auf die wichtigsten und wirksamsten Maßnahmen erhebliche Energieeinsparungen erzielt werden können.

### Einschätzung

Folgende Faktoren ermöglichten beziehungsweise erleichterten die schnelle und erfolgreiche Modernisierung:

1. Verwaltungsbeirat und Verwaltung waren sich früh über Zielsetzung und den

Weg zu einer finanzierbaren und damit realisierbaren Erneuerung einig und haben die Eigentümer früh in die Planungen einbezogen.

**2** Voraussetzung für die Realisierung war angesichts der zu erwartenden Kosten die frühzeitige Anhebung der Instandhaltungspauschale mit der Perspektive, diese nach Durchführung der Maßnahmen wieder auf ein niedrigeres Niveau zu senken (Beispiel für eine wirksame und zukunftsweisende energetische Modernisierung auch ohne nennenswerte öffentliche Förderung).

**3** Es war richtig und bewiesen erfolgreich, einen Architekten mit der Planung und Durchführung zu beauftragen. Offen bleibt die Frage, ob die Einschaltung eines Fachingenieurs in Sachen Energiewirtschaft zu einer noch wirksameren und intelligenteren Erneuerung des Heizungssystems – z. B. Integration eines Blockheizkraftwerks mittels Contractor geführt hätte. Diese Maßnahme ist jedoch auch nachträglich noch jederzeit möglich.

Die an dieser Stelle bewusst ungekürzten Erfahrungsberichte belegen anschaulich, welch positiven Einfluss ein engagierter Verwaltungsbeirat haben kann. Ein in Finanztest 9/2002 veröffentlichter Erfahrungsbericht über ein im Jahr 1974 erbautes Mietwohnhaus mit 24 Wohnungen in Düsseldorf, das 1991 in Eigentumswohnungen umgewandelt wurde, ist ebenfalls recht aufschlussreich.

In diesem Fall ergriff ein Wohnungseigentümer Anfang 2002 die Initiative, eine außerordentliche Eigentümerversammlung zwecks Ablösung des untätigen und inkompetenten Hausverwalters einzuberufen, und schrieb alle anderen 23 Miteigentümer dazu persönlich an. Der Hausverwalter wurde in der im Juni 2002 stattfindenden Versammlung abberufen und gleich durch einen neuen Hausverwalter ersetzt, den der Wohnungseigentümer neben zwei anderen Bewerbern eingeladen hatte. Fast überflüssig zu erwähnen, dass dieser Wohnungseigentümer in der gleichen Eigentümerversammlung von den zahlreich erschienenen Miteigentümern in den Verwaltungsbeirat gewählt wurde. Der Originalfall wurde ausführlich in Finanztest 9/2002 beschrieben und kann als kompletter Artikel „Verwalter auf Abwegen" heruntergeladen werden (siehe www.test.de/Vermietete-Eigentumswohnungen-Verwalter-auf-Abwegen-1049475-0).

## Die Wohnungseigentümerversammlung

Das oberste Entscheidungs- und Verwaltungsorgan der Wohnungseigentümergemeinschaft ist die ordentliche Wohnungseigentümerversammlung. Sie findet nach Einberufung durch den Verwalter mindestens einmal im Jahr statt. Zusätzliche außerordentliche Versammlungen sind vom Verwalter einzuberufen, wenn dies in den durch Vereinbarung bestimmten Fällen vorgesehen ist oder von mehr als einem Viertel der Wohnungseigentümer unter Angabe des Zwecks und der Gründe verlangt wird.

Nach dem Wohnungseigentumsgesetz ist die Eigentümerversammlung beschlussfähig, wenn die erschienenen stimmberechtigten Wohnungseigentümer mehr als die Hälfte der Miteigentumsanteile (Wertprinzip) vertreten. Von dieser gesetzlichen Regelung kann in der Teilungserklärung oder Gemeinschaftsordnung abgewichen werden. Die Beschlussfähigkeit kann also auch abhängen von einer bestimmten Anzahl von Wohnungseigentümern (Kopfzahlprinzip), zum Beispiel mehr als der Hälfte der erschienenen oder durch Vollmachten vertretenen Wohnungseigentümer.

Auch eine Kombination von Wert- und Kopfzahlprinzip (zum Beispiel Beschlussfähigkeit, wenn mehr als die Hälfte der Wohnungseigentümer und mehr als die Hälfte der Miteigentumsanteile vertreten sind) kommt in der Praxis vor. Die nicht erschienenen, aber durch Vollmacht an den Hausverwalter oder an einen Miteigentümer vertretenen Wohnungseigentümer werden immer mitgezählt.

Bevor die eigentliche Versammlung beginnt, müssen also die Wohnungseigentümer beziehungsweise deren Miteigentumsanteile gezählt und die Beschlussfähigkeit festgestellt werden. Liegt diese nicht vor, kann nach einer halben Stunde eine zweite Eigentümerversammlung stattfinden, so-

fern darauf im Einladungsschreiben ausdrücklich hingewiesen wird. Diese am gleichen Tag stattfindende Eigentümerversammlung ist dann auch bei weniger als der Hälfte der Wohnungseigentümer beziehungsweise Miteigentumsanteile beschlussfähig.

Zwar dürfte diese Zweitversammlung laut Gesetz erst frühestens 14 Tage nach der Erstversammlung stattfinden. Meist wird aber bereits in der Teilungserklärung oder Gemeinschaftsordnung eine davon abweichende Vereinbarung getroffen, wonach eine Eventualeinladung zu einer Zweitversammlung am gleichen Tage erlaubt ist. Die Beschlussfähigkeit kommt dann auf jeden Fall am gleichen Tag zustande, entweder schon in der Erstversammlung oder in der eine halbe Stunde später stattfindenden Zweitversammlung.

Jeder Wohnungseigentümer hat nach dem Gesetz eine Stimme (Kopfzahlprinzip). Auch davon kann in der Teilungserklärung oder Gemeinschaftsordnung abgewichen werden. Das Stimmrecht kann sich auch nach der Zahl der Wohnungen (Objektprinzip) oder der Höhe der Miteigentumsanteile (Wertprinzip) richten.

In der Eigentümerversammlung können fast alle Beschlüsse mit einfacher Mehrheit, also mit der Hälfte der abgegebenen und nach Kopfzahl, Objekt oder Wert berechneten Stimmen gefasst werden. Die einfache Mehrheit reicht für sämtliche Angelegenheiten der ordnungsmäßigen Verwaltung, also beispielsweise für Maßnahmen zur Instandhaltung und -setzung oder zur Erhöhung der Instandhaltungsrückstellung aus. Auch die Änderung des Verteilungsschlüssels bei den Betriebskosten kann mit einfacher Mehrheit beschlossen werden.

Ein einstimmiger Beschluss ist erforderlich für alle Angelegenheiten, die über eine ordnungsmäßige Verwaltung hinausgehen. Dies gilt für bauliche Veränderungen und Aufwendungen, die nicht als ordnungsmäßige Instandhaltung und Instandsetzung des Gemeinschaftseigentums zählen. In diesem Fall müssen alle Wohnungseigentümer zustimmen, die durch solche Maßnahmen beeinträchtigt werden – nicht nur alle anwesenden oder durch Vollmacht vertretenen Eigentümer, sondern auch alle im Grundbuch eingetragenen Eigentümer. Sofern die Rechte der Wohnungseigentümer allerdings nicht beeinträchtigt werden, ist die Zustimmung entbehrlich.

Maßnahmen zur Modernisierung, die die Eigenart der Wohnanlage nicht verändern und keinen Wohnungseigentümer gegenüber anderen unbillig beeinträchtigen, können nach der Reform des Wohnungseigentumsgesetzes von 2007 mit einer doppelt qualifizierten Mehrheit beschlossen werden. Das heißt: Drei Viertel aller stimmberechtigten Wohnungseigentümer, die zugleich mehr als die Hälfte aller Miteigentumsanteile repräsentieren, müssen zustimmen. Dieser doppelt qualifizierte Mehrheitsbeschluss setzt also eine große Überzeugungskraft von Seiten der Befürworter einer Modernisierung voraus.

### Protokolle und Beschluss-Sammlung

Über die Beschlüsse der Eigentümerversammlung muss bis spätestens drei Wochen nach dem Versammlungstermin eine Niederschrift (üblicherweise als Protokoll bezeichnet) angefertigt werden. Alle Wohnungseigentümer können sich auf diese Weise noch vor Ablauf der Anfechtungsfrist von einem Monat über die Beschlüsse informieren.

66 **Die gesammelten Protokolle geben einen guten Einblick in die finanzielle Situation und die Zusammenarbeit der Eigentümergemeinschaft**

---

Das Protokoll wird der Verwalter fast immer den Wohnungseigentümern zusenden. Zwar muss er es laut Wohnungseigentumsgesetz nur zur Einsichtnahme in seinem Büro bereithalten. Oft ist aber bereits im Verwaltervertrag oder in der Gemeinschaftsordnung geregelt, dass die Übersendung des Protokolls innerhalb einer Frist von drei Wochen an alle Wohnungseigentümer zu erfolgen hat. Dieses Verfahren empfehlen wir auch allen Eigentümergemeinschaften.

Die Protokolle sind insbesondere für neue Eigentümer eine wahre Fundgrube, da sie einen guten Einblick in die finanzielle Situation der Eigentümergemeinschaft (zum Beispiel Beschlüsse über Instandhaltungsmaßnahmen, Erhöhung der Instandhaltungsrückstellung und eventuell Einführung einer Sonderumlage) und in das Betriebsklima beziehungsweise die Streitkultur bei den Wohnungseigentümern untereinander (zum Beispiel bei strittigen Maßnahmen) geben.

Es ist sinnvoll, mindestens die Protokolle über die letzten fünf Eigentümerversammlungen aufzubewahren. Möglicherweise können Sie die Protokolle nach Eingabe Ihrer Zugangsdaten (Benutzername und Kennwort) auch von der Homepage Ihres Hausverwalters herunterladen.

Auch die Führung einer Beschluss-Sammlung ist gesetzlich vorgeschrieben. Darin sind alle Beschlüsse, die seit der Reform des Wohnungseigentumsgesetzes vom 1.7.2007 gefasst worden sind, in konzentrierter Form gesammelt. Kommt der Verwalter dieser Pflicht nicht nach oder führt die Sammlung nicht ordnungsgemäß, ist das ein wichtiger Grund für seine Abberufung. Auch diese komplette Beschluss-Sammlung ist eventuell nach Eingabe Ihrer Zugangsdaten beim Onlineportal der Hausverwaltung downloadbar.

# WEG-Streitigkeiten vor Gericht

Wohnungseigentümer, die sich durch Beschlüsse der Eigentümerversammlung benachteiligt fühlen, können diese innerhalb eines Monats nach Versammlungstermin anfechten.

Dies gilt aber nur für sogenannte Positivbeschlüsse, also wenn die Eigentümerversammlung beispielsweise Geld für eine Balkonsanierung ausgeben will. Wird hingegen ein Vorschlag von der Eigentümerversammlung abgelehnt, sind Klagen nicht möglich.

Die Anfechtung eines Beschlusses erfolgt beim zuständigen Amtsgericht. Die Klageschrift wird in der Regel dem Verwalter als Vertreter der Wohnungseigentümer zugestellt. Der Richter beraumt eine mündliche Verhandlung an und versucht, eine gütliche Einigung zwischen dem Kläger (zum Beispiel einem Wohnungseigentümer) und den Beklagten (zum Beispiel Wohnungseigentümergemeinschaft oder Hausverwalter) zu erreichen.

Gegen die Entscheidung des Amtsgerichts ist die sofortige Beschwerde beim Landgericht zulässig, wenn der Beschwerdewert 600 Euro überschreitet. Schließlich kann gegen die Entscheidung des Landgerichts noch die Revision beim Bundesgerichtshof zugelassen werden.

WEG-Streitigkeiten zwischen den Wohnungseigentümern untereinander oder zwischen einem Wohnungseigentümer und dem Hausverwalter sind immer unerquicklich. Es kommt zuweilen vor, dass ein notorischer Querulant jede vermeintliche Unstimmigkeit vom Gericht klären lassen will.

Meist handelt es sich um Streitigkeiten über die Gültigkeit von Beschlüssen der Wohnungseigentümer, also um die Anfechtung von bereits getroffenen Beschlüssen in der Wohnungseigentümerversammlung.

## Ein typischer Streitfall aus der Praxis

Gerichtsurteil des Amtsgerichts Leipzig vom 17.9.2013 (Az. 151 C 278/13). Ein Wohnungseigentümer hatte die Hausgeldabrechnung 2011/12, den Wirtschaftsplan 2012/13 und die Bestellung des Hausverwalters per 1.7.2013 angefochten, weil nicht mit allen Eigentümern der WEG formgerecht schlüssig vereinbart war, dass der Abrechnungszeitraum nicht der üblichen Abrech-

nung nach dem Kalenderjahr folgte. Und er hat beim Gericht Recht bekommen.

Vorgeschichte: Der „falsche" Abrechnungszeitraum wurde bereits ab 1.7.1995 vom jetzigen zweiten Hausverwalter gewählt, der nach Abwahl des ersten Hausverwalters (mit inzwischen insolventem Bauträger verbandelt) den außergewöhnlichen Abrechnungszeitraum von Anfang Juli eines Jahres bis Ende Juni des Folgejahres einfach übernommen und fortgeführt hatte.

Das Amtsgericht Leipzig urteilte am 17.9.2013:

1. Die Verabschiedung der Hausgeldabrechnung 2011/12 und des Wirtschaftsplans 2012/13 wird aufgehoben, da ein falscher Abrechnungszeitraum (1.7.2011 bis 30.6.2012) zugrunde gelegt wurde. Die Abweichung vom üblichen Abrechnungszeitraum (Kalenderjahr, z.B. 1.1.2012 bis 31.12.2012) war unzulässig, da nicht mit allen Eigentümern vereinbart.

2. Die – erneute – Bestellung des Hausverwalters zum 1.7.2013 wird aufgehoben, da wesentliche Vertragsinhalte (z.B. Kosten und Laufzeitdauer) nicht benannt wurden und daher auch die Beauftragung und Bevollmächtigung durch den Beirat unwirksam waren.

Das Problem: Eigentümer von vermieteten Eigentumswohnungen mussten ihren Mietern zeitnah (hier eigentlich bis spätestens 31.12.2013) eine Abrechnung der Betriebskosten für das Vorjahr vorlegen. Für den Halbjahreszeitraum 1.7.2013 − 31.12.2013 hätte dann eine zusätzliche „Zwischen-Hausgeldabrechnung" erstellt werden müssen, bis dann ab 1.1.2014 (nach 20 Jahren!) erstmalig eine Hausgeldabrechnung für ein Kalenderjahr zu erstellen ist. Alle Hausgeldabrechnungen vor dem 1.7.2012 bis 30.6.2013 waren immerhin weiterhin gültig, weil sie nie angefochten wurden.

Nach einer außerordentlichen Eigentümerversammlung am 22.11.2013 ist etwas Entspannung eingetreten, da die Mehrheit der anwesenden bzw. durch Vollmacht vertretenen Wohnungseigentümer Folgendes entschieden hat:

zu 1) Die Hausgeldabrechnung für den Abrechnungszeitraum 1.7.2012 − 30.6.2013 wird in Kenntnis der Anfechtbarkeit des Beschlusses (wiederum unzulässiger Abrechnungszeitraum) vom Hausverwalter erstellt.

zu 2) Der jetzige Hausverwalter wird mit rückwirkender Wirkung ab 1.7.2013 bestellt. Die Laufzeit beträgt drei Jahre und endet also zum 30.6.2016. Die Vergütung des Hausverwalters beträgt wie bisher pro WE monatlich 14 Euro zzgl. MwSt, also nur 200 Euro pro Jahr (= 14 Euro × 1,19 × 12 Monate) und für den TG-Platz monatlich 1,50 Euro zzgl. MwSt bzw. rund 21 Euro pro Jahr (= 14 Euro × 1,19 × 12 Monate).

Doch auch Streitigkeiten über die Rechte und Pflichten des Hausverwalters werden vor Gericht ausgetragen. Schließlich geht es auch noch um Auseinandersetzungen über die Rechte und Pflichten der Wohnungseigentümer untereinander, die sich aus der Teilungserklärung nebst Gemeinschaftsordnung ergeben. Dazu zählen beispielsweise die ordnungsmäßige Instandhaltung und Instandsetzung des gemeinschaftlichen Eigentums sowie die Bildung einer angemessenen Instandhaltungsrückstellung.

### → Verbraucherrecht oder nicht?

Nur die Wohnungseigentümergemeinschaft als Verband gilt laut BGH-Urteil vom 25.3.2015 (Az. VIII ZR 243/13) als Verbraucher im Sinne von § 13 des Bürgerlichen Gesetzbuchs (BGB). Verbraucher werden vom Gesetzgeber geschützt, da sie Unternehmen gegenüber strukturell unterlegen sind und daher vor dem Urteil eine schwächere Position einnahmen. Dies gilt dann auch für die Wohnungseigentümergemeinschaft im Verhältnis zum gewerblichen Hausverwalter.

Keinen Verbraucherschutz gibt es hingegen im Innenverhältnis der Wohnungseigentümer gegenüber anderen Miteigentümern oder der Wohnungseigentümergemeinschaft.

Vermieter von Eigentumswohnungen sitzen nicht selten zwischen den

Stühlen von Mietrecht und Wohnungseigentumsrecht. Dies gilt beispielsweise für die Betriebskostenabrechnung für den Mieter im Vergleich zur Verwalterabrechnung über sämtliche Bewirtschaftungskosten für den Wohnungseigentümer.

### Aktuelle Gerichtsurteile

Eine Fülle von Gerichtsurteilen zum Wohnungseigentumsrecht (auch kurz „WEG-Recht" genannt) liegt inzwischen vor. Besonders wichtig für Sie sind höchstrichterliche Urteile des Bundesgerichtshofs (BGH) und Urteile des Bayerischen Obersten Landgerichts (BAYOBLG), des Kammergerichts Berlin und der Oberlandesgerichte in Düsseldorf, Köln und Frankfurt am Main.

Der BGH entschied beispielsweise am 14.1.2014 (Az. V ZR 48/13), dass Wohnungseigentümer nicht gegen den Willen Einzelner beschließen können, auf dem Dach eine Mobilfunkanlage zu errichten. Es handelt sich um eine bauliche Veränderung, der alle Eigentümer zustimmen müssen. Dabei kommt es nach Auffassung der Richter nicht darauf an, ob eine Gesundheitsgefahr von der Anlage ausgeht. Dies sei wissenschaftlich noch nicht endgültig geklärt. Daher sei es nachvollziehbar, wenn ein Eigentümer befürchtet, dass sich seine Wohnung schlechter vermieten oder verkaufen lässt, wenn sich auf dem Dach des Hauses eine Mobilfunkanlage befindet.

Laut BGH-Urteil vom 25.10.2013 (Az. V ZR 212/12) stehen Wohnungseingangstüren im gemeinschaftlichen Eigentum der Wohnungseigentümer, da sie zu den wesentlichen Bestandteilen des Gebäudes gehören und auch nach § 5 Abs. 2 WEG nicht Gegenstand des Sondereigentums Wohnung sind. Dies gilt auch für Wohnungseingangstüren, die wie im entschiedenen Fall auf Laubengänge führen.

❝ **In jedem Jahr fällt der BGH rund 50 Urteile zum Wohnungseigentumsrecht, in den ersten vier Monaten des Jahres 2018 waren es zwölf.**

Eine vorzügliche Quelle für aktuelle BGH-Urteile zum Wohnungseigentumsrecht bietet das Internetportal www.oliverelzer.de. Dr. Oliver Elzer, Richter am 14. Zivilsenat des Kammergerichts Berlin und Autor des Ratgebers „Meine Rechte als Wohnungseigentümer", hat auf dieser Homepage alle BGH-Urteile zum WEG-Recht seit 2008 aufgelistet und in Klammern außer Urteilsdatum und Aktenzeichen auch kurz vermerkt, um was es im Einzelnen ging. Auf neuere BGH-Urteile aus den Jahren 2016 bis 2018 sei an dieser Stelle nur hingewiesen:

▶ BGH vom 18.11.2016 (Az. V ZR 221/15) zum Entzug des Wohnungseigentums bei einem hartnäckigen Störenfried

- BGH vom 18.11.2016 (Az. V ZR 49/16) zur Kostentragung bei einem neuen Dachgarten mit Veränderung des optischen Gesamteindrucks der Eigentumswohnanlage
- BGH vom 13.1.2017 (Az. V ZR 96/16) über Einbau eines Aufzugs für die behirderte Enkelin eines Wohnungseigentümers
- BGH vom 10.2.2017 (Az. V ZR 166/16) über einen säumigen Wohnungseigentümer
- BGH vom 23.6.2017 (Az. V ZR 102/16) über einen zweiten Rettungsweg
- BGH vom 8.6.2018 (Az. V ZR 215/17) über direkte Klage einzelner Wohnungseigentümer gegen die Verwaltung bei Schäden am Sondereigentum, wenn diese Beschlüsse schlecht oder überhaupt nicht umsetzt (hier: Feuchtigkeitsschäden im Sondereigentum waren durch Schäden am Gemeinschaftseigentum entstanden)

In jedem Jahr fällt der BGH rund 50 Urteile zum Wohnungseigentumsrecht, in den ersten vier Monaten des Jahres 2018 waren es zwölf. Darüber hinaus gibt es auch Urteile der Amtsgerichte, Landgerichte und Oberlandesgerichte.

Beispielsweise hat das Amtsgericht in München entschieden, dass eine Wohnungseigentümerin ein von ihr erstelltes Gartenhaus wieder abreißen muss, da dies laut Teilungserklärung und Gemeinschaftsordnung nicht erlaubt sei (Urteil vom 14.2.2017, Az. 484 C 22917/16 WEG). Eine Miteigentümerin hatte geklagt, dass die offene Gartenlaube abgerissen und durch ein Gartenhaus ersetzt wurde. Das gleiche Amtsgericht urteilte, dass die Wohnungseigentümergemeinschaft die Kosten der Baumpflege im Gartenteil, für den es ein exklusives Sondernutzungsrecht zugunsten eines Miteigentümers gab, zu tragen hat (Az. 481 G 24911/16 WEG).

Laut Koalitionsvertrag vom 7.2.2018 soll das Wohneigentumsrecht reformiert und mit dem Mietrecht harmonisiert werden. Außerdem sollen Vorbereitung und Durchführung von Beschlüssen der Wohnungseigentümer über bauliche Maßnahmen in den Bereichen energetische Finanzierung, Barrierefreiheit, Einbruchschutz und Förderung von Elektromobilität neu geregelt sowie der Einbau von Ladestellen für Elektrofahrzeuge von Wohnungseigentümern ermöglicht werden.

Für Streitigkeiten rund ums Wohnungseigentum kann der Abschluss einer Rechtsschutzversicherung sinnvoll sein. Möglicherweise enthält eine bereits abgeschlossen Police den Baustein „Schutz für Wohnungseigentümer".

## Vorgehen bei Hausgeldrückständen

Es kommt immer wieder vor, dass Miteigentümer mit der Zahlung des monatlichen Hausgelds mehrere Monate im Rückstand sind oder eine von der Eigentümerversammlung beschlossene Sonderumlage nicht bezahlen. Dies kann von den pünktlich zahlenden Wohnungseigentümern nicht akzeptiert werden, da entsprechend weniger Geld in der Kasse des Hausverwalters landet. Wenn sogar mehrere Wohnungseigentümer jeweils erhebliche Hausgeldrückstände anhäufen, kann dies für die Wohnungseigentümergemeinschaft zu ernsthaften finanziellen Problemen führen, da die anderen Wohnungseigentümer für die laufenden Kosten aufkommen müssen, die ausstehenden Hausgeldbeiträge also zunächst übernehmen müssen. Hier greift der Grundsatz „Alle für einen."

Grundsätzlich gerät der Wohnungseigentümer bereits mit der ersten nicht gezahlten monatlichen Hausgeldrate in Verzug, da die Fälligkeit eindeutig bestimmt und eine Mahnung daher entbehrlich ist. Zusätzlich sollte die Gemeinschaftsordnung oder ein Beschluss der Eigentümerversammlung vorsehen, dass bei einem Hausgeldrückstand von zwei Monaten ohne weitere Mahnung das gesamte restliche Hausgeld im laufenden Wirtschaftsjahr fällig gestellt wird. Bei Nichtzahlung sollte sofort das gerichtliche Mahnverfahren mit Zustellung eines Mahnbescheids (früher „Zahlungsbefehl" genannt) eingeleitet werden.

Auch die Wohnungseigentümergemeinschaft selbst kann eine Zwangsversteigerung gegen den säumigen Miteigentümer betreiben. Die geltend gemachten Hausgeldansprüche müssen dazu drei Prozent des Einheitswerts übersteigen. Außerdem ist ein vollstreckbarer Titel vorzulegen, aus dem die Verpflichtung des Miteigentümers zur Zahlung sowie die Fälligkeit der Hausgeldzahlungen hervorgehen.

Anmeldung der Hausgeldansprüche in der Zwangsversteigerung: Haben bereits andere Gläubiger (zum Beispiel Banken) ein Zwangsversteigerungsverfahren gegen den säumigen beziehungsweise insolventen Miteigentümer eingeleitet, sollte der Hausverwalter beim zuständigen Amtsgericht die Hausgeldforderungen auf jeden Fall anmelden. Durch diese Anmeldung der Hausgeldansprüche geht die Wohnungseigentümergemeinschaft im Gegensatz zu früher nicht mehr leer aus. Möglich ist dies durch eine Änderung im Zwangsversteigerungsgesetz, wonach der Eigentümergemeinschaft für Hausgeldansprüche ein Vorrecht in Höhe von fünf Prozent des Einheitswerts eingeräumt wird, sofern der Verzugsbetrag mehr als drei Prozent des Einheitswerts ausmacht.

Da die für die bisherige Grundsteuer relevanten Einheitswerte meist nur bei 15 bis 20 Prozent des Verkehrswerts liegen, werden die Grenzen von fünf beziehungsweise drei Prozent des Einheitswerts bei Hausgeldansprüchen und Verzugsbeträgen relativ schnell erreicht.

Nach der Reform der Grundsteuer wird es diese Einheitswerte ganz sicher nicht mehr geben. Wie die neue Bewertung aussehen wird, ist noch völlig ungewiss. Die derzeitige Erhebung der Grundsteuer hat das Bundesverfassungsgericht am 10.4.2018 als verfassungswidrig eingestuft. Bis Ende 2019 muss der Gesetzgeber eine Neuregelung treffen. Für einen Übergangszeitraum von fünf Jahren ab Neuregelung können die alten Werte noch angewandt werden, also bis zum 31.12.2024.

Den Forderungen der Wohnungseigentümer in der neu eingeführten Rangklasse 2 gehen nur die Verfahrenskosten nach Rangklasse 1 vor. Leider ist diese Änderung des Zwangsversteigerungsgesetzes, die auch nach der Reform der Grundsteuer weiter gelten wird, einigen Hausverwaltern gar nicht bekannt. Die mit der Durchführung von Zwangsversteigerungen betrauten Rechtspfleger beim Amtsgericht wundern sich immer wieder, warum so viele Hausverwalter auf die gerichtliche Anmeldung von Hausgeldansprüchen verzichten. Hier sollten Sie bei Bedarf Ihrem Hausverwalter den geldwerten Tipp geben, falls Sie von einer Zwangsversteigerung bei einem Miteigentümer erfahren.

Die „schärfste Waffe", die eine Wohnungseigentümergemeinschaft gegen einen Wohnungseigentümer einsetzen kann, ist die Entziehung des Wohnungseigentums durch Zwangsversteigerung. Es muss aber eine besonders schwere Pflichtverletzung des Wohnungseigentümers vorliegen, da es sich bei dieser Maßnahme um den schwersten aller möglichen Eingriffe in das Eigentum handelt. Diese Möglichkeit der Entziehung des Wohnungseigentums nach § 18 WEG verstößt nach einem Urteil des Bundesverfassungsgerichts nicht gegen Artikel 14 des Grundgesetzes.

Schwere Pflichtverletzungen, die zur Entziehung des Wohnungseigentums führen können, sind beispielsweise Sachbeschädigungen oder Farbschmierereien an Wänden, Türen und Böden im Treppenhaus. Vor einer Entziehungsklage müssen alle erforderlichen Maßnahmen zur Klärung der Streitigkeiten unternommen werden. Was als Entziehungsgrund geltend gemacht werden kann, hängt stets vom konkreten Einzelfall ab.

Die Entziehung des Wohnungseigentums durch ein Urteil des zuständigen Amtsgerichts ist nur dann möglich, wenn der Wohnungseigentümer trotz Abmahnung gröblich gegen die ihm nach Wohnungseigentumsgesetz auferlegten Pflichten verstößt oder mit der Zahlung des von ihm zu tragenden Hausgelds in Höhe von mindestens drei Prozent des Einheitswerts länger als drei Monate in Verzug ist.

Wenn der Wohnungseigentümer aufgrund des gegen ihn ergangenen Urteils zur Veräußerung seines Wohnungseigentums verurteilt wird, ist dies noch nicht gleichzusetzen mit einer Zwangsversteigerung. Er kann sein Wohneigentum selbstständig anbieten und verkaufen. Zur Zwangsversteigerung kommt es erst, wenn die Wohnungseigentümergemeinschaft diese aktiv betreibt.

Der Wohnungseigentümer kann im Fall von Hausgeldrückständen noch bis zur Erteilung des Zuschlags an den Meistbietenden die Wirkung des Urteils dadurch abwenden, dass er sämtliche Verpflichtungen einschließlich der durch den Rechtsstreit und das Versteigerungsverfahren entstandenen Kosten ausgleicht.

## Veruntreuung von Rücklagen durch Hausverwalter

Leider gibt es auch unter Hausverwaltern schwarze Schafe, die Instandhaltungsrücklagen oder sogar Hausgelder der Wohnungseigentümer in die eigene Tasche stecken.

Anfang 2014 fiel ein Hausverwalter im rheinischen Königswinter auf, bei dem grob geschätzte 4 Millionen Euro an Rücklagen verschwunden waren. Rund 3 000 Wohnungseigentümer mussten befürchten, dass sie ihr Geld nicht wiedersehen. Das Landgericht Bonn hat den Verwalter 2018 wegen Veruntreuung und Betrugs in 128 Fällen zu insgesamt 6 Jahren und 1 Monat Gefängnis verurteilt. Weil Revision eingelegt wurde, muss nun der Bundesgerichtshof in dem Fall entscheiden. Dem Verein „wohnen im eigentum e.V.", der diesen Fall publik machte, sind auch andere Fälle bekannt, in denen Hausverwalter ihnen anvertraute Gelder veruntreuten. In Waiblingen waren rund 1,5 Millionen Euro nach der Pleite des Hausverwalters verloren. Ein Essener Hausverwalter wurde wegen Veruntreuung von 900 000 Euro zu einer Haftstrafe von fünfeinhalb Jahren verurteilt. Im niedersächsischen Burgdorf zweigte ein Hausverwalter Rücklagen in Höhe von 150 000 Euro für sich ab und bekam dafür eine Gefängnisstrafe von zweieinhalb Jahren.

Um sich gegen Veruntreuung zu schützen, müssen Wohnungseigentümergemeinschaften auf Warnzeichen achten und ihre Konten im Blick behalten, etwa durch regelmäßige Konteneinsicht. Das ist einfacher, wenn die Gelder auf Eigenkonten auf den Namen der WEG angelegt sind (von den Banken auch „Offene Fremdgeldkonten" genannt) – und nicht etwa auf Treuhandkonten, die auf den Namen des Verwalters laufen. Zudem ist ein Treuhandkonto nicht pfändungs-, aufrechnungs- und insolvenzsicher. Es kann beispielsweise im Insolvenzfall wie ein normales Konto des Verwalters

## Unser Experten-Tipp

**Eigenkonten** auf den Namen der WEG sind seit 2007 möglich, seit nämlich die WEG als teilrechtsfähiger Verband gilt. Nur die Anlage der WEG-Gelder auf Eigenkonten entspricht nach herrschender Meinung den Grundsätzen einer ordnungsmäßigen Verwaltung.

gewertet werden, das in die Masse fällt, aus der alle Gläubiger zu befriedigen sind. Die WEG, der etwaige Restgelder eigentlich gehören, bekommt dann keinen vorrangigen Zugriff.

Nicht selten sind die Wohnungseigentümer auch zu gutgläubig. Zumindest der gewählte Verwaltungsbeirat sollte eine genaue Kontrolle der Bücher und Bankkonten durchführen anlässlich der Prüfung von Jahresabrechnungen.

Die neuen Berufszugangsregelungen für gewerbliche Wohnimmobilienverwalter und auch für Immobilienmakler sind zum 1. August 2018 in Kraft getreten. Für Wohnimmobilienverwalter, dazu gehören Wohnungseigentumsverwalter und Mietverwalter (für Dritte), wird erstmals eine Erlaubnispflicht in der Gewerbeordnung (GewO) eingeführt.

Im Gegensatz zu den Immobilienmaklern müssen diese nach den neuen Regelungen neben der Zuverlässigkeit und den geordneten Vermögensverhältnissen auch eine Berufshaftpflichtversicherung nachweisen.

Die Übergangsfrist zur Beantragung einer Erlaubnis für Wohnimmobilienverwalter, die am Tag vor dem Inkrafttreten des Gesetzes bereits tätig sind, läuft zum 1. März 2019 ab. Für diejenigen, die die Tätigkeit neu aufnehmen möchten, ist das Inkrafttreten des Gesetzes der maßgebliche Zeitpunkt der Erlaubnispflicht.

So gibt es eine Weiterbildungspflicht für Immobilienverwalter gemäß § 15 b Abs. 1 MaBV. Wer nach § 34 c Abs. 2a der Gewerbeordnung (GewO) zur Weiterbildung verpflichtet ist, muss sich fachlich entsprechend seiner ausgeübten Tätigkeit weiterbilden (inhaltliche Anforderungen und Qualität der Weiterbildung gemäß Anlage 1 und 2 MaBV).

Nach § 34c Absatz 2a der Gewerbeordnung sind Immobilienmakler und Wohnimmobilienverwalter sowie ihre unmittelbar bei der Durchführung der erlaubnispflichtigen Tätigkeiten mitwirkenden Beschäftigten dazu verpflichtet, sich in einem Umfang von 20 Stunden innerhalb eines Zeitraums von drei Kalenderjahren weiterzubilden. § 15b konkretisiert diese Weiterbildungsverpflichtung.

Die für die Erlaubniserteilung zuständige Behörde kann anordnen, dass der Gewerbetreibende ihr gegenüber eine unentgeltliche Erklärung (gemäß Anlage 3 MaBV) über die Erfüllung der Weiterbildungspflicht in den vergangenen drei Kalenderjahren durch ihn und seine zur Weiterbildung verpflichteten Beschäftigten abgibt. Die Erklärung kann elektronisch erfolgen.

Für Gewerbetreibende und ihre zur Weiterbildung verpflichteten Beschäftigten, die im Besitz eines Ausbildungsabschlusses als Immobilienkaufmann/-frau oder eines Weiterbildungsabschlusses als geprüfter Immobilienfachwirt/-in sind, beginnt die Pflicht zur Weiterbildung drei Jahre nach Erwerb des Ausbildungs- und Weiterbildungsabschlusses.

# „Das WEG ist nicht mehr wirklich zeitgemäß."

**Thomas Brandt,** Rechtsanwalt und Fachanwalt für Miet- und Wohnungseigentumsrecht

**Der Bundesgerichtshof als oberstes Zivilgericht verkündet jährlich rund 50 Urteile zum Wohnungseigentumsrecht. Ist das Wohnungseigentumsgesetz (WEG) zu wenig konkret oder sind die Wohnungseigentümer, denen Eigentumswohnungen gehören, besonders streitsüchtig?**

Das Wohnungseigentumsgesetz stammt aus dem Jahre 1951. Der Gesetzgeber hatte seinerzeit als typische Konstellation andere Wohnungseigentümergemeinschaften im Blick, nämlich kleine und übersichtliche Gemeinschaften, in der Regel Vier- bis Acht-Parteien-Häuser. Hierauf ist das Wohnungseigentumsgesetz offenbar zugeschnitten. Die tatsächliche WEG-Praxis hat sich aber vollständig anders entwickelt, insbesondere im Hochhaus-Bauboom der 1970er Jahre. Für die besonderen Problem- und Konfliktsituationen mittlerer und größerer Wohnanlagen sieht das Gesetz ausdrücklich keine Problemlösungen vor. Deshalb ist die Recht-sprechung in den letzten Jahren hier sehr aktiv gewesen. Eine Anpassung des Wohnungseigentumsrechts an die aktuellen Verhältnisse wäre daher sicherlich zu begrüßen.

Ich glaube nicht, dass Wohnungseigentümer „besonders" streitsüchtig sind, allerdings gibt es wegen der unausweichlichen Nähe der Beteiligten – vergleichbar mit dem Mietrecht, Nachbarrecht, Familienrecht und Arbeitsrecht – typischerweise häufig Konfliktsituationen, so dass generell von einem höheren Streitpotential auszugehen ist als bei sonstigen Rechtsverhältnissen.

**Die notariell beurkundete Teilungserklärung als wichtigstes Dokument für den Wohnungseigentümer wird bei älteren Eigentumswohnanlagen fast nie geändert, weil dies einen einstimmigen Beschluss der Wohnungseigentümer voraussetzt. Sind Ihnen Fälle bekannt, wo eine Teilungserklärung doch abgeändert wird?**

Es ist richtig, dass die Teilungserklärung die Grundlage, sozusagen „das Grundgesetz" der jeweiligen Wohnungseigentümergemeinschaft ist. Die Teilungserklärungen enthalten teilweise sehr unterschiedliche

Regelungen zur Kostentragung, zum Gebrauch und zur Verwalterstellung. Nur wenige Teilungserklärungen enthalten eine allgemeine Öffnungsklausel, aufgrund derer die Gemeinschaft die Möglichkeit hat, durch (unter Umständen qualifizierte) Mehrheitsbeschlüsse Änderungen herbeizuführen. Bei den meisten Teilungserklärungen fehlt allerdings eine solche Öffnungsklausel, so dass in der Tat zur Änderung der Teilungserklärung ein Vertrag zwischen allen Eigentümern erforderlich ist.

Da im Rahmen der Kostentragung und Kostenverteilung oft Änderungsbedarf besteht, hat der Gesetzgeber in seiner Gesetzesreform vom 01.07.2007 gesetzliche Öffnungsklauseln für die Abänderung der Kostenverteilung vorgesehen, nämlich für die laufenden Betriebskosten durch einfachen Mehrheitsbeschluss gemäß § 16 Abs. 3 WEG und für Instandsetzungsmaßnahmen durch qualifizierten Mehrheitsbeschluss gemäß § 16 Abs. 4 WEG. Darüber hinausgehende Änderungen bedürfen dann aber weiterhin der Mitwirkung sämtlicher Eigentümer. In meiner 30-jährigen Berufspraxis ist es etwa drei bis vier Mal vorgekommen, dass tatsächlich eine Abänderungsvereinbarung mit sämtlichen Eigentümern bei mittelgroßen WEGs (20 – 40 Wohnungen) zustande gekommen ist. Dort ging es um die Begründung und Zuordnung von Sondernutzungsrechten an Gartenflächen.

**Welche wichtigen Dinge außer der Vergütung für den Hausverwalter sollte ein Verwaltervertrag auf jeden Fall enthalten?**

Zunächst einmal muss man darauf achten, dass der Verwaltervertrag klar und deutlich formuliert wird, so dass beide Seiten wissen, welche Leistungen sie nach dem Verwaltervertrag zu erbringen haben. Hieran fehlt es leider sehr oft, was häufig zu Rechtsstreiten führt.

Neben der Grundvergütung, die meist mit einem bestimmten Betrag pro Monat pro Wohnung ausgewiesen wird, sind alle Sondervergütungsfälle, etwa für die Abhaltung außerordentlicher Eigentümerversammlungen, für Regieleistungen bei Instandsetzungsmaßnahmen etc. klar und deutlich zu definieren, so dass die Wohnungseigentümer wissen, unter welchen Umständen Zusatzvergütungen in welcher genauen Höhe auf sie zukommen.

Die Pflichten des Verwalters im Hinblick auf die Instandhaltung und Instandsetzung des gemeinschaftlichen Eigentums sollten konkret formuliert werden, etwa dahingehend, dass ein Verwalter mindestens zweimal (besser viermal) jährlich eine Begehung der Liegenschaft durchführt, die Ergebnisse und sodann auch die Abarbeitung der festgestellten Punkte dokumentiert. Hieran fehlt es in den meisten Verwalterverträgen. Auch ist es zweckmäßig, dass der Verwalter einen Instandhaltungsplan (kurzfristiger, mittelfristiger und langfristiger Bedarf)erarbeitet, anhand dessen man die Rücklagenbildung kalkulieren kann.

Der Verwaltervertrag sollte klare Regelungen darüber enthalten, welche Befugnisse der Verwalter hat, etwa bei der Beauftragung von Handwerkern und Dienstleistern. Es sollte auch geregelt werden, bis wann der Verwalter die jährliche Wohngeldabrechnung fertigen bzw. vorlegen muss, dass er verpflichtet ist, die Niederschriften über die Eigentümerversammlungen spätestens nach Ablauf von drei Wochen an die Eigentümer zu verschicken (keine gesetzliche Pflicht mehr) und dass er einzelnen Eigentümern auch außerhalb der Eigentümerversammlung in bestimmten Angelegenheiten Auskunft erteilen muss.

**Die Jahresabrechnung des Hausverwalters muss rechtssicher und praxisgerecht sein. Wo stecken nach Ihrer Erfahrung die häufigsten Fehler und was halten Sie von der Musterabrechnung 2.0 für Wohnungseigentümergemeinschaften, die vom DDIV (Dachverband Deutscher Immobilienverwalter e.V.) herausgegeben und in der Zeitschrift für Miet- und Raumrecht Anfang 2017 veröffentlicht wurde?**

Die Jahresabrechnung ist eines der Standard-Probleme in Rechtsprechung und Literatur. Nach der noch ganz herrschenden Rechtsauffassung unterscheidet sich die WEG-Jahresabrechnung von der Mieter-Betriebskostenabrechnung insbesondere dadurch, dass für die WEG-Jahresabrechnung das sogenannte Geld-Fluss-Prinzip gilt, während die Mieterabrechnung nach dem Verbrauchsprinzip erstellt wird. Eine Harmonisierung wäre aus Mietverwaltungssicht sicherlich wünschenswert, ist aber andererseits aus Liquiditätsgründen bei der WEG problematisch, da die WEG – anders als ein Vermieter – nun einmal kein eigenes Geld hat, sofern sie keine Beiträge von ihren Mitgliedern erhält. Deshalb müssen grundsätzlich alle Geldabflüsse – egal welche Zeiträume sie betreffen – von den Eigentümern refinanziert werden. Denn auf die Rücklage darf man bekanntlich nicht ohne weiteres zur Schließung von Liquiditätslücken zurückgreifen.

Ein weiterer Unterschied der WEG-Abrechnung zur Mietabrechnung ist, dass die WEG-Abrechnung zusätzliche Informationen enthalten muss, aufgrund derer die Wohnungseigentümer sich ein Bild über die Gesamt-Vermögenssituation der WEG machen können (was der Mieter nicht braucht). Das wichtigste Element ist eine schlüssige Gesamt-Einnahmen- und Ausgabenrechnung mit Angabe des Vermögensbestands am 01.01. und am 31.12. des jeweiligen Abrechnungsjahres. Die Differenz muss sich lückenlos durch alle Einnahmen und Ausgaben des Jahres belegen lassen. Hieran fehlt es leider noch bei sehr vielen Jahresabrechnungen. Nach der Rechtsprechung sind derartige Jahresabrechnungen insgesamt unschlüssig und werden auf Anfechtung hin vom Gericht für ungültig erklärt. Die derzeit veröffentlichte aktuelle Musterabrechnung ist meines Erachtens ein guter Ansatz, diese Fehler zu beheben. Einige Fragen bleiben hier sicherlich noch offen (Abgrenzungsverbot, Abgleich zwischen abgeflossenen und abgerechneten Kosten, Vermögensstatus). Ich gehe aber davon aus, dass auch diese Fragen in absehbarer Zeit gelöst werden.

**Wer seine Eigentumswohnung vermietet, muss seinem Mieter eine korrekte Betriebskostenabrechnung vorlegen. Mietervereine behaupten seit Jahren, dass jede zweite Abrechnung dieser Nebenkosten falsch sei. Was kann aber ein Vermieter einer Eigentumswohnung eigentlich falsch machen, wenn er ausschließlich die umlagefähigen Betriebskosten laut Verwalterabrechnung zuzüglich der von ihm bezahlten Grundsteuer auf seine Mieter umlegt? Wie sollte er dies rechtssicher im Mietvertrag regeln?**

Wie bereits oben dargelegt, unterscheiden sich die WEG-Abrechnung und die Mieter-Betriebskostenabrechnung in grundlegenden Dingen. Neben dem Unterschied Geldfluss im WEG und Verbrauch im Mietrecht gibt es meist noch das Problem des Abrechnungsschlüssels. Nach BGB ist die Mieterabrechnung grundsätzlich nach Quadratmetern zu erstellen; nach WEG ist die WEG-Abrechnung grundsätzlich nach Miteigentumsanteilen zu erstellen. Ob der Mieter eine Regelung im Mietvertrag akzeptieren muss, dass er die Abrechnung nach Miteigentumsanteilen anerkennt, ist meines Erachtens bislang noch nicht obergerichtlich entschieden und dürfte auch dann problematisch sein, wenn die Proportionen der Miteigentumsanteile nicht den Proportionen der Quadratmeter entsprechen, was bei mehrstöckigen Häusern oft der Fall ist.

Meines Erachtens kann man im Mietvertrag regeln, dass – abgesehen von den Heizkosten – die Kosten nach Geld-Fluss-Prinzip umgelegt werden. Wenn die Proportion von Miteigentumsanteilen und Quadratmetern ebenfalls übereinstimmt, könnte man im Mietvertrag auch regeln, dass der Mieter die Verteilung der Betriebskosten nach Miteigentumsanteilen anerkennt. Ferner müsste sich der Vermieter eine Abänderung des Verteilungsschlüssels für den Fall vorbehalten, dass die Wohnungseigentümergemeinschaft eine abgeänderte Verteilung beschließt, z.B. Kosten der Müllabfuhr statt Miteigentumsanteilen nach Personen.

**Sollte die Wohnungseigentümergemeinschaft immer eine eigene Hausordnung verabschieden oder reicht beispielsweise das Muster einer Hausordnung, wie sie vom Deutschen Mieterbund herausgegeben oder in den üblichen Muster-Mietverträgen der Haus- und Grundbesitzervereine abgedruckt wird?**

Die Hausordnung ist ebenfalls ein Standardthema und häufig auch Streitgegenstand innerhalb der Wohnungseigentümergemeinschaft. Meines Erachtens wird dem Inhalt der Hausordnung oft zu viel Gewicht zugeschrieben. Man kann in einer Hausordnung nicht alles regeln, sondern nur den Regelungsrahmen des Gesetzes ausfüllen und konkretisieren. Grundsätzlich ist für Wohnungseigentümer das Eigentumsrecht zu beachten, welches sich in den §§ 13, 14 und 15 WEG widerspiegelt. So kann man etwa per Hausordnung kein generelles Tierhaltungsverbot und kein generelles Vermietungs- und Untervermietungsverbot regeln.

Andererseits dürfte die einfache Übernahme einer Musterhausordnung nicht den individuellen Interessen der Eigentümer entsprechen. Auch eine Hausordnung aufgrund eines Musters bedarf der Überprüfung, ob aufgrund der konkreten Situation der Wohnanlage Anpassungen erforderlich sind. Grundsätzlich sind aber die vom Deutschen Mieterbund und von Grundbesitzervereinen herausgegebenen Hausordnungen eine gute Grundlage für die individualisierende Bearbeitung und Beschlussfassung durch die Eigentümer.

**Wie sollten Wohnungseigentümergemeinschaft oder Hausverwalter vorgehen, wenn ein Bewohner den Hausfrieden nachhaltig stört? Welche rechtliche Handhabe gibt es, wenn sich der Störenfried unter den Selbstnutzern befindet? Und wie ist es bei Mietern, die den Hausfrieden stören?**

Wenn Hausbewohner den Hausfrieden stören, ist grundsätzlich zu unterscheiden, ob es sich um Miteigentümer oder um Mieter von Miteigentümern handelt.

Miteigentümer untereinander unterliegen den Regeln der §§ 14 und 15 WEG, wonach grundsätzlich das Sondereigentum nur in der Weise genutzt werden darf, dass dadurch keinem der anderen Wohnungseigentümer ein unvermeidbarer Nachteil oder eine unvermeidbare Störung entsteht. Zur Konkretisierung können gemäß § 15 Abs. 2 WEG Beschlüsse gefasst werden, z.B. im Rahmen der Hausordnung. Wenn sich ein Wohnungseigentümer an die gesetzliche Verpflichtung nach § 14 bzw. die beschlossene Regelung gemäß § 15 nicht hält, kann er von dem beeinträchtigten Wohnungseigentümer auf Unterlassung in Anspruch genommen werden.

Es besteht aber auch die Möglichkeit, dass die Wohnungseigentümergemeinschaft den Unterlassungsanspruch durch Beschluss an sich zieht (die sogenannte Vergemeinschaftung) und ihn dann als Verband gegen den Störenfried geltend macht. Ein erstrittenes Unterlassungsurteil ist durch empfindliche Ordnungsgelder gegen den Störenfried durchsetzbar.

In extremen Fällen besteht darüber hinaus die Möglichkeit, dem Störenfried gemäß §§ 18 und 19 WEG das Eigentum zu entziehen, wenn den anderen Eigentümern die

Fortsetzung der Gemeinschaft mit ihm nicht zugemutet werden kann.

Stört der Mieter eines Eigentümers den Hausfrieden, hat der belästigte Miteigentümer (bzw. die Wohnungseigentümergemeinschaft nach Vergemeinschaftung des Unterlassungsanspruches) die Möglichkeit, entweder gegen den vermietenden Eigentümer vorzugehen oder unmittelbar den Mieter auf Unterlassung in Anspruch zu nehmen. Gemäß § 14 Ziffer 2 WEG muss sich der vermietende Eigentümer das Verhalten seines Mieters zurechnen lassen. Demnach kann der vermietende Eigentümer gerichtlich in Anspruch genommen werden, dafür zu sorgen, dass seine Mieter die Störung unterlassen.

Dies kann so weit gehen, dass der vermietende Eigentümer gezwungen ist, das Mietverhältnis zu kündigen.

Es besteht auch die Möglichkeit, gegen den störenden Mieter unmittelbar vorzugehen, und zwar auf Unterlassung der Störungen gemäß § 1007 BGB. Dies läuft dann gegebenenfalls auf ein Unterlassungsurteil hinaus, welches wiederum mit empfindlichen Ordnungsgeldern vollstreckt werden könnte. Eine Möglichkeit des beeinträchtigten Eigentümers oder der WEG, einen störenden Mieter unmittelbar aus der Wohnung zu bekommen, besteht nicht. Hier gibt es nur den Weg über die Inanspruchnahme des vermietenden Eigentümers, wie bereits dargestellt.

# Wer zahlt was?

Jeder Wohnungseigentümer muss an den Hausverwalter eine monatliche Vorauszahlung leisten, die üblicherweise als Hausgeld bezeichnet wird.

→ **Nach Ablauf eines Jahres** rechnet der Hausverwalter dann über die tatsächlich entstandenen Betriebs-, Verwaltungs- und Instandhaltungskosten ab, und es kommt beim Vergleich mit dem gezahlten Hausgeld zu einer Nachzahlung oder einer Erstattung.

Die finanziellen Unterschiede sind sowohl beim monatlichen Hausgeld als auch bei den jeweiligen Kosten pro Quadratmeter Wohnfläche im Monat enorm. Bei älteren Objekten oder großen Eigentumswohnanlagen sind sie größer als bei Immobilien jüngeren Datums oder kleinen Wohnanlagen. Auch das Kostenmanagement des Hausverwalters spielt hierbei eine wichtige Rolle. Daher sollten Sie als Wohnungseigentümer unbedingt die Höhe von Hausgeld und laufenden Bewirtschaftungskosten genau unter die Lupe nehmen, unabhängig davon, ob Sie Ihre Eigentumswohnung selbst nutzen oder an Dritte vermieten.

# Hausgeld für Wohnungs-eigentümer

Der Begriff „Hausgeld" für den monatlichen Vorschuss auf die Bewirtschaftungskosten hat sich längst eingebürgert, obwohl er im Wohnungseigentumsgesetz überhaupt nicht vorkommt.

**Unter „Hausgeld"** versteht man im Allgemeinen die monatlichen Abschlagszahlungen für folgende Positionen:

▸ Umlagefähige Kosten, also laufende Betriebskosten, die bei einer Vermietung auf den Mieter umlegbar sind

▸ Nicht umlagefähige Kosten, also Verwaltervergütung und sonstige Verwaltungskosten sowie laufende Instandhaltungskosten

▸ Instandhaltungsrücklage

Die Summe aus umlagefähigen und nicht umlagefähigen Kosten (also Betriebs-, Verwaltungs- und Instandhaltungskosten) wird als Bewirtschaftungskosten bezeichnet. Bewirtschaftungskosten plus Instandhaltungsrücklage stellen dann die Belastung beziehungsweise das Hausgeld dar.

Die noch ab und zu anzutreffende Bezeichnung „Wohngeld" (statt Hausgeld) ist irreführend. Das Wohngeld ist als Mietzuschuss für Mieter oder Lastenzuschuss für Eigentümer eine Sozialleistung des Staates. Diese Einnahme für den bedürftigen Mieter oder Eigentümer hat rein gar nichts mit dem Hausgeld als Ausgabe des Wohnungseigentümers zu tun.

Repräsentative Hausgeldvergleiche bei Eigentumswohnungen gibt es nur selten. Der Verein „wohnen im eigentum" hat im Jahr 2006 einen Hausgeldspiegel nach Auswertung von rund 1 000 Jahresabrechnungen mit Zahlen für das Jahr 2004 veröffentlicht. Danach lagen die durchschnittlichen Hausgelder bei monatlich 2,60 Euro pro Quadratmeter Wohnfläche. In der Spitze wurden 4,53 Euro erreicht.

Für sechs große Wohnanlagen mit jeweils 100 bis 350 Eigentumswohnungen ließ „wohnen im eigentum" anhand der Jahresabrechnungen für die Jahre 2004 bis 2008 und der Wirtschaftspläne für 2009 ebenfalls die monatlichen Hausgelder ermitteln und kam dabei auf eine Spanne zwischen 2,89 bis 5,02 Euro pro Quadratmeter Wohnfläche im Monat.

Aktuell dürften die monatlichen Hausgelder einschließlich Instandhaltungsrücklagen laut Jahresabrechnung für 2017 und Wirtschaftsplan für 2018 im Durchschnitt deutlich über 3 Euro pro Quadratmeter im

Monat liegen. Sie sollten als Wohneigentümer vorsichtig mit einem Durchschnittswert von 3,50 Euro pro Quadratmeter Wohnfläche und Monat rechnen.

### Beispiel: Relativ niedriges Hausgeld

Objekt: Eigentumswohnung
in einer Wohnanlage mit 39 Wohnungen,
Baujahr 1993, Wohnfläche 67 qm

**Jahresabrechnung für 2017 (alle Beträge auf volle Euro auf- oder abgerundet)**

| | |
|---|---|
| Monatliche Vorauszahlung für Hausgeld (inkl. 32 Euro Instandhaltungsrücklage) | 228 Euro |
| Umlagefähige Kosten | 147 Euro |
| + nicht umlagefähige Kosten | 31 Euro |
| + Instandhaltungsrücklage | 32 Euro |
| **= Tatsächliche Kosten pro Monat** | **210 Euro** |
| **Also Guthaben aus 2017 pro Monat** | **18 Euro** |

### Wirtschaftsplan für 2018:

| | |
|---|---|
| Monatliche Vorauszahlung für Hausgeld | 245 Euro |
| **Pro Quadratmeter Wohnfläche (245 €/67 qm) = 3,66 Euro/qm** | |

Das relativ niedrige Hausgeld von monatlich 228 Euro in 2017 für die 67 Quadratmeter große Eigentumswohnung in einer immerhin schon vor 25 Jahren erbauten Eigentumswohnanlage ist insbesondere auf zwei Faktoren zurückzuführen:

▶ Niedrige Verbrauchskosten für Heizungs- und Warmwasser-, Kalt- und Abwasser von nur 35 Euro monatlich beziehungsweise 0,52 Euro pro Quadratmeter und Monat

▶ Niedrige Instandhaltungsrücklage von nur 32 Euro monatlich beziehungsweise 0,48 Euro pro Quadratmeter und Monat.

Die sehr niedrigen Kosten für Heizung, Warmwasser, Kalt- und Abwasser hängen auch mit einem entsprechenden Verbrauchsverhalten der Rentnerin zusammen, die die gemietete Eigentumswohnung allein nutzt.

Die Instandhaltungsrücklage von nur 0,48 Euro monatlich beziehungsweise 5,76 Euro jährlich pro Quadratmeter Wohnfläche reichte in dieser Eigentumswohnanlage bisher immer aus. Eine Sonderumlage gab es hier in 25 Jahren nicht. Laut Wirtschaftsplan für 2018 wurde die Instandhaltungsrücklage jedoch auf 0,60 Euro monatlich bzw. 7,20 Euro jährlich pro Quadratmeter erhöht, um möglichen künftigen Sonderumlagen vorzubeugen. Grund waren hohe Kosten für die Erneuerung der Aufzugssteuerung in einem Haus. Um auch eventuell defekte Aufzugssteuerungen in den anderen Häusern zu erneuern, fasst die Eigentümerversammlung einen Vorratsbeschluss, wonach in solchen Fällen für die Finanzierung solcher Maßnahmen bis zu 20 000 Euro aus der Instandhaltungsrücklage zur Verfügung zu stellen sind. Eine weitere künftige Erhöhung der Instandhaltungsrücklage auf beispielsweise 9 Euro

**Die Verbrauchs-kosten** für Heizung und Warmwasser können die Bewohner selber beeinflussen.

jährlich pro Quadratmeter Wohnfläche ab dem Jahr 2020 ist wahrscheinlich.

Bei den meisten Eigentumswohnungen wird das monatliche Hausgeld über den in diesem Beispiel genannten 3,66 Euro pro Quadratmeter Wohnfläche im Monat liegen, da die Verbrauchskosten für Heizung und Wasser höher liegen. Je nach Höhe der Instandhaltungsrücklage kann ein Durchschnittswert von 4 Euro pro Quadratmeter und Monat eine realistische Orientierungsgröße darstellen.

## Gesamtbelastung aus Bewirtschaftung

Das Hausgeld ist aber noch nicht alles, was an laufenden Ausgaben für die Bewirtschaftung auf Sie zukommt. Im Hausgeld sind zwar auch die verbrauchsabhängigen Heiz- und Warmwasserkosten sowie die Kalt- und Abwasserkosten für Ihre Wohnung enthalten. Allerdings kommen noch spezielle Bewirtschaftungskosten für das Sondereigentum Wohnung hinzu, die nicht im Hausgeld und daher auch nicht in der Jahresabrech-nung des Hausverwalters enthalten sein können. Dazu zählen folgende Kosten:

▸ **Grundsteuer.** Sie wird vierteljährlich vom Eigentümer an das Steueramt der Stadt oder Gemeinde gezahlt und ist bei Vermietung umlagefähig auf den Mieter, hier geschätzt mit 0,20 Euro pro Quadratmeter Wohnfläche im Monat.

▸ **Haushaltsstrom** wird vom jeweiligen Bewohner, also dem Eigentümer oder Mieter der Wohnung, an den Stromanbieter gezahlt, Stromkosten sind abhängig vom Verbrauchsverhalten und der Wahl des Stromanbieters, hier geschätzt mit 0,30 Euro pro Quadratmeter und Monat.

▸ **Instandhaltungskosten** für die Wohnung können zusätzlich hinzukommen. Reparaturen bei Sanitär- und Elektroinstallationen in Bad oder Küche werden immer vom Eigentümer bezahlt, nur Kosten für Kleinreparaturen sind bis zu einer bestimmten Höhe umlagefähig auf den Mieter.

Zählt man diese speziellen Bewirtschaftungskosten für die Wohnung in Höhe von 0,50 Euro pro Quadratmeter Wohnfläche für Grundsteuer und Haushaltsstrom (also ohne mögliche zusätzliche Instandhaltungskosten für die Wohnung) zum monatlichen Hausgeld von durchschnittlich 4 Euro hinzu, kommt man bereits auf eine Gesamtbelastung aus Bewirtschaftung in Höhe von 4,50 Euro pro Quadratmeter Wohnfläche im Monat.

Mit dieser recht hohen Belastung aus Bewirtschaftung müssen Sie als Wohnungseigentümer auch rechnen, wenn Ihre Eigentumswohnung bereits schuldenfrei ist. Auch das „miet- und schuldenfreie Wohnen im Alter" ist also nicht kostenlos, sondern nur um den Preis dieser Bewirtschaftungskosten zu haben. Wenn wie im Regelfall noch Hypothekenschulden auf Ihrer Eigentumswohnung lasten, kommt die Belastung aus Schulden- beziehungsweise Kapitaldienst, also die laufenden Ausgaben für Zins und Tilgung der Hypothekendarlehen, hinzu.

Allein die Belastung aus Bewirtschaftung für eine 75 Quadratmeter große Eigentumswohnung macht aktuell durchschnittlich 3 600 Euro im Jahr aus (= 75 Quadratmeter × 4 Euro × 12 Monate), bei 125 Quadratmetern sind es bereits 6 000 Euro. Diese auf den ersten Blick recht hohe Gesamtbelastung aus Bewirtschaftung in Höhe von 4 Euro pro Quadratmeter Wohnfläche im Monat muss jedoch bei selbst genutzten Eigentumswohnungen relativiert werden, da in ihr folgende Serviceleistungen und Rücklagen enthalten sind, die typischerweise bei selbst genutzten Einfamilienhäusern und auch bei den meisten Mietwohnungen gar nicht vorkommen:

▶ Hausverwalter
▶ Hausmeister
▶ Hausreinigung
▶ Gartenpflege
▶ Instandhaltungsrücklage

Die Kosten für Hausverwalter, Hausmeister, Hausreinigung und Gartenpflege machen je nach Leistungsumfang, Haus- und Gartengröße durchaus insgesamt 0,80 bis 1,20 Euro pro Quadratmeter Wohnfläche und Monat aus. Die Instandhaltungsrücklage wird je nach Alter und Zustand der Wohnlage zwischen monatlich 0,40 bis 1 Euro pro Quadratmeter ausmachen. Wenn man diese Kostenbelastung von der Gesamtbelastung auf Bewirtschaftung in Höhe von monatlich 4 Euro pro Quadratmeter wieder abzieht, verbleibt für die reinen Betriebskosten ein Betrag von beispielsweise 3 Euro bis 1,80 Euro pro Quadratmeter Wohnfläche und Monat.

Guter Service rund ums Haus (Hausverwalter, -meister, -reinigung und Gartenpflege) und eine vorbeugende Rücklage für Instandhaltungsbedarf in der Zukunft kosten Geld. Was nichts kostet, ist auch weniger wert oder erfordert eigene Arbeitsleistungen. Bequemlichkeit wie bei gut bis exzellent verwalteten und gepflegten Eigentumswohnungen hat ihren Preis, zahlt sich aber langfristig aus.

### Laufende Betriebskosten

Was unter laufenden Betriebskosten im Einzelnen zu verstehen ist, geht aus der 2004 in Kraft getretenen Betriebskostenverordnung (BetrKV) hervor, die mit § 27 der II. Berechnungsverordnung (II. BV) und der Anlage 3 zu § 27 Abs. 1 II. BV weitgehend identisch ist.

Betriebskosten sind nach § 1 Abs. 1 BetrKV grundsätzlich die Kosten, die dem Eigentümer durch das Eigentum am Grundstück oder „durch den bestimmungsgemäßen Gebrauch des Gebäudes, der Nebengebäude, Anlagen, Einrichtungen und des Grundstücks laufend entstehen". Was offiziell Betriebskosten heißt, wird von Mietern meist als „Nebenkosten" bezeichnet. Richtigerweise muss es „umlagefähige Betriebskosten" heißen, da nur diese Kosten laut BetrKV auf den Mieter umgelegt werden können.

## Checkliste

# Was zu den Betriebskosten zählt

**Nach § 2 BetrKV gibt es folgende Arten von Betriebskosten:**

- ☐ Kaltwasser- und Abwasserkosten
- ☐ Heizungs- und Warmwasserkosten
- ☐ Grundsteuer
- ☐ Müllabfuhr- und Straßenreinigungsgebühren
- ☐ Kosten der Haus- beziehungsweise Gebäudereinigung
- ☐ Kosten der Gartenpflege
- ☐ Kosten der Beleuchtung (nur Allgemeinstrom für Außenbeleuchtung, nicht Stromkosten für die Wohnung)
- ☐ Hausmeisterkosten
- ☐ Antennen- und Kabelanschlussgebühren
- ☐ Kosten der Wohngebäudeversicherung (sog. Feuerversicherungsprämie) und der Haftpflichtversicherung für Gebäude
- ☐ Sonstige Betriebskosten

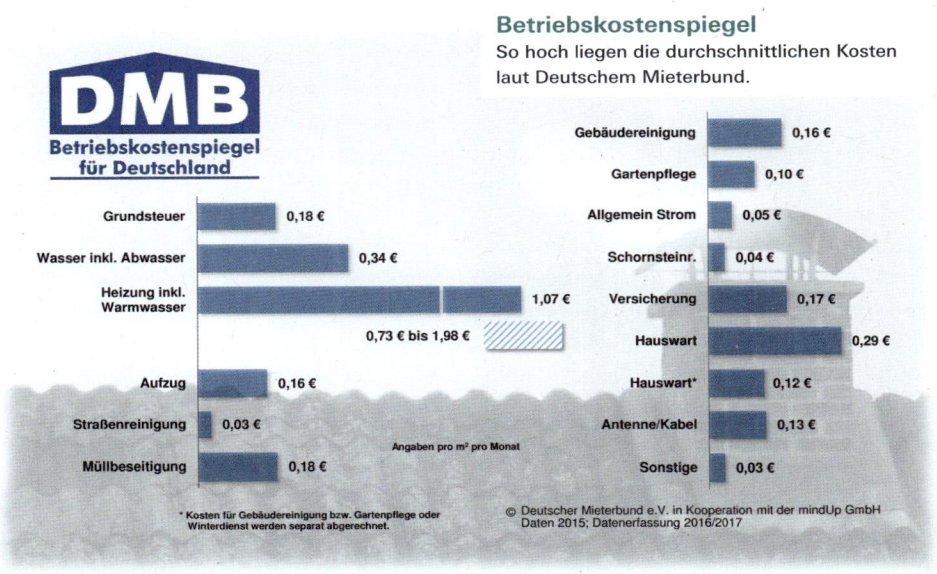

**Betriebskostenspiegel**
So hoch liegen die durchschnittlichen Kosten laut Deutschem Mieterbund.

Nicht zu den Betriebskosten gehören laut § 1 Abs. 2 BetrKV Verwaltungskosten sowie Instandhaltungs- und Instandsetzungskosten. Daher sind diese Kosten auch nie umlagefähig.

Bis auf die Grundsteuer sind dies genau die Betriebskosten, die Sie als Wohnungseigentümer auch an den Hausverwalter zu zahlen haben. In Jahresabrechnungen und Wirtschaftsplänen werden sie als „umlagefähige Kosten" bezeichnet.

**Der Betriebskostenspiegel.** Als Anhaltspunkt für die Höhe der üblichen Betriebskosten kann der jährlich aktualisierte Betriebskostenspiegel des Deutschen Mieterbunds (DMB) dienen, der seit 2010 veröffentlicht wird. Danach lagen die monatlichen Betriebskosten für das Abrechnungsjahr 2015 (mit Datenerfassung in 2016/2017) im Durchschnitt bei 2,76 Euro pro Quadratmeter Wohnfläche im Monat, sofern man alle nach BetrKV denkbaren Betriebskosten berücksichtigt.

Somit sind aktuell bis zu 3 Euro pro Quadratmeter Wohnfläche im Monat für umlagefähige Betriebskosten in vermieteten Eigentumswohnungen repräsentativ.

Die vom Deutschen Mieterbund ebenfalls genannten durchschnittlich 2,17 Euro treffen wohl hauptsächlich für reine Mietwohnungen ohne zusätzliche Kosten für Hausmeister, Hausreinigung und Gartenpflege zu.

Interessant für Sie als Wohnungseigentümer – egal, ob Selbstnutzer oder Vermieter – sollte die Aufteilung innerhalb der Betriebskosten sein. Die warmen Betriebskosten (Heiz- und Warmwasserkosten) machten laut Mieterbund in 2015 durchschnittlich 1,07 Euro pro Quadratmeter Wohnfläche und Monat aus, die sogenannten kalten Betriebskosten (also alle übrigen Kosten) 1,69 Euro pro Quadratmeter im Monat.

Die Aufteilung aller denkbaren Betriebskostenarten in Euro pro Quadratmeter Wohnfläche und Monat können Sie der Abbildung des Deutschen Mieterbunds auf Seite 75 entnehmen.

Die nach DMB-Übersicht denkbaren Betriebskosten von 2,78 Euro pro Quadratmeter Wohnfläche und Monat im Jahr 2015 können durchaus bei kostengünstigen Eigentumswohnungen noch unterboten werden. Beispielsweise lagen die monatlichen Betriebskosten für die bereits erwähnte 67 Quadratmeter große Eigentumswohnung im Jahr 2017 nur bei 2,55 Euro einschließlich Grundsteuer von 0,36 Euro pro Quadratmeter und Monat.

Sehr aussagekräftig ist für Selbstnutzer und Vermieter auch die folgende Aufteilung laut Betriebskostenspiegel des Mieterbunds:

▶ Verbrauchsabhängige Betriebskosten (Kalt- und Abwasserkosten, Heiz- und Warmwasserkosten) in Höhe von monatlich 1,41 Euro pro Quadratmeter.

▶ Verbrauchsunabhängige Betriebskosten (zum Beispiel Grundsteuer, Müllabfuhr, Feuerversicherungsprämie, Hausreinigung, Hausmeister, Gartenpflege) in Höhe von monatlich 1,35 Euro pro Quadratmeter Wohnfläche und Monat.

Am Betriebskostenspiegel des DMB können Sie sich als Selbstnutzer genauso orientieren wie als Vermieter. Allerdings stellt er kein Rechtsinstrument wie beispielsweise der Mietspiegel dar. Laut DMB basiert der Betriebskostenspiegel auf mehr als 10 Millionen Quadratmeter Mietwohnungsfläche. Über den veröffentlichten Betriebskostenspiegel hinaus gibt es Durchschnittszahlen für die einzelnen Bundesländer und für einzelne Städte.

Auf die Höhe der verbrauchsunabhängigen Betriebskosten wie Grundsteuer, Müllabfuhr und Feuerversicherungsprämie haben Sie als Wohnungseigentümer praktisch keinen Einfluss. Möglicherweise kann aber der Wechsel des Versicherers zu einer kostengünstigeren Wohngebäudeversicherung führen. Auch die stark lohnabhängigen Hausmeister-, Hausreinigungs- und Gartenpflegekosten können gesenkt werden, wenn die anfallenden Arbeiten kostengünstiger und dennoch qualitativ gleich oder besser durchgeführt werden. Gibt es zum Beispiel

Mitbewohner im Haus, die sich gegen ein jährliches Entgelt und Erstattung der Materialkosten um die Gartenpflege kümmern möchten?

Bei Ihrer Eigentumswohnung können Sie darauf zwar nicht direkt einwirken. Sie können aber über Schreiben an den Hausverwalter und Anträge in der Eigentümerversammlung auf mögliche Ersparnisse bei den verbrauchsunabhängigen Betriebskosten hinwirken.

Je niedriger die Betriebskosten in Ihrer Eigentumswohnanlage im Vergleich zu fremden Mietobjekten oder den Durchschnittswerten laut Betriebskostenspiegel ausfallen, desto zufriedener können Sie als Wohnungseigentümer sein. Zählen Sie beim Vergleich mit dem Betriebskostenspiegel des Deutschen Mieterbunds aber immer die von Ihnen als Eigentümer direkt an die Gemeinde beziehungsweise Stadt gezahlte Grundsteuer zu den vom Hausverwalter genannten umlagefähigen Betriebskosten noch hinzu.

### Verwaltungskosten

Die Vergütung des Hausverwalters für das gemeinschaftliche Eigentum (WEG-Verwaltung) ist zwischen Verwalter und Wohnungseigentümergemeinschaft frei vereinbar. Die Verwaltervergütung je Wohneinheit liegt in fast allen Fällen zwischen 200 und 300 Euro im Jahr. Üblicherweise wird sie im Verwaltervertrag mit monatlich 15 bis 21 Euro netto zuzüglich 19 Prozent Umsatzsteuer pro Wohnung vereinbart.

Als Orientierungshilfe kann auch die Zweite Berechnungsverordnung (II. BV) gelten, die aber nur für den öffentlich geförderten Wohnungsbau verpflichtend ist. Die Verwaltungskosten nach § 26 Abs. 2 und 3 sowie § 41 Abs. 2 II. BV liegen seit dem 1.1.2017 auf folgender Höhe:

▶ bis zu 284,63 Euro pro Jahr je Wohnung und

▶ bis zu 37,12 Euro pro Jahr je Garage beziehungsweise TG-Stellplatz.

Diese Pauschalen verändern sich durch Anpassung an die durch den Verbraucherindex des Statistischen Bundesamts gemessene Inflationsrate jeweils zum 1. Januar jedes folgenden dritten Jahres. Erst ab 1.1.2017 wäre dann mit der nächsten Erhöhung der Pauschale zu rechnen.

Mit der üblichen Verwaltervergütung zwischen 200 und 300 Euro pro Jahr für Eigentumswohnungen werden nur die Verwaltungskosten für das Gemeinschaftseigentum abgegolten.

Mögliche zusätzliche Kosten für die Verwaltung des eigenen Sondereigentums bei Vermietung (sogenannte Mietverwaltung) kämen für den Vermieter noch hinzu, falls er diese Dienstleistung in Anspruch nehmen will.

### Instandhaltungskosten und -rücklagen

Bei Eigentumswohnungen ist es üblich, die regelmäßig anfallenden, meist relativ gerin-

**Für Instandhaltungskosten**
rechtzeitig ausreichende Rücklagen bilden

gen Instandhaltungskosten als nicht umlagefähige Kosten im Wirtschaftsplan mit einzukalkulieren und darüber nach Ablauf eines Jahres abzurechnen.

Die in der Eigentümerversammlung festgelegte Instandhaltungsrücklage (im Wohnungseigentumsgesetz als „Instandhaltungsrückstellung" bezeichnet) wird meist in Anlehnung an die Instandhaltungspauschalen laut II. BV kalkuliert. Bei älteren Wohnungen aus den Nachkriegsjahren bis Ende der 1970er Jahre legt man meist 12 Euro pro Quadratmeter Wohnfläche im Jahr beziehungsweise 1 Euro pro Monat zugrunde. Fallen dann größere Instandhaltungsarbeiten an, wird diese Rücklage teilweise aufgezehrt. Sofern die Rücklage aber nicht ausreicht, müssen Sonderumlagen beschlossen werden.

Bei in den 1990er Jahren fertig gestellten Wohnungen müsste eine Instandhaltungsrücklage von 6 Euro pro Quadratmeter Wohnfläche im Jahr beziehungsweise 0,50 Euro pro Monat in der Regel reichen. Es kommt aber auch ganz wesentlich auf den aktuellen Zustand des Wohngebäudes an.

Liegt ein Reparatur- beziehungsweise Renovierungsstau vor, muss die Instandhaltungsrücklage höher ausfallen.

Bei Neubau-Wohnimmobilien reicht in den ersten fünf Jahren wegen der meist fünfjährigen Gewährleistungsfrist eine Instandhaltungsrücklage von nur 3 Euro pro Quadratmeter Wohnfläche im Jahr meist aus.

Es handelt sich bei den genannten Sätzen aber immer nur um Erfahrungswerte. Letztlich kommt es auf den aktuellen tatsächlichen Zustand der Eigentumswohnanlage an.

### → Instandhaltungspauschalen nach der II. Berechnungsverordnung

Die Höhe der Pauschale für Instandhaltungskosten hängt nach § 28 Abs. 2 II. BV davon ab, wie viele Jahre die Bezugsfertigkeit der Wohnung am Ende eines Kalenderjahrs zurückliegt. Daher gibt es seit Januar 2017 grundsätzlich drei Instandhaltungspauschalen in folgender Höhe:

bis zu 8,78 Euro pro Quadratmeter Wohnfläche und Jahr bei weniger als 22 Jahren (zum Beispiel Bezugsfertigkeit ab dem 1.1.1995 zum Ende des Jahres 2016),

bis zu 11,14 Euro pro Quadratmeter Wohnfläche und Jahr bei mindestens 22 und weniger als 32 Jahren (zum Beispiel Bezugsfertigkeit zwischen dem 1.1.1985 und 31.12.1994 zum Ende des Jahres 2016),

bis zu 14,23 Euro pro Quadratmeter Wohnfläche und Jahr bei mindestens 32 Jahren (zum Beispiel Bezugsfertigkeit bis zum 31.12.1984 zum Ende des Jahres 2016).

**Wichtig:** Hinzu kommt noch die Instandhaltungspauschale bis zu 84,16 Euro je Garage beziehungsweise TG-Stellplatz nach § 28 Abs. 5 II. BV.

Die genannten Instandhaltungspauschalen (seit Januar 2017) erhöhen sich für Wohnungen, für die ein Aufzug vorhanden ist, um 1,24 Euro pro Quadratmeter Wohnfläche und Jahr.

Die zum 1.1.2014 festgesetzten Pauschalen haben sich bis Januar 2017 nur um rund 2 Prozent erhöht.

# Jahresabrechnung und Wirtschaftsplan

Den besten Überblick über die Kosten liefert die Jahresabrechnung des Hausverwalters. In der werden die tatsächlich angefallenen Ausgaben und Einnahmen des Vorjahrs aufgelistet.

**Im Gegensatz dazu** enthält der Wirtschaftsplan die Schätzung der künftigen Ausgaben und Einnahmen für das laufende Jahr oder das Folgejahr.

Beide Dokumente – Jahresabrechnung und Wirtschaftsplan – werden Ihnen als Wohnungseigentümer bis spätestens sechs Monate nach Ablauf des Wirtschaftsjahrs mit der Einladung zur Eigentümerversammlung versandt. Da das Wirtschaftsjahr fast immer mit dem Kalenderjahr zusammenfällt, werden Sie die Jahresabrechnung für das Jahr 2017 beispielsweise im Mai 2018 zugleich mit dem Wirtschaftsplan für 2018 in den Händen haben. Dieser Wirtschaftsplan gilt dann zunächst auch für das Jahr 2019, bevor er in einem Jahr durch den neu aufgestellten Wirtschaftsplan für 2019 ersetzt wird.

Deutliche Verspätungen beim Versand der Jahresabrechnung sollte der Hausverwalter näher begründen (zum Beispiel zeitlich verzögert eingegangene Heizkostenabrechnungen). Als Vermieter müssen Sie unbedingt darauf bestehen, dass die Jahresabrechnung spätestens Anfang Dezember des auf das Abrechnungsjahr folgenden Jahres vorliegt. Schließlich müssen Sie Ihrem Mieter noch für das auf das Abrechnungsjahr folgende Jahr eine Betriebskostenabrechnung übersenden. Tun Sie dies nicht, wird Ihr Mieter fällige Nachzahlungen nicht leisten und ist damit sogar im Recht.

## Inhalt der Jahresabrechnung

Die Jahresabrechnung ist eine reine Ausgaben- und Einnahmenrechnung, und zwar als Gesamtabrechnung für die Wohnungseigentümergemeinschaft und als Einzelabrechnung für jeden Wohnungseigentümer.

Auf der Ausgabenseite stehen zunächst die Bewirtschaftungskosten, also die umlagefähigen Betriebskosten sowie die nicht umlagefähigen Verwaltungs- und Instandhaltungskosten.

In Ihrer Einzelabrechnung finden Sie dort neben den Gesamtkosten in der letzten Spalte die auf Ihre Wohnung entfallenden Kosten, also Ihren jeweiligen Anteil (siehe die Jahresabrechnung im Musterbeispiel, Seiten 82/83).

In diesem Beispiel liegen die umlagefähigen Betriebskosten bei 2418 Euro im Jahr beziehungsweise 201 Euro pro Monat. Bei einer 80 Quadratmeter großen Eigentumswohnung sind dies 2,51 Euro pro Quadratmeter Wohnfläche im Monat.

Hinzu kommen die nicht umlagefähigen Verwaltungs- und Instandhaltungskosten in Höhe von 566 Euro pro Jahr, sodass die Bewirtschaftungskosten gesamt 3,11 Euro pro Quadratmeter Wohnfläche und Monat ausmachen.

Zu den Bewirtschaftungskosten wird dann die Sollrücklage für Instandhaltungen in Höhe von 843 Euro im Jahr beziehungsweise 70 Euro im Monat hinzugezählt. Nach den Entscheidungen des Bundesgerichtshofs vom 1.4.2011 (Az. V ZR 162/10) und 4.12.2009 (Az. V ZR 44/09) darf die Instandhaltungsrücklage mit ihrem Sollbetrag nicht mehr in die Summe der Bewirtschaftungskosten einfließen, sondern ist getrennt auszuweisen. Daher errechnet sich die Abrechnungssumme aus den Bewirtschaftungskosten plus der Sollrücklage für die Instandhaltung.

Die Abrechnungssumme in Höhe von 3827 Euro wie in unserem Beispiel stellt somit die Gesamtbelastung aus Bewirtschaftungskosten und Instandhaltungsrücklage dar. Im Beispiel der 80 Quadratmeter gro-

# Was Ihre Jahresabrechnung aussagt

☐ **Bewirtschaftungskosten**: In der Einzelabrechnung werden alle auf Ihre Wohnung entfallenen Betriebs-, Verwaltungs- und Instandhaltungskosten aufgeführt. Nur die umlagefähigen Betriebskosten können Sie im Falle der Vermietung auf Ihren Mieter umlegen.

☐ **Sollrücklage und Abrechnungssumme**: Zu den Bewirtschaftungskosten wird Ihre Beitragsverpflichtung zur Instandhaltungsrücklage (die Sollrücklage) hinzugezählt. Ihre Gesamtbelastung für das abgelaufene Abrechnungsjahr ergibt sich aus der Summe von Bewirtschaftungskosten und Sollrücklage.

☐ **Abrechnungsspitze**: Nach Abzug des von Ihnen gezahlten Hausgelds von der Abrechnungssumme ergibt sich eine Nachzahlung oder ein Guthaben. Liegt das im Voraus gezahlte Hausgeld über der Abrechnungssumme, wird Ihnen der überschießende Betrag auf Ihr Bankkonto gutgeschrieben. Im umgekehrten Fall bucht der Hausverwalter den Nachzahlungsbetrag von Ihrem Konto ab.

☐ **Heizkostenabrechnung**: Den auf Ihre Wohnung entfallenden Anteil an Heiz- und Warmwasserkosten können Sie der von einem Dienstleistungsunternehmen erstellten Heizkostenrechnung entnehmen.

☐ **Steuerbescheinigung**: Die für Handwerkerleistungen und haushaltsnahe Dienste ausgewiesenen Lohnanteile werden mit 20 Prozent direkt von Ihrer zu zahlenden Einkommensteuer abgezogen, wenn Sie die Steuerbescheinigung bei Ihrem Finanzamt einreichen. Die Steuervergütung beträgt maximal 1 200 Euro pro Jahr.

☐ **Entwicklung der Instandhaltungsrücklage** und des Sollvermögens: Hier erfahren Sie, wie sich Ihre Instandhaltungsrücklage im Laufe des Abrechnungsjahrs durch Zu- und Abgänge entwickelt hat. Der Schlussbestand stellt praktisch Ihr gemeinschaftliches Vermögen dar, das noch zusätzlich in der Eigentumswohnung steckt und bei einem späteren Verkauf in den Kaufpreis mit einfließen sollte.

# Beispiel für eine Jahresabrechnung des Verwalters

Die professionelle Jahresabrechnung für eine Wohnungseigentümergemeinschaft muss trotz der vielen Zahlen übersichtlich bleiben und eine eindeutige Zuordnung erlauben.

| Jahresabrechnung | | | | | |
|---|---|---|---|---|---|
| Abrechnungszeitraum | 01.01.2017 | bis | 31.12.2017 | 365 Tage | |
| Ihr Abrechnungszeitraum | 01.01.2017 | bis | 31.12.2017 | 365 Tage | |
| **Abrechnungsposten** | **Gesamtkosten** | **Gesamt** | **Ihr Anteil** | **Verteilung** | **Ihr Anteil** |
| **Ausgaben** | | | | | |
| **Zur Umlage auf eventuelle Mieter bestimmte Kosten** | | | | | |
| Müllabfuhr/Straßenreinigung | 8 203,26 € | 1 000 000,00 | 20 683,00 | MEA | 169,67 € |
| Wasser und Schmutzwasser | 2 789,33 € | 1 000 000,00 | 20 683,00 | MEA | 57,69 € |
| Niederschlagswasser | 1 793,00 € | 1 000 000,00 | 20 683,00 | MEA | 37,08 € |
| Heizung und Warmwasser | 34 000,24 € | 34 000,24 | 1 372,94 | Festbetrag | 1 372,94 € |
| Allgemeinstrom | 2 602,29 € | 1 000 000,00 | 20 683,00 | MEA | 53,82 € |
| Kabelfernsehen | 4 010,42 € | 37,50 | 1,00 | Teilnehmer | 106,94 € |
| Hausreinigung | 5 880,02 € | 1 000 000,00 | 20 683,00 | MEA | 121,62 € |
| Hausmeister | 6 752,06 € | 1 000 000,00 | 20 683,00 | MEA | 139,65 € |
| Gartenpflege/Außenanlage | 3 656,86 € | 1 000 000,00 | 20 683,00 | MEA | 75,63 € |
| Wartungskosten | 783,01 € | 1 000 000,00 | 20 683,00 | QM | 16,19 € |
| Aufzugsbetriebskosten | 2 910,46 € | 2 331,16 | 65,58 | MEA | 81,88 € |
| Versicherungen | 8 926,97 € | 1 000 000,00 | 20 683,00 | MEA | 184,64 € |
| **Summe umlagefähige Kosten** | **82 307,92 €** | | | | **2 417,75 €** |

| Nicht zur Umlage auf eventuelle Mieter bestimmte Kosten | | | | | |
|---|---|---|---|---|---|
| Sonst. Nebenk./Bankgeb. | 2 016,98 € | 1 000 000,00 | 20 683,00 | MEA | 41,72 € |
| Verfahren Fenster | 196,35 € | 1 000 000,00 | 20 683,00 | MEA | 4,06 € |
| Verwaltervergütung Wohnungen | 12 066,60 € | 50,00 | 1,00 | Wohnein-heit | 241,33 € |
| Verwaltervergütung Garagen | 885,36 € | 31,00 | 1,00 | Gar.einheit | 28,56 € |
| Kleinreparaturen | 10 469,12 € | 1 000 000,00 | 20 683,00 | MEA | 216,53 € |
| Aufzugsreparaturen | 1 610,20 € | 2 331,16 | 65,58 | QM | 45,30 € |
| Einnahmen Waschgeld | -549,10 € | 1 000 000,00 | 20 683,00 | MEA | -11,36 € |
| Direkte Kosten | 758,35 € | 758,35 | 0,00 | Festbetrag | 0,00 € |
| **Summe nicht umlagefähige Kosten** | **27 453,86 €** | | | | **566,14 €** |
| Bewirtschaftungskosten (Ihr Anteil) | | | | | 2 983,89 € |
| + Beitragsverpflichtung zur Instandhaltungsrücklage (Ihr Anteil) | | | | | 843,09 € |
| = Abrechnungssumme (Ihr Anteil) | | | | | 3 826,98 € |
| – Ihre Vorauszahlungen auf Kosten und Instandhaltungsrücklage (Hausgeldsoll) | | | | | 3 720,00 € |
| **= Ihre Nachzahlung** | | | | | **106,98 €** |

ßen Eigentumswohnung macht sie monatlich knapp 4 Euro pro Quadratmeter Wohnfläche aus.

Von der Abrechnungssumme beziehungsweise Gesamtbelastung sind dann die tatsächlich gezahlten Vorschüsse auf das Hausgeld abzuziehen und der verbleibende Betrag zu ermitteln (sogenannte Abrechnungsspitze). Nach Abzug des bereits gezahlten Hausgelds von jährlich 3720 Euro errechnet sich im Beispiel ein Nachzahlungsbetrag von 107 Euro.

Dieser Einzelabrechnung des Verwalters werden für den Wohnungseigentümer – neben dem Wirtschaftsplan und der Einladung zur nächsten Eigentümerversammlung – noch weitere Unterlagen beigefügt:

▸ Heizkostenabrechnung
▸ Entwicklung der Instandhaltungsrücklage und des Sollvermögens: Anfangsbestand, Zugänge durch Rücklagen der Wohnungseigentümer und Zinserträge, Abgänge durch Instandhaltungsaufwand, Schlussbestand
▸ Bescheinigung über steuerbegünstigte Lohnanteile bei Handwerkerleistungen und haushaltsnahen Dienstleistungen
▸ Jahresgesamtabrechnung

**Prüfung der Jahresabrechnung**

Der Hausverwalter legt die Jahresabrechnung üblicherweise erst dem Verwaltungsbeirat zur Prüfung vor, bevor er sie an die Wohnungseigentümer versendet. Der Ver-

## Checkliste

# Wie Sie Ihre Jahresabrechnung prüfen

☐ **Richtigkeit**: Lassen Sie die Jahresabrechnung vom Verwaltungsbeirat auf sachliche und rechnerische Richtigkeit prüfen, oder überprüfen Sie die Abrechnung selbst.

☐ **Verständlichkeit**: Ist die Abrechnung über die angefallenen Kosten

und die Abrechnungsspitze (Nachzahlung oder Guthaben) klar, übersichtlich und für Sie verständlich? Gibt es beispielsweise zusätzliche Erläuterungen des Hausverwalters?

☐ **Vollständigkeit**: Liegen der Einzelabrechnung folgende Unterlagen bei: Heizkostenabrechnung, Steuerbescheinigung für Handwerkerleistungen und haushaltsnahe Dienste, Entwicklung der Instandhaltungsrücklage mit Ausweis von Zinserträgen vor und nach Steuern?

☐ **Verteilungsschlüssel**: Entspricht die Verteilung der Kosten den Vorgaben der Teilungserklärung mit Gemeinschaftsordnung sowie den Beschlüssen der Eigentümerversammlung?

☐ **Kostenvergleich**: Liegen die Betriebskosten für Ihre Wohnung, berechnet nach Euro pro Quadratmeter Wohnfläche und Monat, über oder unter den Beträgen nach aktuellem Betriebskostenspiegel des Deutschen Mieterbunds (siehe Seite 75)? Laut diesem Betriebskostenspiegel lag die Summe aller möglichen Betriebskosten (ohne Grundsteuer) im Jahr 2015 bei 2,76 Euro pro Quadratmeter Wohnfläche und Monat.

☐ **Gewichtung der Kosten**: Stehen die Verwaltungs- und Instandhaltungskosten in einem angemessenen Verhältnis zu den Betriebskosten (zum Beispiel 1:3 oder 1:4)? Je höher die Verwaltungs- und Instandhaltungskosten im Verhältnis zu den umlagefähigen Betriebskosten ausfallen (zum Beispiel 1:2), desto weniger kann der Vermieter auf seine Mieter abwälzen und desto mehr muss er selbst tragen.

☐ **Instandhaltungskosten und -rücklage**: Entfallen die Beträge für Instandhaltungskosten und Entnahmen aus der Instandhaltungsrücklage ausschließlich auf Gemeinschaftseigentum, oder ist unzulässigerweise auch Instandhaltungsaufwand für Sondereigentum von Miteigentümern abgerechnet worden?

☐ **Rechnungen und Belege**: Können Sie Originalrechnungen von Handwerkern und anderen Dienstleistern sowie alle Originalbankbelege beim Hausverwalter einsehen?

☐ **Anfechtung**: Prüfen Sie die Anfechtung der Jahresabrechnung innerhalb eines Monats nach der stattgefundenen Eigentümerversammlung, wenn Sie ins Gewicht fallende Gründe für eine nicht sachgemäße Abrechnung gefunden haben.

waltungsbeirat wird die Jahresabrechnung dann auf sachliche und rechnerische Richtigkeit prüfen und zumindest stichprobenweise Belege einsehen (zum Beispiel Rechnungen über durchgeführte Instandhaltungsmaßnahmen). Auch wenn Sie kein Beiratsmitglied sind, sollten Sie die Jahresabrechnung des Hausverwalters auf jeden Fall prüfen und daraus die für Sie wichtigen Schlüsse ziehen. Einen ersten Überblick über die möglichen Prüfpunkte verschaffen Ihnen die Checklisten auf den Seiten 81 und 84/85.

Dass Verwalterabrechnungen sachlich und rechnerisch richtig sind, sollte eigentlich eine Selbstverständlichkeit sein. Fast alle Hausverwalter verwenden mittlerweile professionelle Programme, mit denen sie die Jahresabrechnung (Gesamt- und Einzelabrechnung) einschließlich der ergänzenden Unterlagen wie Steuerbescheinigung über Handwerkerleistungen und haushaltsnahe Dienstleistungen erstellen können.

Dennoch können sich immer mal wieder Fehler in der Jahresabrechnung des Hausverwalters einschleichen. Nach der Meinung von Mietervereinen soll jede zweite Betriebskostenabrechnung des Vermieters falsch sein. Sollte das so zutreffen, könnte es damit zusammenhängen, dass Betriebs- und Nebenkostenabrechnungen auch von wenig erfahrenen privaten Vermietern erstellt werden.

Eine solche mögliche negative Erfahrung mit Betriebskostenabrechnungen von Ver-

mietern unbesehen auch auf die Hausgeldabrechnungen von Verwaltern zu übertragen, wäre nicht fair. In der Praxis ist vielmehr davon auszugehen, dass der weitaus größte Teil der Verwalterabrechnungen richtig ist. Mag auch jeder dritte Steuer- oder Rentenbescheid falsch sein, so muss dies nicht auf die Abrechnung des Hausverwalters zutreffen. Möglicherweise enthält nur jede fünfte oder zehnte Verwalterabrechnung kleinere oder gravierende Fehler.

Der Verteilungsschlüssel, der über die Verteilung der Gesamtkosten auf die einzelnen Wohnungen beziehungsweise deren Eigentümer entscheidet, wird häufig zum Zankapfel unter Wohnungseigentümern. Der vom Hausverwalter in der Jahresabrechnung angegebene Verteilungsschlüssel (auch „Umlageschlüssel" genannt) muss richtig sein, also mit der Regelung im Wohnungseigentumsgesetz (Verhältnis der Miteigentumsanteile nach § 16 WEG), in der Teilungserklärung beziehungsweise Gemeinschaftsordnung (zum Beispiel Umlage nach Wohnfläche, Bewohner- oder Wohnungsanzahl) oder in einem Beschluss der Wohnungseigentümerversammlung übereinstimmen.

Ob der so festgelegte Verteilungsschlüssel für den einzelnen Wohnungseigentümer gerecht erscheint, hat der Hausverwalter nicht zu verantworten. Eine absolute Gerechtigkeit bei der Verteilung der Gesamtkosten auf die einzelnen Wohnungen kann es sowieso nicht geben.

**Verteilungsschlüssel**
Erst überprüfen, dann abrechnen

Besonders einfach ist es, wenn alle Kosten außer den Heiz- und Warmwasserkosten nach den Miteigentumsanteilen (MEA) verteilt werden. Dies führt beim Fehlen von eigenen Wasserzählern und der anteiligen Berechnung der Kalt- und Abwasserkosten fast zwangsläufig zu Unstimmigkeiten. Viele Selbstnutzer unter den Wohnungseigentümern möchten auch für die Kaltwasserkosten eine verbrauchsabhängige Erfassung und Abrechnung, wie sie bei den Heizkosten gang und gäbe ist. Der Einbau von Kaltwasserzählern muss aber mit einfacher Mehrheit in der Wohnungseigentümerversammlung beschlossen werden. Scheitert dies wegen zu hoher Kosten für die Anschaffung und den Einbau der Wasseruhren oder für die Anmietung solcher Zähler, bleibt es bei dem bisher angewandten Verteilungsschlüssel (zum Beispiel Miteigentumsanteil, Wohnfläche oder Anzahl der Bewohner je Wohneinheit).

Eine Vielfalt von unterschiedlichen Verteilungsschlüsseln (zum Beispiel Heizkosten/Wasserkosten/Kanal nach Verbrauch, Müllabfuhr nach Personen, Verwaltervergütung sowie Hausreinigung/Hausmeister/Gartenpflege nach Anzahl der Wohneinheiten, alle übrigen Kosten nach Miteigentumsanteilen) mag zwar grundsätzlich gerecht sein, erscheint aber wiederum einigen Wohnungseigentümern viel zu kompliziert und dadurch im Einzelfall vielleicht sogar ungerecht.

Ein Vergleich der Betriebskosten laut letzter Jahresabrechnung mit den Betriebskosten früherer Abrechnungsjahre ist oft sehr aufschlussreich. Wenn Sie dabei erhebliche Steigerungen bei bestimmten Betriebskostenarten (zum Beispiel für Versicherungen, Hausmeister, Hausreinigung oder Gartenpflege) feststellen, sollten Sie den Hausverwalter nach den Gründen fragen. Ein Versicherungswechsel, neuer Hausmeister oder neuer Hausreinigungsdienst kann durchaus bei gleicher Qualität zu geringeren Kosten führen. Insbesondere die stark lohnabhängigen Hausmeister-, Hausreinigungs- und Gartenpflegekosten können gesenkt werden, wenn die anfallenden Arbeiten kostengünstiger und dennoch qualitativ gleich gut oder sogar besser durchgeführt werden.

**Kosten-
management**
Mit betriebswirt-
schaftlichem Denken
die Kosten in den Griff
bekommen

Ein durchdachtes Kostenmanagement mit dem Ziel, die Betriebskosten auf lange Sicht zu stabilisieren oder teilweise sogar zu senken, ist bares Geld wert. Kosten senken um jeden Preis, also auch um den Preis minderer Qualität, ist damit selbstverständlich nicht gemeint. Aber es gibt für Verwalter auch ein Gebot der Wirtschaftlichkeit, das vor allem bei den verbrauchsunabhängigen und daher beeinflussbaren Betriebskosten eingehalten werden sollte.

Das Desinteresse vieler Vermieter an einer Stabilisierung oder gar Kürzung der Betriebskosten mit dem Argument, man könne ja alle Betriebskosten auf die Mieter umlegen, ist kurzsichtig und auf lange Sicht sogar fatal. Gerade Mieter achten zusehends auf die „zweite Miete" in Form der Betriebs- beziehungsweise Nebenkosten, wenn die Nettokaltmiete schon relativ hoch ist.

Wenn Sie als Wohnungseigentümer Ihre Eigentumswohnung selbst nutzen, müssen Sie mindestens genauso auf die Entwicklung der Betriebskosten achten. Am besten rechnen Sie alle für Ihre Wohnungen angefallenen Betriebskosten in Euro pro Quadratmeter Wohnfläche und Monat um und vergleichen diese Eurobeträge mit dem Betriebskostenspiegel des Deutschen Mieterbunds (siehe Seite 75). Auf diese Weise können Sie sehr gut mögliches Einsparpotenzial entdecken.

Liegen die Betriebskosten für Ihre Wohnung einschließlich der Grundsteuer beispielsweise über 3 Euro pro Quadratmeter Wohnfläche im Monat und damit über dem Betrag laut Betriebskostenspiegel, besteht erhöhter Handlungsbedarf. Sind es „nur" 2,50 Euro pro Quadratmeter, können Sie schon recht zufrieden sein. Bei nur 2,30 Euro im Monat oder noch weniger für einen Quadratmeter Wohnfläche ist Ihre Eigentumswohnung vergleichsweise schon recht kostengünstig. Wenn Sie dann auch mit den Leistungen zufrieden sind, umso besser.

Es kommt aber nicht nur auf die Betriebskosten an, sondern auch auf die zusätzlichen Verwaltungs- und Instandhaltungskosten. Diese nicht umlagefähigen Kosten müssen auch Vermieter selbst tragen und können sie lediglich bei der Steuer absetzen. Wenn sich die Verwaltungs- und

Instandhaltungskosten zu den Betriebskosten im Verhältnis von 1:4 oder 1:3 halten,
könnten sie noch angemessen sein. Ein Verhältnis von 1:2 ist ungünstig, da in diesem
Fall zu hohe Verwaltungs- oder Instandhaltungskosten anfallen.

Beim Wunsch nach Senkung von Verwal-
tungs- und Instandhaltungskosten sitzen
Selbstnutzer und Vermieter zwar im gleichen Boot. Kosten sparen um jeden Preis
macht aber auch hier keinen Sinn, wenn es
auf Kosten der Qualität geht. Ein guter
Hausverwalter ist sein Geld wert, wenn er
für die Verwaltung der Eigentumswohnung
beispielsweise nicht mehr als 250 Euro im
Jahr nimmt. Schauen Sie aber im Verwaltervertrag, ob die Verwaltervergütung jährlich
durch Anpassung an den Verbraucherpreisindex des Statistischen Bundesamts steigt
und ob für allerlei Zusatzleistungen Extra-
vergütungen berechnet werden.

Die Verwaltungskosten umfassen außer
der eigentlichen Verwaltervergütung auch
noch allgemeine Verwaltungskosten wie
Bankgebühren, Anwalts- und Gerichtskosten. Hinzu kommen die laufenden Instandhaltungskosten für notwendige Reparaturen, die nicht aus der Instandhaltungsrücklage bestritten werden. Hohe laufende Instandhaltungskosten sind meist durch das
Alter der Wohnanlage oder einen Reparaturstau bedingt, der nun unbedingt aufge-
löst werden muss. Hier sollte nicht an der
falschen Stelle gespart werden. Allerdings
müssen die Handwerkerleistungen vom

Hausverwalter überwacht und abgenom-
men werden. Nur einfache Reparaturleis-
tungen sollte der Hausmeister selbst durchführen oder in Auftrag geben.

### Instandhaltungsrücklage
Über die angemessene Höhe der Instandhaltungsrücklage lässt sich naturgemäß
trefflich streiten. Ob nun beispielsweise pro
Jahr 4, 8 oder 12 Euro pro Quadratmeter
Wohnfläche für größere Instandhaltungen
zurückgelegt werden sollen, hängt vom
Baualter, dem aktuellen Zustand und künftigen Instandhaltungsbedarf der Eigentumswohnanlage ab.

Im Gegensatz zu den Instandhaltungskosten, die ja direkt zu Ausgaben führen,
fungiert die Instandhaltungsrücklage praktisch als Vorsorge für später. Da die Rücklage
für dem Grunde und der Höhe nach unge-
wisse Instandhaltungskosten in der Zukunft
kein Kostenfaktor in der Gegenwart darstellt, können beispielsweise Vermieter ihren jährlichen Beitrag zur Instandhaltungsrücklage (auch „Zuführung" oder Zugang
genannt) nicht von der Steuer absetzen. Erst
die spätere Entnahme beziehungsweise teilweise Auflösung der Rücklage stellt Kosten
dar und kann im Jahr der Entnahme beim
Vermieter steuerlich abgesetzt werden.

Die der Jahresabrechnung beigefügte Anlage „Entwicklung der Instandhaltungsrücklage" sollte jeder Wohnungseigentümer –
Selbstnutzer oder Vermieter – sorgfältig
prüfen. Waren die Entnahmen bzw. der Ab-

gang höher oder niedriger als die Zuführungen bzw. der Zugang? Wie hat sich dadurch der Schlussbestand im Vergleich zum Anfangsbestand des Abrechnungsjahrs vermindert oder erhöht? Generell ist es ein positives Zeichen, wenn sich der jeweilige Schlussbestand jahrelang infolge der Mehrzugänge erhöht.

Laut Entscheidung des Bundesgerichtshofs vom 1.4.2011 (Az. V ZR 162/10) dürfen im Übrigen bei den Zuführungen zur Rücklage immer nur die Einnahmen aus den tatsächlich geleisteten Ist-Beiträgen aufgeführt werden und nicht die Soll-Rücklagen. Die geschuldeten Soll-Rücklagen laut Wirtschaftsplan sind nur bei der Ermittlung der Abrechnungssumme zu berücksichtigen, also der Summe aus Bewirtschaftungskosten und Instandhaltungsrücklage.

Der Hausverwalter sollte in der Jahresabrechnung mitteilen, ob die Ist-Rücklage im Abrechnungsjahr unter der Soll-Rücklage infolge von Hausgeldrückständen lag. Auch die aktuelle Höhe der Hausgeldrückstände ist für Sie als Wohnungseigentümer von Bedeutung. Gibt es überhaupt keine Rückstände, handelt es sich um eine finanziell gesunde Wohnungseigentümergemeinschaft.

Der aktuelle Bestand der Instandhaltungsrücklage insgesamt und pro Wohnung sagt Einiges über die finanzielle Lage aus. Liegt die aktuelle Rücklage für Ihren Anteil beispielsweise über 2000 oder gar 3000 Euro, sieht die finanzielle Situation je nach Größe Ihrer Wohnung recht stabil aus. Bei Instandhaltungsrücklagen von unter 1000 Euro für Ihren Anteil könnte es demnächst eng werden und bei einer Rücklage nahe der Null-Linie muss bei plötzlich hohem Instandhaltungsbedarf sogar mit einer Sonderumlage gerechnet werden.

### Sonderumlagen

Wenn unvorhergesehen ein dringender Finanzierungsbedarf besteht, der nicht durch die angesammelten Geldmittel der Wohnungseigentümergemeinschaft gedeckt werden kann, werden nach Beschluss der Eigentümerversammlung einmalige Sonderumlagen über die zu zahlenden Instandhaltungsrücklagen hinaus erhoben. Aus folgenden Gründen können Sonderumlagen notwendig werden:

▶ Hohe Hausgeldrückstände von Miteigentümern (Liquiditätsumlage)
▶ Nicht ausreichende Rücklage für umfangreiche Instandsetzungsmaßnahmen (Instandsetzungsumlage)
▶ Finanzierung von beschlossenen baulichen Veränderungen oder Modernisierungsmaßnahmen (Modernisierungsumlage)

Besonders ärgerlich für Sie als Wohnungseigentümer ist eine Liquiditätsumlage, wenn Sie für säumige Miteigentümer einspringen müssen. Eine solche Umlage wäre grundsätzlich zu vermeiden, wenn die Hausverwaltung alle Möglichkeiten zum Eintreiben von Hausgeldrückständen professionell nutzt. Dazu zählen beispielsweise die Fälligstellung des gesamten Hausgelds für das laufende Wirtschaftsjahr bei einem Rückstand von mindestens zwei monatlichen Hausgeldraten, die sofortige Einleitung des gerichtlichen Mahnverfahrens bei Nichtzahlung und die Anmeldung von Hausgeldansprüchen beim Amtsgericht im Falle einer von der Bank betriebenen Zwangsversteigerung. Es darf nicht sein, dass Hausgeldrückstände über längere Zeit auflaufen und dann als Entnahme bei den Instandhaltungsrücklagen oder sogar als zusätzliche Verwaltungskosten gebucht werden. Eine Sonderumlage zwecks Beseitigung von Liquiditätsengpässen infolge von Hausgeldrückständen säumiger Miteigentümer sollte möglichst vermieden werden.

Fällt eine unvorhergesehene Instandsetzungsmaßnahme an (zum Beispiel Ersatz des völlig defekten Aufzugs durch einen neuen oder eine dringende Balkonsanierung), kommen Sie an einer Instandsetzungsumlage schon wegen der meist vierstelligen Höhe der Kosten kaum vorbei. Die aktuelle Höhe der Instandhaltungsrücklage reicht zur Finanzierung in der Regel nicht aus und ist auch nicht dafür gedacht.

Eine solche notwendige Sonderumlage kann mit einfacher Mehrheit in der Eigentümerversammlung beschlossen werden.

Problematisch sind wegen der erforderlichen doppelt qualifizierten Mehrheit (drei Viertel der stimmberechtigten Wohnungseigentümer, die mehr als die Hälfte aller Miteigentumsanteile vertreten) Modernisierungsumlagen zur Finanzierung von baulichen Veränderungen und speziellen Modernisierungen beim gemeinschaftlichen Eigentum. Wenn diese doppelt qualifizierte Mehrheit schon nicht für die zu beschließende Maßnahme zustande kommt, erübrigt sich die Frage nach einer Sonderumlage.

## Steuerbescheinigung für anteilige Lohnkosten

Für Selbstnutzer eröffnet sich nach § 35a EStG die Möglichkeit, die anteiligen Lohnkosten in Rechnungen für Handwerkerleistungen (zum Beispiel Reparaturen und Wartungskosten bei Wohnung, Aufzug und Garage) und haushaltsnahen Dienstleistungen (zum Beispiel Hausmeister, Hausreinigung und Gartenpflege) als Steuervergütung direkt von der Steuerschuld abzusetzen. 20 Prozent der anteiligen Lohnkosten bis zu 1200 Euro pro Jahr bei Handwerkerleistungen beziehungsweise bis zu 4000 Euro pro Jahr bei haushaltsnahen Dienstleistungen sind somit abziehbar, wenn dem Finanzamt eine entsprechende Steuerbescheinigung des Hausverwalters vorliegt.

Achten Sie darauf, dass diese „Bescheinigung über den Anteil der nach § 35a EStG begünstigten Aufwendungen" Ihrer Jahresabrechnung beiliegt und dann auch tatsächlich als Anlage Ihrer Einkommensteuererklärung beigefügt wird. Wenn die Lohnkosten beispielsweise 300 Euro bei den Handwerkerleistungen und 700 Euro bei den haushaltsnahen Dienstleistungen ausmachen, würde sich Ihre Einkommensteuer um 20 Prozent von insgesamt 1 000 Euro, also um 200 Euro plus 11 Euro Solidaritätszuschlag, vermindern.

Vermieter können diese anteiligen Lohnkosten nicht über die Steuervergütung nach § 35a EStG geltend machen, da sie die gesamten Bewirtschaftungskosten steuerlich unter den Einkünften aus Vermietung absetzen können. Sie sollten die Steuerbescheinigung des Hausverwalters aber der Betriebskostenabrechnung für Ihren Mieter beilegen, der zumindest Anspruch auf eine Steuervergütung in Höhe von 20 Prozent der in den umlagefähigen Betriebskosten enthaltenen Lohnanteile hat. Wenn diese beispielsweise 600 Euro ausmachen, kann er sich 120 Euro an Lohnsteuer plus 6,60 Euro an Solidaritätszuschlag von seinem Finanzamt gutschreiben lassen. Für einen entsprechenden Hinweis in der Betriebskostenabrechnung wird sich Ihr Mieter freuen.

### Wirtschaftsplan

Grundlage für die Höhe Ihres zu zahlenden Hausgelds ist der jeweilige Wirtschaftsplan, der vom Hausverwalter nach Absprache mit dem Verwaltungsbeirat aufgestellt und von der Eigentümerversammlung beschlossen wird. Dieser Wirtschaftsplan enthält die voraussichtlichen künftigen Ausgaben und Einnahmen bei der Verwaltung des Gemeinschaftseigentums für das laufende Kalenderjahr beziehungsweise bereits für das folgende Jahr. Er ist praktisch der „Haushaltsplan" für die Wohnungseigentümergemeinschaft, vergleichbar mit einem Haushaltsplan für eine Stadt oder Gemeinde.

Der Wirtschaftsplan wird als Gesamtwirtschaftsplan für das ganze Haus beziehungsweise die Eigentumswohnanlage und als Einzelwirtschaftsplan für die einzelne Wohnung vorgelegt. Üblicherweise wird die Gliederung der Kostenpositionen wie in der Jahresabrechnung übernommen. Auf die umlagefähigen Betriebskosten folgen also die nicht umlagefähigen Kosten wie Verwaltungskosten und geschätzte Reparatur- beziehungsweise Instandhaltungskosten.

Zu den Bewirtschaftungskosten (Summe aus umlagefähigen und nicht umlagefähigen Kosten) wird die Soll-Rücklage für Instandhaltungen hinzugezählt. Die Summe aus künftigen Bewirtschaftungskosten und Soll-Rücklagen ergibt wiederum das Hausgeldvolumen für das laufende beziehungsweise kommende Kalenderjahr.

Wenn das Hausgeldvolumen entsprechend Ihrem Miteigentumsanteil auf Ihre Wohnung verteilt wird, errechnet sich Ihre meist auf volle Euro aufgerundete monatliche Hausgeld-Vorauszahlung aus der Division des jährlichen Hausgelds durch zwölf Monate.

Der Vergleich der im Wirtschaftsplan angesetzten Ausgaben beziehungsweise Kosten mit den Plan- und Ist-Zahlen für das bereits abgerechnete Vorjahr oder sogar für mehrere Vorjahre erleichtert die Aussagefähigkeit des Wirtschaftsplans. Allerdings muss der Hausverwalter einen solchen Vergleich nicht vornehmen.

Achten Sie darauf, dass die Soll-Instandhaltungsrücklage im Wirtschaftsplan getrennt von den geschätzten Bewirtschaftungskosten ausgewiesen und eine geplante Sonderumlage ebenfalls im Wirtschaftsplan berücksichtigt wird.

Das aufgrund des Wirtschaftsplans festgesetzte Hausgeld wird mit monatlicher Fälligkeit ab einem bestimmten Tag ebenfalls von der Eigentümerversammlung beschlossen. Der jeweilige Wohnungseigentümer gerät daher mit dem auf die Fälligkeit folgenden Tag ohne Mahnung in Verzug, falls er das monatliche Hausgeld nicht zahlt. Wurde die Festsetzung des Fälligkeitstermins ausnahmsweise nicht von der Eigentümerversammlung beschlossen, beginnt der Zahlungsverzug erst nach vorher erfolgter Mahnung und Zusendung des beschlossenen Einzelwirtschaftsplans.

## Versicherungen

Solange das Haus beziehungsweise die Eigentumswohnanlage im Bau und noch nicht fertig gestellt ist, muss der Bauträger eine spezielle Bauherrenhaftpflichtversicherung und unbedingt eine Bauleistungsversicherung abschließen. Diese Bauleistungspolice deckt entstandene Schäden durch Witterungseinflüsse wie Wolkenbruch und Überschwemmung oder durch

mutwillige Zerstörung von Unbekannten ebenso ab wie Diebstahl von bereits fest eingebautem Material oder durch Fahrlässigkeit von Bauarbeitern entstandene Schäden. Für Bauschäden oder Baumängel, die vom Bauträger verursacht werden, kommt sie jedoch nicht auf.

Um später Wohnungseigentümer vor hohen Schadenersatzforderungen zu schützen, schreibt das Wohnungseigentumsgesetz den Abschluss der folgenden Versicherungen verbindlich vor:
- Wohngebäudeversicherung (als Feuerversicherung des gemeinschaftlichen Eigentums zum Neuwert)
- Haus- und Grundbesitzerhaftpflichtversicherung

Auch finanzierende Banken verlangen den Nachweis einer Feuerversicherungspolice. Sinnvoll ist es aber auf jeden Fall, eine erweiterte Wohngebäudeversicherung abzuschließen, die außer den Schäden durch Brand (Feuerversicherung) auch den Schutz bei Schäden durch austretendes Leitungswasser (Leitungswasserversicherung) sowie durch Sturm und Hagel mindestens ab Windstärke acht (Sturm- und Hagelversicherung) mit abdeckt.

Durch entsprechende Versicherungsverträge kann neben dem Gemeinschaftseigentum auch das Sondereigentum Wohnung in den Versicherungsschutz mit einbezogen werden. Dadurch bedingte Prämienzuschläge muss dann aber der Sondereigentümer tragen. Mit der Vertragsklausel „gleitender Neuwert" wird sichergestellt, dass sich der Versicherungsschutz automatisch an Kosten- beziehungsweise Preisänderungen anpasst und keine Unterversicherung entsteht.

Üblicherweise schließt der Hausverwalter die Wohngebäudeversicherung bei der jeweiligen Versicherungsgesellschaft zusammen mit der Haus- und Grundbesitzerhaftpflichtversicherung ab. Diese spezielle Haftpflichtversicherung schützt Sie als Wohnungseigentümer finanziell bei der Schädigung Dritter, die einen Personen- oder Sachschaden erleiden (zum Beispiel herab fallende Dachziegel oder Eiszapfen, Sturz im Treppenhaus bei einem wackligen Treppengeländer oder wegen nicht gestreuter Gehwege bei Schneefall im Winter).

Die Haftpflichtansprüche des geschädigten Dritten richten sich an die Eigentümergemeinschaft. Darin sind auch Ansprüche mit eingeschlossen, die ein geschädigter Wohnungseigentümer gegenüber seinen Miteigentümern geltend macht.

Über diese spezielle Haftpflichtversicherung hinaus ist der Abschluss einer Privathaftpflichtversicherung für Sie als Wohneigentümer eigentlich schon selbstverständlich, da diese relativ kostengünstige Versicherung wegen der möglichen Schadenssummen als wichtigste Versicherung überhaupt gilt. Als Vermieter sollten Sie auch Ihren Mieter zum Abschluss einer privaten Haftpflichtversicherung anhalten beziehungsweise den Mietvertrag erst nach Vorlage einer entsprechenden Police abschließen.

Für die Absicherung von Schäden in der eigenen Wohnung – nicht zuletzt durch die in Ballungsräumen vergleichsweise häufigen Wohnungseinbrüche – empfiehlt sich der Abschluss einer Hausratversicherung. Als Selbstnutzer werden Sie dies ohnehin tun oder bereits getan haben. Für das von ihnen bewohnte Haus oder die von ihnen selbst genutzte Wohnung werden auch Vermieter mit ziemlicher Sicherheit eine Hausratversicherung haben.

Die Haftung bei echten Vermögensschäden durch Hausverwalter übernimmt eine Vermögensschadenhaftpflichtversicherung. Ausschließlich dieses Modul ist für die Zulassung zum Beruf des Immobilienverwalters seit 1.8.2018 gesetzlich vorgeschrieben. Schäden an Personen oder an fremdem Eigentum werden von dieser Police jedoch nicht abgedeckt. Dafür muss zusätzlich ein Modul der Betriebshaftpflichtversicherung abgeschlossen werden. Einen Rundumschutz bietet Immobilienverwaltern die Berufshaftpflichtversicherung.

Bei größeren Eigentümergemeinschaften und Eigentumswohnanlagen kann es Sinn machen, eine Vermögensschaden-Haftpflichtversicherung auch für den Verwaltungsbeirat auf Kosten der Gemeinschaft abzuschließen. Die Deckungssumme soll das Zweifache des Geschäftsplans betragen; im Zweifel auch mehr.

# „Kompetenz und Transparenz sind sehr wichtig."

**Annette Schaller**, Geschäftsführerin der Annette Schaller Hausverwaltung GmbH in Berlin.

**Sie bieten neben der WEG-Verwaltung als Hausverwaltung die Verwaltung des Sondereigentums (sog. Mietverwaltung) an. Für welche Wohnungseigentümer eignet sich die Verwaltung ihres Sondereigentums Wohnung?**
Vor allem für solche Eigentümer, die selbst nicht in der Nähe der vermieteten Wohnung wohnen.

**Was halten Sie von Mietpools und Mietgarantien, wie sie zuweilen Kapitalanlegern und Vermietern angeboten werden?**
Ich habe zu Zeiten der „Ostimmobilien" mit Mietgarantien zu tun gehabt, diese sind aber seit rund fünfzehn Jahren ausgelaufen. Derzeit habe ich damit nichts zu tun und keinerlei Anfragen dazu. Ich antworte mit einer Gegenfrage: Sind diese noch zeitgemäß?

**Natürlich geht es den Wohnungseigentümern auch ums Geld für ihre Hausverwaltung. Nach den ab 1.1.2017 geltenden Sätzen laut II. Berechnungsverordnung für mietpreisgebundene Wohnungen können die jährlichen Verwaltungskosten für eine Eigentumswohnung bis zu 285 Euro betragen. Welche Vergütung halten Sie für marktüblich?**
Die Marktpreise unterscheiden sich von Region zu Region und sollten meines Erachtens lokal recherchiert werden. Laut Branchenbericht der Genossenschaftsbanken in verschiedenen Bundesländern werden Entgelte pro Wohnung von knapp 16 bis rund 22 Euro netto pro Monat genannt. Die Entgelte für kleine Eigentumsanlagen mit bis zu 10 WE können sogar zwischen 33 und 62 Euro netto erreichen. In diesem Segment werden alternativ auch Festbeträge für die gesamte Anlage vereinbart (im Schnitt rund 224 Euro pro Monat). Zusatzleistungen wie die Überwachung von Modernisierungen und außerordentliche Eigentümerversammlungen werden gesondert honoriert. Diese Angaben basieren auf den regelmäßigen Umfrageergebnissen des Dachverbands Deutscher Immobilienverwalter e. V., der

**Luxuriöse Wohnanlagen**
Da geht eine Modernisierung richtig ins Geld.

sich seit einigen Jahren massiv dafür einsetzt, dass die qualitativ hochwertige Arbeit von professionellen Immobilienverwaltern auch adäquat bezahlt werden muss. Die Art und die Höhe der Zusatzkosten sollten im Verwaltervertrag vereinbart sein.

**Bleiben wir mal beim Thema Geld. Streit gibt es ja manchmal, wie hoch die Instandhaltungsrücklage ausfallen soll. Je nach Alter des Gebäudes sollen es zwischen 8,78 und 14,23 Euro pro Quadratmeter Wohnfläche im Jahr ab 1.1.2017 nach der II. Berechnungsverordnung sein. Was halten Sie als Hausverwalterin für angemessen, um beispielsweise Sonderumlagen nach Möglichkeit zu vermeiden?**
Jede Wohnungseigentümergemeinschaft kann eine andere Strategie verfolgen, die die Grundlage für Planung und Durchführung der Gebäudeinstandhaltung bildet. Je nach Strategie lassen sich eher Sonderumlagen vermeiden. Man kann zwischen drei grundlegenden Instandhaltungsstrategien unterscheiden:

1. Präventivstrategie
2. Inspektionsstrategie
3. Ausfallstrategie / Korrektivstrategie / Feuerwehrstrategie.

Meines Erachtens nach ist es für Wohnungseigentümergemeinschaften sehr sinnvoll, die Inspektionsstrategie zu verfolgen, die die Notwendigkeit von Sonderumlagen reduzieren kann.
Beispielhaft kann man dabei die malermäßige Instandsetzung einer Fassade heranziehen. Diese Maßnahme kann aufgrund der regelmäßigen Inspektionen auf eine Liste der anstehenden Maßnahmen gesetzt werden. Unter Hinzuziehen eines Baufachmanns kann dann ein grober Preis geschätzt werden. Es können aber auch Arbeiten, die aus Sicht des Baufachmanns sinnvollerweise zeitlich zu koppeln wären, wie das Erneuern und Streichen der Gesimskästen berücksichtigt werden. Wenn man auf diese Weise die Grobkosten der Maßnahme ermittelt hat, kann man auf Basis des derzeitigen Standes der Instandhaltungsrücklage und der jährlichen Zuführung zur Instand-

haltungsrücklage zum Beispiel für einen Planzeitraum von zehn Jahren ermitteln, ob und wann die bisherige jährliche Zuführung zur Rücklage ausreicht, um die Maßnahme aus der Instandhaltungsrücklage zu finanzieren, wenn man Sonderumlagen vermeiden möchte.

Wenn man so eine Grobkostenplanung mit allen anstehenden Baumaßnahmen durchführt, kann man auf dieser Basis einen Instandhaltungs- und Instandsetzungsplan für die nächsten Jahre mit einem Tabellenkalkulationsprogramm erstellen, diesen auf der Jahresversammlung vorstellen und dann jährlich aktualisieren.

Mir persönlich erscheinen die Zahlen pro qm oder theoretische Berechnungen wie die Peterssche Formel oft zu abstrakt und damit oft nicht nachvollziehbar genug, um von der Mehrheit der Wohnungseigentümer dauerhaft mitgetragen zu werden.

**Hausgeldrückstände von säumigen Wohnungseigentümern können ein Ärgernis für die Wohnungseigentümergemeinschaft sein. Was tun Sie als Hausverwalterin, um diese Hausgeldrückstände so gering wie möglich zu halten?**

Ich führe bei Neuaufnahmen einer Gemeinschaft zunächst einen Lastschrifteinzugsbeschluss für die Hausgeldzahlungen herbei, wenn das nicht schon in der Teilungserklärung vereinbart wurde. Dann mahne ich regelmäßig. Wenn kein Geld kommt, führe ich schnellstmöglich einen Beschluss herbei, um die Einheit unter Zwangsverwaltung stellen zu lassen.

Der Zwangsverwalter hat nämlich die Pflicht, ab dem Zeitpunkt der Zwangsverwaltung vorrangig die Hausgelder an die Gemeinschaft zu zahlen. Dabei kann die Wohnungseigentümergemeinschaft in die Pflicht kommen, Vorschüsse an den Zwangsverwalter zu zahlen, wenn die Wohnung keinen Ertrag abwirft. Dafür lasse ich dann Sonderumlagen beschließen, da die Mittel ja in der Regel nicht ausreichen, dauerhaft den „Nichtzahler" zu finanzieren. Mit dem Geld kann dann die Wohnung z. B. in einen vermietbaren Zustand gebracht werden. Fazit: Zahlen müssen die übrigen Eigentümer – aber mit dieser Vorgehensweise kann bei einer späteren Veräußerung der Einheit in der Regel ein großer Teil der Hausgelder auf das Konto der Gemeinschaft zurückfließen.

**Wie gehen Sie bzw. die Wohnungseigentümergemeinschaft vor, wenn die Zwangsversteigerung über eine Eigentumswohnung ansteht, die von einer Bank wegen Zins- und Tilgungsrückständen betrieben wird?**

Wenn das Hausgeld gezahlt wird, informiere ich die Eigentümer per E-Mail-Verteiler über den anstehenden Termin.

**Zum Schluss noch eine persönliche Frage. Fällt es Ihnen als Diplom-Ökono-**

**Sonder- oder Gemeinschaftseigentum?**
Oft kommt es darüber zu hitzigen Diskussionen.

**min und Diplom-Handelslehrerin leichter, mit zuweilen uneinsichtigen Wohnungseigentümern oder sogar hoffnungslos zerstrittenen Wohnungseigentümergemeinschaften umzugehen?**
Ich denke, dass Kompetenz und Transparenz der Verwaltungsarbeit für eine Gemeinschaft sehr wichtig sind. Diese Qualitäten sollten sich auf die Erstellung der Abrechnung und des Wirtschaftsplans, aber auch auf die Verwaltungsarbeit und die dazu notwendigen Arbeitsprozesse beziehen. Darüber hinaus zeichnet einen Wohnungseigentumsverwalter aus, dass er ausgeprägte Fähigkeiten zur Organisation und Leitung der Versammlungen hat und Konflikte innerhalb der Gemeinschaften auch durch das Anwenden von mediativen Elementen und Einfühlungsvermögen schlichten kann. Durch mein Wirtschaftsstudium kann ich das Zahlenwerk – auch bei sich ändernden Anforderungen durch die aktuelle Rechtsprechung – transparent aufarbeiten. Aus dem Pädagogikstudium weiß ich, dass jeder Mensch unterschiedliche Eingangskanäle hat, um eine Sache gut zu verstehen, daher gebe ich zum Beispiel zur Abrechnung Erläuterungen in Textform und verwende Folien in den Versammlungen, um die Dinge zu veranschaulichen. Durch meinen juristischen Schwerpunkt im Rahmen meines Studiums ist es mir möglich geworden, den Zusammenhang zwischen dem novellierten Wohnungseigentumsgesetz und dem Bürgerlichen Gesetzbuch in einfachen Worten zu erklären, wenn es die Sache erfordert. Ich kann darüber hinaus die Wirkungen unterschiedlicher juristischer Sichtweisen bei Einzelfällen, wie sie derzeit in großer Anzahl vom BGH getroffen werden, besser nachvollziehen und somit auch besser erklären. Diese Qualifikationen, aber insbesondere die Mitglieder des Beirats, die mich je nach deren Qualifikation in diesem Vorgehen und in meiner Arbeit aktiv unterstützen, tragen dazu bei, dass für Probleme im Zusammenleben konstruktive Lösungen gefunden werden können und nicht in Konflikten münden, die gegebenenfalls sogar vor Gericht ausgetragen werden müssen.

## Meins oder unser?

Die Streitfrage, was Sondereigentum und was Gemeinschaftseigentum ist, gehört zu den ständigen Diskussionspunkten in Eigentümergemeinschaften: Wer darf was im und am Gebäude verändern? Und wer muss was zahlen, wenn es Schäden gibt oder Sanierungs- bzw. Instandhaltungsarbeiten durchzuführen sind?

In solchen Fällen geht der Blick im Mehrparteienhaus zunächst in die Teilungserklärung, in der Sondereigentum, Teileigentum, Gemeinschaftseigentum, spezielle Sondernutzungsrechte sowie Verpflichtungen zum Unterhalt festgeschrieben sind. Hier können auch Genehmigungen festgeschrieben sein, die es einzelnen Sondereigentümern erlauben, ins Gemeinschaftseigentum einzugreifen, ohne dass es noch der Zustimmung der Gemeinschaft bedarf. So kann bereits genehmigt sein, dass ein nicht ausgebauter Dachraum („Dachrohling") künftig zu Wohnzwecken ausgebaut werden kann, ohne dass die Eigentümergemeinschaft dagegen Einspruch erheben kann. Zusätzlich ist die schriftliche Gemeinschaftsordnung zu berücksichtigen.

Hierzu einige typische Beispiele aus der Rechtsprechung:

▶ **Eingangstüren von Wohnungen** gehören zum Gemeinschaftseigentum – selbst wenn sie in der Teilungserklärung als Sondereigentum ausgewiesen sind. Die Eigentümergemeinschaft darf deshalb mit Mehrheit beschließen, dass die Türen aus Holz gefertigt und „mahagonihell" sein müssen (Bundesgerichtshof, Az. V ZR 212/12).

▶ **Außentüren und Fenster:** Die Gemeinschaftsordnung darf bestimmen, dass die Eigentümer Türen und Fenster ihrer Wohnungen selbst instand halten. Das gilt auch, wenn die Gemeinschaftsordnung die Türen und Fenster als Teile des Sondereigentums bezeichnet, obwohl sie rechtlich zum Gemeinschaftseigentum gehören (OLG Karlsruhe, Az. 11 Wx 115/08).

▶ **Wasserleitungen:** Für die Instandhaltung der Rohre, die zu den Wohnungen führen, ist die Eigentümergemeinschaft zuständig. Das hat der Bundesgerichtshof entschieden und die anderslautende Bestimmung in einer Teilungserklärung für unwirksam erklärt (Az. V ZR 57/12). Die Eigentümergemeinschaft hatte es abgelehnt, die marode Wasserleitung zu ersetzen, die in die Dachgeschosswohnung des Klägers führte. Laut Teilungserklärung gehörten die Leitungen im Haus ab der Abzweigung von der Steigleitung zum Sondereigentum der einzelnen Wohnungseigentümer. Die Richter stellten klar: Versorgungsleitungen gehören zwingend zum Gemeinschaftseigentum, und zwar bis zur ersten Absperrmöglichkeit innerhalb der Wohnung. Das gilt auch für Leitungsstränge, die nur der Versorgung einer einzelnen Wohnung dienen.

**Balkone**
Typische Streitobjekte unter
Wohnungseigentümern

▶ **Erscheinungsbild.** Einem starken Eingriff ins äußere Erscheinungsbild müssen alle Eigentümer zustimmen, die sich durch die Maßnahme benachteiligt fühlen könnten. Die Eigentümergemeinschaft darf nicht mit Mehrheit entscheiden, den Fassadenanstrich deutlich zu ändern und orangefarbene Streifen quer über sechs Balkone anzubringen (LG München, Az. 36 S 1982/12).

▶ **Balkone** gelten zwar als Gemeinschaftseigentum, für das Instandhaltungskosten grundsätzlich von allen zu tragen sind. Doch die Gemeinschaft darf das anders regeln. Das Amtsgericht Oldenburg hat entschieden, dass ein Eigentümer die notwendige Reparatur seines Balkons allein zahlen muss, wenn die Eigentümergemeinschaft das so beschließt (Az. 10 C 10016/07). Obwohl die konstruktiven Teile des Balkons – die beschädigt waren – Bestandteil des gemeinschaftliches Eigentums sind, könne im Einzelfall trotzdem ein Wohnungseigentümer dazu verpflichtet werden, alleine die Reparaturkosten zu übernehmen. Eine solche Kostenverteilung „trage der Gebrauchsmöglichkeit Rechnung", so steht es im Wohnungseigentumsgesetz (§ 16 Abs. 4 WEG). Der Balkon stehe ja exklusiv nur dem betreffenden Wohnungseigentümer zur Verfügung.

▶ Nur wenn sich alle Mitglieder einer Gemeinschaft von Wohnungseigentümern einig sind, können sie einen verbindlichen **Dienstplan** zum Laubkehren und Schneeschippen festlegen. Ein Mehrheitsbeschluss reicht nicht aus. Er ist ungültig und muss nicht erst angefochten werden. Das hat der Bundesgerichtshof entschieden (Az. V ZR 161/11).

## Haftung des Bauträgers bei Baumängeln

Nach Bürgerlichem Gesetzbuch tritt die Verjährung der Gewährleistungsansprüche aus Bauleistungen fünf Jahre nach Abnahme des Bauwerks ein. Die Vergabe- und Vertragsordnung für Bauleistungen (VOB) sieht zwar nur eine vierjährige Gewährleistungsfrist vor. Meist wird aber auch für Bauverträge, die im Übrigen nach den allgemeinen

Geschäftsbedingungen der VOB abgeschlossen werden, die fünfjährige Frist vereinbart. Bei neu gebauten Eigentumswohnungen beginnt also im Regelfall ab der Schlussabnahme eine vier- oder fünfjährige Gewährleistungsfrist. Sofern im Abnahmeprotokoll Mängel bereits schriftlich dokumentiert wurden, hat der Bauträger selbst die Nachbesserung durchzuführen. Neu entdeckte Baumängel sind dem Bauträger immer zu melden. Die Mängelbeseitigung hat dieser dann auf seine Kosten zu erledigen.

Achtung: Problematisch ist es, wenn der Bauträger für die ersten fünf Jahre einen ihm genehmen Hausverwalter eingesetzt hat. Die Eigentümergemeinschaft muss diesen mit Mehrheitsbeschluss auffordern, die Baumängel gegenüber dem Bauträger anzuzeigen und auf eine Beseitigung der Mängel innerhalb einer gesetzten Frist zu drängen. Gegebenenfalls muss ein Gutachten eines öffentlich bestellten und vereidigten Bausachverständigen beauftragt werden.

Kommt der Hausverwalter dieser Aufforderung nicht oder nur verspätet nach, sollte sich die Eigentümergemeinschaft nicht scheuen, den Verwaltervertrag aus wichtigem Grund fristlos zu kündigen.

Oft kommt es auch zum gerichtlich ausgefochtenen Streit, ob der Bauträger überhaupt für die beanstandeten Baumängel haftet. Meist endet das Gerichtsverfahren mit einem Vergleich, nachdem von beiden Seiten Gutachten eingeholt und Rechtsanwälte um rechtlichen Rat gefragt wurden. Der von der Eigentümergemeinschaft beziehungsweise Hausverwaltung beauftragte Rechtsanwalt sollte unbedingt auf Baurecht spezialisiert sein.

Noch problematischer wird es, wenn der Bauträger innerhalb der fünfjährigen Gewährleistungsfrist insolvent wird. Nun müssen sich die Eigentümergemeinschaft und der von ihr beauftragte Hausverwalter an den Insolvenzverwalter wenden, in der Hoffnung, dass noch etwas zu holen ist.

# Eine Wohnung vermieten

Die Gründe für die Vermietung einer Eigentumswohnung sind ganz unterschiedlich. Ein übereilter Verkauf kann zu finanziellen oder steuerlichen Nachteilen führen. Die zumindest vorübergehende Vermietung ist dann eine gute Kompromisslösung.

**Der eine Wohnungseigentümer** ist durch beruflichen Wechsel und Umzug in eine weit entlegene Stadt gezwungen, seine bisher selbst genutzte Wohnung zu vermieten oder zu verkaufen. Andere haben eine Eigentumswohnung geerbt und möchten nicht selbst einziehen. Eine wachsende Anzahl von Wohnungseigentümern wählt auch von vornherein ganz bewusst die vermietete Eigentumswohnung als Kapitalanlage und private Altersvorsorge.

Für alle vermietenden Wohnungseigentümer stellen sich Fragen zur Mieterauswahl und zum laufenden Mietverhältnis, die über die Verwaltung und die Zahlung von Hausgeld hinausgehen. Wenn Sie zum ersten Mal Mieter für Ihre Wohnung suchen, betreten Sie Neuland. Groß ist zunächst immer die Sorge, dass man sich für den falschen Mieter entscheidet – der Horror ist sicher das Stichwort „Mietnomaden"– oder folgenschwere Fehler beim Abschluss des Mietvertrags macht.

Wenn Sie die Erst- oder Neuvermietung nicht Immobilienmaklern überlassen wollen, müssen Sie sich um alles selbst kümmern und dafür auch einige Zeit aufwenden. Der Aufwand lohnt sich aber, wenn Sie behutsam vorgehen und geeignete Vorsichtsmaßnahmen treffen.

# Ihr persönliches Vermietungskonzept

Der Weg von der Mieterauswahl bis zum Einzug Ihres neuen Mieters kann sehr kurz, in Ausnahmefällen aber auch heute noch recht steinig sein.

**Auf diesem Weg** geht es zunächst um das für Sie geeignete Vermietungskonzept und die richtige Mieterauswahl. Die Kalkulation des Mietpreises, also der monatlichen Nettokaltmiete zuzüglich der Umlage für Nebenkosten, schließt sich an. Bevor Sie den Mietvertrag mit einem Mietinteressenten abschließen, sollten Sie auf jeden Fall eine Mieterselbstauskunft einholen. Vorbeugen ist besser als Schäden beseitigen.

Die Vermietung Ihrer Eigentumswohnung sollten Sie möglichst selbst in die Hand nehmen, wenn es Ihre Zeit erlaubt. Die Privatvermietung erfolgt dann ohne Einschaltung von Maklern und bleibt provisionsfrei.

Die Tendenz zur Selbstvermarktung der eigenen Wohnung hat deutlich zugenommen, nachdem für Maklerleistungen bei der Wohnungsvermietung das Prinzip „Wer bestellt, der zahlt" für die Bezahlung der Maklerprovision eingeführt wurde. Danach zahlt der Vermieter die Maklerprovision in Höhe von maximal 2,38 Monatsmieten (2-fache Nettokaltmiete plus 19 Prozent Umsatzsteuer), sofern er einen Makler mit der Vermietung seiner Wohnung beauftragt. Wenn ein Makler Ihre Wohnung an einen Mieter vermitteln will, ohne Ihnen dafür die Kosten zu nennen, ist etwas faul an dem Geschäft. Zuweilen versuchen Makler dann nämlich mit unseriösen Tricks, von den Bewerbern zumindest Besichtigungsgebühren zu kassieren. Vorsicht ist auch bei Onlineportalen geboten, die Maklerleistungen besonders billig anbieten.

Erfolgreiche Privatvermieter verzichten völlig auf die Einschaltung eines Maklers und gehen bei der Vermietung von Privat an Privat selbst wie die Profis vor. Sie sehen die Vermietung ihrer Wohnung als Dienstleistung am Kunden und bieten einen umfassenden Service. An erster Stelle sollte auch für Sie ein schlüssiges und nachhaltiges Vermietungskonzept stehen.

Ihr oberster Grundsatz lautet: „Ohne Miete keine Rendite", denn ohne Mieter gibt es auch keinen wirtschaftlichen Erfolg. Was nützt Ihnen eine preisgünstig erworbene Eigentumswohnung, wenn der Mieter ausbleibt oder ausfällt?

Mancher private Wohnungsvermieter betrachtet seine Mieter immer noch als Gegner und lässt keine Gelegenheit zur Konfrontation aus. Unser Rat: Drehen Sie den Spieß um, und bauen Sie von Anfang an ein partnerschaftliches Verhältnis mit Ihrem Wohnungsmieter auf, das vom Willen zur Kooperation geprägt ist.

Ihr Mieter als Partner – warum sollte das eigentlich eine Illusion sein? Fakt ist: Sie schließen mit ihm einen Mietvertrag. Also ist er zunächst einmal Ihr Vertragspartner,

der sich wie Sie an die vertraglichen Abmachungen zu halten hat.

Wenn Sie Ihr privates „Vermietungsgeschäft" wie ein Profi betreiben, steigt Ihr Mieter zum Geschäftspartner auf. Betrachten Sie Ihren Mieter als Kunden, und setzen Sie sich das Ziel, Ihren „Kunden" zufrieden zu stellen. Versetzen Sie sich in die Lage Ihres Mieters und tun Sie so, als ob Sie selbst eine Wohnung zur Miete suchten. Ihre „Als-ob-Einstellung" kann die Suche nach einem geeigneten Mieter wesentlich erleichtern.

## Checkliste

## Die vier W-Fragen und Kernpunkte

☐ **1. W-Frage:** Was können Sie Ihrem Mieter anbieten?
**1. Kernpunkt**: Die Vorzüge Ihres Mietobjekts (Lage, Größe, Grundriss, Ausstattung)

☐ **2. W-Frage**: Wem wollen Sie Ihre Wohnung zur Miete anbieten?
**2. Kernpunkt**: Definieren Sie Ihre Zielgruppe (zum Beispiel Familien mit Kindern, Singles, ältere Leute)

☐ **3. W-Frage**: Wann steht Ihre Wohnung Ihrem Mieter zur Verfügung?
**3. Kernpunkt**: Zeitpunkt (abhängig vom Auszug des bisherigen Mieters, vom eigenen Auszug oder von der Fertigstellung bei Neubauten)

☐ **4. W-Frage**: Wie viel soll Ihr Mieter zahlen?
**4. Kernpunkt**: Mietpreis (monatliche Nettokaltmiete plus Nebenkosten, monatliche Bruttowarmmiete, Höhe der Mietkaution)

**Leere Wohnung im Angebot**
Wählen Sie Ihre künftigen Mieter sorgfältig aus!

Wer nicht an den erstbesten Interessenten vermieten will, sollte sich ernsthaft Gedanken über den „richtigen" Mieter machen. Und zwar nicht nach dem Motto „Wohnung an den Mann beziehungsweise die Frau bringen", sondern nach der Methode „Passenden Mieter für die Wohnung finden".

## 66 Es gilt der schlichte Grundsatz: Ohne Miete keine Rendite.

Dies gelingt Ihnen umso eher, je mehr Sie auf die Wünsche Ihres Mieters eingehen. Der typische Mieter sucht eine schöne Wohnung, in der er sich wohlfühlen kann. Er ist bereit, einen „vernünftigen" Mietpreis zu zahlen und hofft auf einen netten Vermieter.

Eine schöne Wohnung zu einem vernünftigen Mietpreis von einem netten Vermieter – Mieterherz, was willst du mehr? Was so einfach klingt, würde ein Profi Vermietungsmarketing nennen.

Marketing bei der Suche und Auswahl von Mietern heißt vor allem völlige Konzentration auf die Bedürfnisse und Wünsche der Wohnungssuchenden. Versetzen Sie sich immer in die Lage Ihres potenziellen Mieters. Fragen Sie sich: Was möchte er? Was will er?

Mit den vier W-Fragen und den daraus abgeleiteten vier Kernpunkten (siehe Seite 105) können Sie Ihr persönliches Vermietungskonzept für die Vermietung Ihrer Eigentumswohnung entwickeln: Der typische Mieter sucht eine schöne Wohnung in einer „guten Umgebung" zu einem „fairen Preis" und hofft auf einen netten Vermieter. Tun Sie alles, um diese Mieterwünsche bestmöglich zu erfüllen. Marketingstrategen würden von Produkt-, Preis- und Kommunikationspolitik beziehungsweise den „3 Ps" (product, price, promotion) auf Vermieterseite sprechen.

Sie fragen sich vielleicht, was diese hochgestochenen Marketingbegriffe mit der privaten Wohnungsvermietung zu tun haben. Antwort: Es kann nicht schaden, unternehmenspolitische Instrumente wie Produkt-,

Preis- und Kommunikationspolitik auf die Vermietung einer Eigentumswohnung zu übertragen und den Kunden, sprich Mieter, in den Mittelpunkt der eigenen Überlegungen zu stellen. Es wird Ihnen vielmehr nutzen, wenn Sie Marketing wie ein Unternehmer betreiben. Egal, wie Sie es nennen: Wenn der Mieter mit Wohnung, Miethöhe und Vermieter zufrieden ist, steht es 1:0 für Sie – als Vermieter.

Steht Ihr Vermietungskonzept, geht es weiter mit einem sinnvollen Mietmanagement bis hin zum Einzug Ihres neuen Mieters. Dazu zählen vor allem die Mietersuche und -auswahl, die Mietpreiskalkulation und der Abschluss des Mietvertrags.

# Mietersuche und -auswahl

Es ist ein Irrtum zu glauben, eine Wohnung sei jederzeit und an jedem Ort problemlos zu vermieten. Eine Vermietung abseits der prosperierenden Großstädte kann sehr wohl schwierig sein.

→ **Wenn dann auch noch** hohe Wohnungsleerstände an diesem Ort zu verzeichnen sind, ist nicht der Vermieter, sondern der Mieter in einer stärkeren Position.

Grundsätzlich gilt: Vermieten Sie nicht Ihre Wohnung, sondern lassen Sie Ihre Wohnung mieten! Mithilfe der vier Kernpunkte aus Ihrem persönlichen Vermietungskonzept stellen Sie zunächst ein Mietangebot für Mieter zusammen, also quasi ein Mieterexposé.

Dieses Exposé müssen Sie nicht jedem Mietinteressenten bei der Wohnungsbesichtigung aushändigen. Es dient Ihnen selbst dazu, sich über alle wesentlichen Merkmale klar zu werden. Außerdem können Sie das Exposé anderen aushändigen, falls Sie einmal selbst verhindert sind. Geben Sie es also den Personen, die am Samstagmorgen Telefonanrufe von Mietinteressenten entgegennehmen oder die Sie bei der Wohnungsbesichtigung vertreten.

### Mietangebot

Am besten stellen Sie anhand der Checkliste „Mein Mietangebot" auf Seite 108 zunächst alle Unterlagen über Ihr Mietobjekt zusammen. Sie erleichtern sich damit die Beantwortung von Fragen, die spätestens nach Erscheinen Ihrer Internet- oder Zeitungsannonce von Mietinteressenten gestellt werden.

Die genannten Unterlagen würde auch ein qualifizierter Makler verlangen, den Sie mit der Vermittlung eines Mieters für Ihre Wohnung beauftragen. Ihr Vorteil: Sie haben alle wesentlichen Daten auf einen Blick, eine Textseite für Ihr Mietangebot beziehungsweise Exposé reicht. Sie ersparen sich damit ein zeitraubendes Blättern in Ihren Unterlagen. Weiterer Vorteil: Sie können das Exposé später wirklich ernsthaften Mietinteressenten aushändigen. Dies steigert Ihre Glaubwürdigkeit, denn fast alle Vermieter

## Mein Mietangebot

☐ **Exposé:** Haben Sie für sich und Ihre Mietinteressenten ein aussagefähiges Exposé erstellt? Dieses Exposé, das Sie am besten als „Mietangebot" bezeichnen, sollte auf jeden Fall Angaben zu folgenden Punkten enthalten: Lage (Ort, Straße, Hausnummer, Geschoss), Größe (Wohnfläche in Quadratmetern), Aufteilung (Anzahl und Art der Zimmer), Bezugstermin, monatliche Nettokaltmiete, monatliche Nebenkosten

☐ **Unterlagen:** Haben Sie die wichtigsten Unterlagen zusammengestellt? Dazu gehören: Lageplan (mit Wegbeschreibung), Grundrisszeichnung, Wohnflächenberechnung, Fotos von Haus und Wohnung, letzte Betriebskostenabrechnung für Mieter, Gebäude-Energieausweis

☐ **Markttest:** Haben Sie die marktgerechte Miete für Ihr Mietangebot durch Angebotsvergleiche im Internet beziehungsweise im Immobilienteil der Tageszeitung herausgefunden?

☐ **Kernpunkte:** Haben Sie das Besondere Ihres Mietobjekts und damit Ihre „einzigartige Vermietungsposition" herausgearbeitet?

☐ **Mietannonce:** Haben Sie sich entschieden, wo Sie Ihr Mietangebot veröffentlichen wollen? Im Internet (zum Beispiel ImmobilienScout 24), im Immobilienteil der Tageszeitung und/oder am Schwarzen Brett in bestimmten Geschäften oder Behörden?

und Makler verzichten völlig auf ein Mieterexposé. Wie im Beispiel unten könnte ein Mietangebot in der Praxis aussehen:

Dieses Mietangebot bietet viele Informationen, ist aber sehr nüchtern und wenig werbewirksam aufgemacht. Dennoch erfüllt es seinen Zweck, denn anfangs sollen zunächst einmal nur alle Informationen einschließlich Unterlagen (als Anlagen) zusammengetragen werden.

Das Mietangebot oder Mieterexposé können Sie auch gut einer anderen Person

**Mustertext**

## Mietangebot (Beispiel)

Wohnung: **3-Zimmer-Wohnung** mit Küche, Diele, Bad, Balkon (Südlage) und Tiefgaragen-Stellplatz, Baujahr 1992

Lage: A-Stadt, B-Str. 72 (siehe Auszug aus Stadtplan)

Aufteilung: Wohnzimmer 23 qm, Elternschlafzimmer 15 qm, Kinderzimmer 12 qm, Küche 9 qm, Bad 5 qm, Flur mit Abstellraum 10 qm, Balkon 5 qm (siehe Grundrisszeichnung)

Größe: Wohnfläche 79 qm (siehe Wohnflächenberechnung)

Bezug: ab 1.4.2018, eventuell schon ab 1.3.2018

Besonderheit: Komfortable Fußbodenheizung mit niedrigen Heizkosten

Miete:
Monatlich 700 Euro netto kalt + 40 Euro für TG-Stellplatz = 740 Euro

Nebenkosten: Monatlich 225 Euro inkl. Heizung (siehe letzte Betriebskostenabrechnung)

Kaution: 3 Monatsmieten = 2 100 Euro

Kontakt: über den Eigentümer ................., Tel. ................

übergeben. Dies kann zum Beispiel auch Ihr jetziger Mieter sein, mit dem Sie ein angenehmes Mietverhältnis hatten. Er wird wahrscheinlich gern bereit sein, die Wohnung Mietinteressenten zu zeigen und bei dieser Gelegenheit deren Fragen anhand des Mietangebots nebst Unterlagen zu beantworten. Ihr Noch-Mieter fungiert prak-

---

**Mustertext**

## Mietannonce in der Tageszeitung

Bei Tageszeitung online anmelden und Anzeige bestellen oder per Mail, per Fax beziehungsweise per Brief eine Anzeige bestellen:

„Anzeigenauftrag für Wohnungsvermietung

Sehr geehrte Damen und Herren,

hiermit beauftrage ich Sie, unter der Rubrik „Vermietungen / 2– und 3-Zimmerwohnungen" am ................. (Datum) eine Kleinanzeige zu veröffentlichen. Der Fließtext soll wie folgt lauten:

Glückstadt, gut geschn. 3-Zi-Komfortwohnung, gute Wohnlage, Wfl. 79 qm, KDB, Balk., TG-Stellpl., frei ab ....... 2018, Miete netto kalt = 740 € inkl. TG-Stellplatz, plus NK = 225 €, Bj. 1982, Gas-ZH, Verbrauchsausweis, 80 kWh pro qm und Jahr, Energieeff.klasse B, provisionsfrei direkt vom Eigentümer, Tel. ......... (nur Sa. 9.00–18.00 h).

Die Rechnung kann an die Anschrift ...(Vorname Name, PLZ Ort, Straße Hausnummer) gehen. Den Rechnungsbetrag wollen Sie bitte von meinem Konto Nr. ................. bei der ......................- Bank (oder IBAN) abbuchen.

Mit freundlichen Grüßen

Vor- und Familienname"

tisch als Ihr verlängerter Arm. Etwas Besseres kann Ihnen eigentlich gar nicht passieren. Die Mietinteressenten werden auf ein intaktes und entspanntes Vermieter-Mieter-Verhältnis schließen und ungezwungener als sonst üblich den Kontakt mit dem „netten Vermieter" suchen.

**Mietannoncen**

Auf der Grundlage Ihres Mietangebots können Sie dann relativ leicht nach Maklerart eine Mietannonce im Internet oder im Immobilienteil der regionalen Tageszeitung anhand der folgenden Arbeitshilfe aufgeben.

→ **Arbeitshilfe Mietannonce online**

So erstellen Sie gute Mietannoncen im Internet:

Mietangebote für vergleichbare Objekte bei Internetplattformen (z. B. www.immobilienscout24.de) auswerten (geht gut mit den Filterfunktionen).

Die Mustertexte und Beschreibungen ansehen.

Eigenen Text entwerfen mit Überschrift „Provisionsfrei direkt vom Eigentümer"

Als Privatvermieter anmelden und dann Anzeige mit Fotos und eventuell Grundrisszeichnung veröffentlichen

Die Suche nach Mietern über das Internet hat immer mehr an Bedeutung gewonnen. Firmen wie ImmobilienScout 24 bieten privaten Vermietern eine preisgünstige Möglichkeit, ihre Mietangebote ins Netz zu stellen. Zusätzlich können Mietinteressenten unter der angegebenen Telefonnummer anrufen oder eine E-Mail an Sie senden, um ihr Interesse an der angebotenen Mietwohnung zu bekunden.

Fügen Sie aber der Mietannonce im Internet auf jeden Fall Fotos vom Haus (Außenansicht von vorne und der Seite) und Ihrer in diesem Haus gelegenen Eigentumswohnung (Innenansicht mit Wohnzimmer, Küche, Bad/WC, Diele, Balkon) bei. Ein Bild sagt bekanntlich mehr als tausend Worte. Mietannoncen ohne Fotos im Internet werden von Mietinteressenten meist gar nicht mehr beachtet.

Zeitungsannoncen in den Mittwoch- und Samstagausgaben der Lokalzeitungen oder in den örtlichen Anzeigenblättern eignen sich bei der Suche nach Mietinteressenten ebenfalls. Bei den Mietangeboten überwiegen mit Abstand die Maklerofferten. Nur selten sind Mietangebote „von Privat" zu finden.

Das Texten einer Vermietungsanzeige für eine Zeitungsausgabe dürfte privaten Wohnungsvermietern nicht schwer fallen. In erster Linie kommt es auf nüchterne Sachinformationen über Lage, Größe und Mietpreis der Wohnung an. Die besonderen Vorteile der zur Miete angebotenen Wohnung sollten jedoch schon im Mietangebot hervorgehoben werden.

**Beispiel:** „Düsseldorf-Unterbilk, sehr gut geschn. 3-Zimmer-Wohnung, 85 qm, KDB, G-WC, Loggia, TG-Stellplatz, ruhige Wohnlage, mtl. Kaltmiete 840 € + 50 € TG-Stellpl. + NK, Erdgas, Verbrauchsausweis, 90 kwH pro qm und Jahr, Energieff.klasse C, von Privat, Tel. ..."

In Zeiten eines großen Wohnungsmangels in begehrten Großstädten melden sich Dutzende von Interessenten auf eine solche Anzeige. In Ballungszentren können es auch schon einmal hundert Anrufer sein. Da Massenbesichtigungen wohl kaum ein geeigneter Weg sind, muss der private Vermieter oft schon am Telefon eine erste Vorauswahl treffen.

Eines ist klar: In Zeiten eines allgemeinen Wohnungsmangels oder einer spezifischen Wohnungsnot in Ballungszentren befindet sich der Vermieter in einer stärkeren Position. Er kann relativ hohe Mietforderungen leichter durchsetzen und hat lediglich die Qual der Wahl unter einer Reihe von Mietinteressenten.

Doch auch in Zeiten eines Mietermarkts mit einem Überangebot an Wohnungen oder in ländlichen Regionen abseits der Ballungszentren sind Sie als privater Vermieter nicht chancenlos. Bei einer marktgerechten Miete und einem Inserat „von Privat" melden sich meist noch genügend Interessenten, unter denen Sie den geeigneten Mieter auswählen können. Notfalls setzen Sie Mietanreize (zum Beispiel Angebot für einen mietfreien Monat), um Mietinteressenten auch bei geringer Nachfrage anzusprechen.

Bei potenziellen Mietern sind Privatangebote bisher immer besonders beliebt, weil schließlich zwei Monatsmieten Maklerprovision eingespart werden können. Einschließlich 19 Prozent Mehrwertsteuer sind es sogar 2,38 Nettokaltmieten. Wenn Sie als privater Vermieter den nötigen Zeitaufwand nicht scheuen, können Sie sich dies zunutze machen und auf die Einschaltung eines Maklers verzichten. Die Mietinteressenten werden es Ihnen bestimmt danken.

Egal, ob die Mieterauswahl durch den privaten Vermieter selbst oder einen Makler durchgeführt wird: An der gemeinsamen Wohnungsbesichtigung mit den Mietinteressenten führt kein Weg vorbei. Wenig sinnvoll ist es, die angebotene Wohnung in den höchsten Tönen anzupreisen. Die Mietinteressenten sollten sich bei der Besichtigung vielmehr selbst ein Bild von der Wohnung machen und nach wichtigen Details wie Einzugstermin, gewünschte Mietdauer, Höhe der Mietkaution oder Höhe der Nebenkosten fragen.

Es bietet sich geradezu an, Motive und Interessen der potenziellen Mieter eingehend zu erkunden. Durch geschickte Terminierung können Sie ruhig dafür sorgen, dass der Mietinteressent seinem Vor- und Nach-Besucher begegnet.

Die Besichtigungszeremonie sollte mit dem Austausch von Telefonnummern und

**Erstvermietung?**
Erst gründlich informieren, dann den richtigen Mieter wählen

der Bitte um einen Rückruf bei einer positiven Entscheidung enden. Hat sich der Mietinteressent in die angebotene Wohnung „verliebt" und mit ihr identifiziert, wird er auf einen baldigen Mietvertrag drängen. Diesen sollten Sie jedoch erst dann unterzeichnen, wenn Sie die persönlichen und wirtschaftlichen Verhältnisse laut Selbstauskunft des Mietinteressenten oder per Fremdauskunft überprüft haben.

Anhand der Checkliste „Mieterauswahl" auf Seite 115 können Sie sehen, worauf es besonders ankommt. Das A und O ist dabei sicherlich die Überprüfung der Mieterbonität, falls der Mietinteressent in Ihre Eigentumswohnung einziehen will.

## Die Erstvermietung

Wenn Sie Ihre Wohnung zum ersten Mal vermieten, sollte schon Ihr erster Mieter ein Volltreffer sein. Der Erstmieter ist – aus Ihrer Sicht – der erste Mieter, der Ihre Wohnung mietet.

Die Suche und Auswahl von Mietern für einen Neubau gestaltet sich für Sie am einfachsten. Starten Sie schon zwei bis drei Monate vor endgültiger Fertigstellung des Hauses beziehungsweise der Wohnung ein Internetangebot beziehungsweise eine Zeitungsannonce. Mit dem Zusatz „Erstbezug", „Neubau" oder „bezugsfertig ab ……" zielen Sie bewusst auf Mietinteressenten, die kein Risiko bei Anmietung einer älteren Wohnung eingehen wollen. Ihr zusätzliches Werbe-Plus: Verweisen Sie schon in der Annonce auf mögliche Sonderwünsche des Mieters bei der Auswahl des Fußbodenbelags (Farbe des Teppichbodens, Laminatboden) und/oder der Fliesen in Küche, Bad und Gäste-WC (Farbe der Fliesen, Höhe der Wandfliesen) durch den Zusatz „Sonderwünsche noch möglich". Ein solches Mietangebot hebt sich aus dem Einerlei der anderen Angebote deutlich hervor, und Sie besitzen damit fast eine einzigartige Vermietungsposition.

Bei einem solch mieterfreundlichen Angebot (Neubau mit Sonderwünschen) darf die geforderte Neubaumiete durchaus über der ortsüblichen Vergleichsmiete liegen. Die ab 2014 eingeführte Mietpreisbremse gilt nicht für die Erstvermietung von Neubauwohnungen und für die Vermietung nach einer umfassenden Modernisierung. Daher kann die Miete in diesen beiden Fällen auch mehr als 10 Prozent über der ortsüblichen Vergleichsmiete liegen.

Leer und damit bezugsfrei für Mieter stehen Wohnungen, die vom bisherigen Mieter bereits geräumt sind oder vor dem Auszug vom Eigentümer selbst genutzt wurden. Auch Ihr erstmals einziehender Mieter soll einen guten Eindruck gewinnen. Eine leerstehende „abgewohnte" Wohnung wirkt auf Interessenten wenig einladend. Vermeiden Sie auf jeden Fall einen derartigen Besichtigungsschock! Nehmen Sie nach Auszug zumindest eine sparsame Vermietungsrenovierung vor.

Oft reicht es schon, die Wohnung von umherliegendem Unrat zu befreien, Wände und Decken zu streichen sowie den abgenutzten Teppichboden zumindest zu entfernen. Bad und WC sollten sauber und benutzbar sein. Sie können dann – ähnlich wie beim Neubau – auf Sonderwünsche der Interessenten hinsichtlich der Ausstattung (insbesondere Fußbodenbelag) eingehen. Eine andere Variante besteht darin, bereits einen brandneuen und hochwertigen Laminatboden verlegen zu lassen.

Vielleicht nehmen Sie auch gleichzeitig eine Modernisierung von Bad und WC mit neuen weißen Fliesen vor. Die Wohnung erscheint dann wie neu, obwohl es keine Neubauwohnung ist. Eine teilrenovierte oder modernisierte Wohnung wird Ihnen nicht nur mehr Zulauf bringen als eine unrenovierte Wohnung, sondern auch eine wesentlich höhere Erstmiete.

Beim Kauf einer vermieteten Wohnung vom Voreigentümer übernehmen Sie den Mieter und damit den laufenden Mietvertrag. Sie treten genauso wie Ihr übernommener Erstmieter in alle Rechte und Pflichten aus dem bereits bestehenden Mietverhältnis ein. Für Sie ist der Bewohner ein „unechter" Erstmieter, für ihn sind Sie der Zweit- oder sogar schon Drittvermieter. Setzen Sie alles daran, ein besserer Vermieter zu sein als Ihre Vorgänger. Hören Sie sich geduldig seine Klagen an, und gehen Sie auf erfüllbare Wünsche sein. Nach einer grundlegenden Renovierung und Modernisierung ist er vielleicht auch eher bereit, einen neuen Mietvertrag mit einer höheren Miete abzuschließen oder zumindest die angekündigte Mieterhöhung wegen Modernisierung anstandslos zu zahlen.

## Die Anschlussmieter

Besonders einfach gestaltet sich die Mietersuche und -auswahl bei einer Anschlussvermietung. Jeder Mieter, der Ihre Wohnung im Anschluss an einen Mieter von Ihnen anmietet, ist für Sie ein Anschlussmieter. Eine Schlüsselrolle bei der Anschluss- oder Wiedervermietung spielt Ihr Noch-Mieter, der das Mietverhältnis gekündigt hat. Sofern Sie bisher ein angenehmes und störungsfreies Mietverhältnis mit ihm hatten, können Sie ihn hervorragend in die Suche nach einem

# Mieterauswahl

☐ An welche Zielgruppe unter den Mietinteressenten wollen Sie vermieten? Bevorzugen Sie bei Ihrer Zielgruppe einen bestimmten Familienstand oder Beruf?

### Wohnungsbesichtigung

☐ Haben Sie Besichtigungstermine in einem zeitlichen Abstand von ca. 30 Minuten vereinbart?

☐ Können Sie schriftliche Informationen (zum Beispiel Unterlagen wie Exposé als Mietangebot, Grundrisszeichnung, Wohnflächenberechnung, letzte Betriebskostenabrechnung) an „heiße" Mietinteressenten aushändigen?

☐ Treten Sie bei der Besichtigung mit der nötigen Gelassenheit auf.

☐ Wie ist aufgrund Ihrer Menschenkenntnis Ihr erster persönlicher Eindruck von den Mietinteressenten?

### Mieterfragebogen

☐ Haben Sie einen Mieterfragebogen (Selbstauskunft des Mieters) entworfen, um die Bonität von Mietinteressenten zu überprüfen? Verwenden Sie dazu ruhig ein Musterformular „Mieterselbstauskunft", das online von zahlreichen Anbietern zum Download angeboten wird.

☐ Haben Sie den Mieterfragebogen von ernsthaften Mietinteressenten ausfüllen lassen?

☐ Sind Mietinteressenten eventuell bereit, Ihnen zusätzlich eine aktuelle Gehaltsbescheinigung (letzte 3 Monate) zu übersenden?

### Zusätzliche Bonitätsprüfung

☐ Haben Sie sich durch Vorlage einer vom Mietinteressenten eingeholten Schufa-Auskunft davon überzeugt, dass keine Negativmerkmale vorliegen?

☐ Haben Sie sich durch Einsichtnahme in das beim Gericht geführte Schuldnerverzeichnis von den geordneten Vermögensverhältnissen des Mietinteressenten überzeugt?

☐ Haben Sie eventuell eine Wirtschaftsauskuftei eingeschaltet?

Anschlussmieter einspannen. Er wird „seine" Wohnung in der Regel gern Interessenten zeigen. Insgeheim rechnet er damit, dass ihm der Anschlussmieter einige Gegenstände (zum Beispiel Gardinen, Kücheneinrichtung) abkauft. Diese von ihm selbst gekauften Gegenstände will er oftmals nicht mitnehmen und daher zu Geld machen. Die Höhe einer Abstandssumme ist aber allein Sache zwischen ihm und dem Anschlussmieter. Als Vermieter werden Sie sich da ganz heraushalten.

„Ich brauche dem Vermieter nur drei Nachmieter zu nennen, dann bin ich aus dem Vertrag raus" – so lautet ein Gerücht, das sich hartnäckig bei Mietern hält. Eine langwierige Diskussion um dieses Gerücht sollten Sie auf jeden Fall vermeiden. Fakt ist: Auf ein Angebot Ihres Noch-Mieters, drei potenzielle Nachmieter zu stellen, um eventuell sogar vor Ablauf der Kündigungsfrist „auszusteigen", brauchen Sie bei fehlender vertraglicher Zusicherung nicht einzugehen.

Sie können den Spieß aber auch einfach umkehren: Bieten Sie Ihrem Noch-Mieter an, dass er selbst eine Anzeige aufgibt und Mietinteressenten sucht. Sofern Sie dadurch schnell einen Anschlussmieter finden, der Ihren Vorstellungen entspricht, kann der Noch-Mieter im Bestfall sogar vor Ende der Kündigungsfrist ausziehen. Der Bestfall für alle Beteiligten ist dabei der „fliegende Wechsel": Der Noch-Mieter zieht bis zu einem festgelegten Stichtag aus und hat die Wohnung fertig renoviert, der Anschlussmieter zieht am darauffolgenden Tag ein. Sie haben als Vermieter dann keinen Leerstand und keinen Mietausfall. Die Miete fließt weiter wie bisher, letztlich wird nur der Mieter ausgewechselt. Bleibt die Höhe der Monatsmiete gleich, könnte der Anschlussmieter sogar in den alten Mietvertrag einsteigen. Er wird dann tatsächlich Nachmieter.

Aber nur Sie als Vermieter werden die Entscheidung treffen, ob ein Anschlussmieter zum Nachmieter wird. Lassen Sie sich nie von Ihrem Noch-Mieter einen möglicherweise auch noch finanziell schwachen Nachmieter aufdrängen.

Informieren Sie Ihren Noch-Mieter darüber und vereinbaren Sie mit ihm mögliche Besichtigungstermine. Die Telefonanrufe der Mietinteressenten nehmen Sie selbst entgegen, um eventuell schon eine Vorauswahl zu treffen. Die telefonisch vereinbarte Wohnungsbesichtigung nehmen Sie dann möglichst zusammen mit dem Mietinteressenten und Ihrem Noch-Mieter wahr. Lassen Sie es ruhig zu, dass die Wohnungsuchenden Ihren Mieter ausfragen, und halten Sie sich vornehm im Hintergrund. In aller Regel wird Ihr Noch-Mieter die Wohnung nicht schlecht machen, sondern alle Vorzüge der Wohnung schildern, da er ja ein eigenes Interesse hat, einfach aus dem alten Mietvertrag rauszukommen. Eventuell weist er auch auf das entspannte und völlig problemlose Mietverhältnis mit Ihnen hin.

Eine bessere Empfehlung können Sie sich gar nicht wünschen. Ihr Noch-Mieter gibt Ihnen selbst die beste Referenz.

Können Sie den Besichtigungstermin aus Zeitgründen nicht wahrnehmen, kann auch eine Wohnungsbesichtigung nur im Beisein des Noch-Mieters erfolgreich sein. Ihr Mieter fühlt sich nicht beobachtet. Es macht ihm Spaß, quasi „Als-ob-Vermieter" zu spielen und Sie, den echten Vermieter, über die Besucher zu informieren. Sie können ihn in dieser Rolle bestärken und ihn fragen, wen er als Vermieter nehmen würde. Nicht selten stellt sich Ihr Anschlussmieter genau als der Mieter heraus, den auch Ihr Noch-Mieter favorisiert hat. Aber Vorsicht: Das eröff-net Ihrem aktuellen Mieter die Option, dass er mit den Bewerbern einen Deal macht, Einrichtungsgegenstände von ihm gegen eine Ablösesumme zu übernehmen … Das Ergebnis muss nicht immer in Ihrem Sinne als Vermieter sein.

Informieren Sie Ihren Noch-Mieter auf jeden Fall über die in Ihrem Mietangebot aufgeführte Miete netto kalt. Was er selbst an Miete zahlt, hat mit der Miete bei der Anschlussvermietung zunächst einmal nichts zu tun. Oft glauben Noch-Mieter, dass der Anschlussmieter genau die gleiche Miete zahlen müsse wie sie selbst. Dies ist aber nur der Fall, wenn es sich um einen echten Nachmieter handelt.

# Selbst verwalten oder Mietverwaltung durch Dritte

Die Verwaltung Ihrer vermieteten Eigentumswohnung können Sie selbst in die Hand nehmen, wenn Sie die nötige Zeit haben und einen professionellen Mietverwalter einsparen wollen.

**Diese Selbstverwaltung** bietet sich vor allem für eine Eigentumswohnung an, die in der Nähe Ihres Wohn- oder Arbeitsorts liegt.

Bei einer weit entfernt liegenden Eigentumswohnung werden Sie vielleicht gern das Angebot Ihres für das Gemeinschafts-eigentum zuständigen Hausverwalters annehmen, auch die Verwaltung Ihrer vermieteten Wohnung zu übernehmen, also die Mietverwaltung beziehungsweise Mietwohnungsverwaltung.

Grundsätzlich erstreckt sich die Hausverwaltung bei Eigentumswohnanlagen nur auf das Gemeinschaftseigentum und endet praktisch an der Wohnungstür. Wenn Sie auch die Verwaltung des Sondereigentums, also Ihrer vermieteten Eigentumswohnung, einem Dritten übertragen wollen, müssen Sie eine zusätzliche Gebühr für die Mietwohnungsverwaltung bezahlen. Ihr Hausverwalter bietet die Verwaltung der vermieteten Wohnung als Zusatzleistung gegen eine gesonderte Vergütung an.

### → Pro und Contra Mietverwaltung

Der Vorteil für Sie: Haus- und Mietverwaltung befinden sich in einer Hand. Sie brauchen sich also bei der Verwaltung um nichts zu kümmern. Der Mietverwalter erstellt beispielsweise die jährliche Betriebskostenabrechnung für Ihren Mieter und nimmt als direkter Ansprechpartner auch Beschwerden Ihres Mieters entgegen. Lästige Telefonanrufe Ihres Mieters bleiben Ihnen somit erspart.

Nachteil: Die Mietverwaltung kostet Sie eine Gebühr von beispielsweise monatlich 10 bis 15 Euro zuzüglich 19 Prozent Mehrwertsteuer, was einem Jahresbetrag von 143 bis 214 Euro entspricht.

Bequemlichkeit hat eben ihren Preis. Wenn Sie Haus- und Mietverwaltung delegieren, sind Sie für Ihre vermietete Eigentumswoh-nung leicht 400 bis 500 Euro im Jahr los. Da Sie diese Verwaltungskosten nicht auf Ihren Mieter überwälzen dürfen, reduziert sich praktisch Ihr jährlicher Mietertrag. Sie können die Gebühren für die Haus- und Mietverwaltung nur steuerlich von den erzielten Mieteinnahmen absetzen.

### Mietpool und Mietgarantie

Einige findige Verwalter möchten Kapitalanlegern in Eigentumswohnungen das Konzept eines Mietpools schmackhaft machen. Um das Mietausfallrisiko zu minimieren, sammelt man dabei alle eingehenden Mieten einer Eigentumswohnanlage in einem gemeinsamen Topf und teilt den Kapitalanlegern die ihnen dem Wohnflächenanteil entsprechend zustehende Mietausschüttung zu.

Fällt beispielsweise ein Mieter aus, tragen alle dem Mietpool angeschlossenen Kapitalanleger den Ausfall solidarisch nach dem Prinzip „Alle für einen" mit. Mietausfallrisiken werden so auf alle Schultern verteilt. In der Praxis hat das aber gravierende Nachteile.

### → Hände weg vom Mietpool

So gut die Idee des Mietpools auf den ersten Blick klingt, so schlecht sieht seine Umsetzung nur allzu oft in der Praxis aus. Einem einzelnen Kapitalanleger sind praktisch die Hände gebunden. Falls sich die Mietausfälle auf

**Verwaltung der Eigentumswohnung**
Am besten selbst und ohne fremde Mietverwaltung und ohne Mietpool

andere Wohnungen konzentrieren, heißt es „Mitgefangen, mitgehangen". Hinzu kommt, dass der Mietpoolverwalter eine zusätzliche monatliche Vergütung von 20 bis 30 Euro pro Wohnung erhält. Die zugeteilte Mietausschüttung liegt oft erheblich unter der erzielbaren Mieteinnahme.

Auch Mietgarantien sind mit größter Vorsicht zu genießen. Anders als bei der bloßen Risikoverteilung über einen Mietpool verspricht eine meist fünfjährige Garantie ein Höchstmaß an Sicherheit.

In für Vermieter guten Zeiten ist eine Mietgarantie aber überflüssig, da die Marktmiete häufig über der Garantiemiete liegt. In mageren Zeiten sind Mietgarantien nichts wert, wenn der Garantiegeber pleitegeht. Schlimmer noch: Liegt die Garantiemiete über der Marktmiete, deutet dies auf einen überteuerten Kauf hin. Die nach oben hin subventionierte Garantiemiete diente dann nur dazu, die Überteuerung der Immobilie zu verschleiern.

Als Fazit bleibt: Mietpools und Mietgarantien lohnen sich bei vermieteten Wohnimmobilien nicht. Sie sind nicht geeignet, das typische Mietausfallrisiko zu minimieren oder gar auszuschließen.

## Unser Experten-Tipp

**Treten Sie als Kapitalanleger** in Eigentumswohnungen keiner Mietpoolgemeinschaft bei. Bleiben Sie als Vermieter allein verantwortlich, und ziehen Sie die Mieten selbst ein. Im Zusammenhang mit Mietpools sind aus der Vergangenheit viele negative Fälle bekannt, zum Beispiel die Mietpoolverwaltung bei der insolventen Immobilienfirma Heinen & Biege, die Schrottimmobilien vermittelte und über die Badenia Bausparkasse finanzieren ließ.

# Mietpreiskalkulation

Miete ist nicht alles, aber ohne Miete ist alles nichts. Dies muss für Sie als Vermieter oder Kapitalanleger in vermietete Immobilien gelten. Es gilt der Grundsatz: Von der Miete zur Rendite!

**Völlig frei sind Sie** bei der Mietpreiskalkulation für vermietete Wohnimmobilien im Gegensatz zu Gewerbeimmobilien aber nicht. Bei Sozialwohnungen sind Sie an die amtlich festgesetzte Kostenmiete gebunden und dürfen nur an Mieter mit Wohnberechtigungsschein vermieten.

Eine Mietpreis- und Belegungsbindung wie bei Sozialwohnungen oder anderen geförderten Wohnungen gehen Sie bei frei finanzierten Eigentumswohnungen nicht ein. Sie können zwar vermieten, an wen Sie wollen. Bei der Mietpreisgestaltung müssen Sie sich aber grundsätzlich nach der ortsüblichen Vergleichsmiete richten.

## 66 Mietspiegel sind oft die Grundlage für Neuvertragsmiete und Mieterhöhung.

Als ortsübliche Vergleichsmiete wird die Miete für vergleichbar ausgestattete, gleich große Wohnungen in der Gemeinde oder in vergleichbaren Gemeinden bezeichnet. Die Vergleichbarkeit muss hinsichtlich Art, Größe, Ausstattung, Beschaffenheit und Lage der Wohnungen gegeben sein. Typischerweise wird die ortsübliche Vergleichsmiete als monatliche Nettokaltmiete pro Quadratmeter Wohnfläche angegeben.

### Mietspiegel

Die wichtigste Quelle für ortsübliche Vergleichsmieten stellen die örtlichen Mietspiegel dar. Das sind Übersichten der Städte und Gemeinden, die meist im Einvernehmen mit den örtlichen Mieter- und Hausbesitzervereinen aufgestellt werden. Außer den einfachen Mietspiegeln gibt es seit dem 1.9.2001 noch qualifizierte Mietspiegel, die nach wissenschaftlichen Grundsätzen aufgestellt und von der Gemeinde oder von Vermieter- und Mietervereinen anerkannt worden sind.

Als Wohnungsvermieter können Sie sich den für Ihre Wohnung geltenden aktuellen Mietspiegel beim Haus- und Grundbesitzerverein besorgen. Manche Städte bieten den Service auch online an.

Weitere Mittel sind die Benennung von drei vergleichbaren Wohnungen oder ein Sachverständigengutachten.

Mietspiegel (auch „Mietrichtwertkarte" genannt) sind eine Orientierungshilfe nach

§ 558 ff. BGB und sollen sowohl Vermietern als auch Mietern die Möglichkeit bieten, im Rahmen der ortsüblichen Vergleichsmiete die Miethöhe für frei finanzierte, also nicht mietpreisgebundene Wohnungen zu vereinbaren. Die Tabellenwerte laut Mietspiegel sind monatliche Nettokaltmieten pro Quadratmeter Wohnfläche.

Mietspiegel sind nur für vermietete Wohnungen verwendbar, die in der jeweiligen Gemeinde liegen, für die der Mietspiegel aufgestellt wurde. Vermieter können den Mietspiegel beim örtlich zuständigen Haus- und Grundbesitzerverein dann erwerben, wenn sie dort nicht ohnehin Mitglied sind.

Die Tabellenwerte laut Mietspiegel können Grundlage für die Vereinbarung einer Nettokaltmiete bei Neu- beziehungsweise Wiedervermietung sein. Der Mietspiegel eignet sich insbesondere zur Begründung einer Mieterhöhung bei bestehenden Mietverhältnissen bis auf die ortsübliche Vergleichsmiete.

Üblicherweise wird die ortsübliche Vergleichsmiete laut Mietspiegel aus einem Mittelwert der jeweils angegebenen Mietspanne ermittelt. Vergleichskriterien des Mietspiegels sind:

- **Baujahr:** aufgeteilt in Baualtersgruppen, zum Beispiel bis 1948, 1949–1960, 1961–1976, 1977–1985, 1986–1999, ab 2000
- **Wohnlage:** aufgeteilt in einfache, mittlere und gute Wohnlagen
- **Ausstattung:** mit zentraler Beheizung, mit Bad/Dusche, mit besonderer Ausstattung
- **Wohnungsgröße:** zum Beispiel Wohnfläche um 40, 60, 80, 100 oder 120 Quadratmeter
- **Zu- und Abschläge:** zum Beispiel für Personenaufzug, Isolierglasfenster, Souterrainwohnungen

### Die marktgerechte Miete

Bei frei finanzierten Wohnungen bildet sich die erzielbare Miete nach Angebot und Nachfrage. Falls die Nachfrage wie in München oder Berlin deutlich höher liegt als das Angebot an Mietwohnungen, hat der Vermieter die stärkere Position und kann recht hohe Mieten verlangen. Dies kennzeichnet einen Vermietermarkt.

In strukturschwachen und ländlichen Regionen liegt nicht selten ein Mietermarkt vor, auf dem infolge des Angebotsüberschusses der Mieter in der stärkeren Position ist.

Stellen Sie daher zunächst fest, ob ein Vermieter- oder ein Mietermarkt in der Region vorliegt, in der Sie Ihre Eigentumswohnung vermieten wollen. Auch im Vermietermarkt sollten Sie nicht die maximal mögliche Miete anstreben.

Bei Wiedervermietungen dürfen Sie die ortsübliche Vergleichsmiete laut Mietspiegel nur um bis zu 10 Prozent überschreiten, sofern Ihre Wohnung in einem Gebiet mit angespannten Wohnungsmärkten liegt und dafür die Mietpreisbremse gilt. Künftig soll der Vermieter gegenüber Mietinteressenten auch die Vormiete nennen müssen.

Für die Neuvermietung von Neubauwohnungen und umfassend modernisierte Wohnungen gilt die Mietpreisbremse nicht. Die frühere Mietpreisüberhöhungsgrenze von 20 Prozent über der ortsüblichen Vergleichsmiete hat sich als unpraktikabel erwiesen und wird de facto nicht mehr angewandt.

Der von Mietern akzeptierte „faire Mietpreis" ist der Preis, der möglichst nah am Markt liegt. Vergleichen Sie daher die geforderten Mieten für vergleichbare Mietwohnungen anhand der Internetangebote, Zeitungsanzeigen und der Mietspiegel.

Üblicherweise versteht der Markt unter dem Mietpreis für eine Wohnung nur die monatliche Nettokaltmiete pro Quadratmeter Wohnfläche, also die Grundmiete (Quadratmetermiete) ohne jegliche Nebenkosten. Um die monatliche Nettokaltmiete für die Wohnung zu ermitteln, brauchen Sie also nur diese Quadratmetermiete mit der Wohnfläche in Quadratmeter zu multiplizieren.

**Beispiel:** 8 Euro (Nettokaltmiete pro Quadratmeter und Monat) × 80 Quadratmeter (Wohnfläche) = 640 Euro (Nettokaltmiete für die Wohnung pro Monat).

Mieter denken beim Mietpreis zu Recht nicht nur an die „nackte" Grundmiete, sondern auch an die Nebenkosten. Grundmiete und Nebenkosten zusammen ergeben die Warmmiete. Sorgen Sie schon im Vorfeld für eine mietergerechte Sprache und verwenden Sie besser nicht die Fachbegriffe „Nettokaltmiete, Betriebskosten, Bruttowarmmiete". Geläufiger für Mietinteressenten sind die Wörter „Grundmiete, Nebenkosten, Warmmiete".

Für die Mieter am wichtigsten ist die Höhe der Warmmiete. Sie gibt an, was sie insgesamt pro Monat an Sie als Vermieter zahlen müssen. Machen Sie es den Wohnungssuchenden leicht und erklären Sie ihnen geduldig den Unterschied zwischen Grundmiete, Nebenkosten und Warmmiete.

Eine Wohnung mit einer niedrigen Grundmiete und sehr hohen Nebenkosten (zum Beispiel alter Aufzug und hohe Heizkosten) kann durchaus teurer sein als eine andere mit einer höheren Grundmiete, aber sehr viel niedrigeren Nebenkosten. Bieten Sie eine Wohnung mit relativ niedrigen Neben- beziehungsweise Betriebskosten an, sollten Sie dies auf jeden Fall ins Feld führen und das Augenmerk der künftigen Mieter eher auf die Warmmiete statt auf die Grundmiete lenken.

Über die ortsübliche Vergleichsmiete laut Mietspiegel wird häufig bei Mieterhöhungen im Bestand gestritten. Als Wohnungsvermieter dürfen Sie die seit mindestens einem Jahr unverändert geltende Miete nur bis zur ortsüblichen Vergleichsmiete anheben. Außerdem darf die Mieterhöhung innerhalb eines Zeitraums von drei Jahren nicht über 20 Prozent hinausgehen (Kappungsgrenze). Seit der Mietrechtsreform vom 1.5.2013 kann diese Kappungsgrenze in Ballungsräumen mit Wohnungsmangel von 20 auf 15 Prozent gesenkt werden. München hat dies als erste Großstadt bereits Mitte Mai 2013 getan. Andere Großstädte sowie Mittelstädte am Ballungsrand von Großstädten sind dem Beispiel längst gefolgt.

Die ab 2015 neu eingeführte Mietpreisbremse, wonach die Miete bei Wiedervermietungen im Bestand höchstens 10 Prozent über der ortsüblichen Vergleichsmiete liegt, gilt nur für „angespannte Wohnungsmärkte".

Die bisherigen Grenzen (ortsübliche Vergleichsmiete und Kappungsgrenze bei bestehenden Mietverhältnissen) müssen Sie bei Mieterhöhungen im Bestand auf jeden Fall einhalten.

Alternativ zum Mietspiegel können Sie die ortsübliche Vergleichsmiete auch anhand von drei Vergleichswohnungen oder mithilfe eines Mietwertgutachtens nachweisen.

Die drei Vergleichswohnungen können auch im gleichen Haus liegen oder Ihnen als Vermieter gehören. Das Gutachten über den Mietwert der Wohnung muss von einem öffentlich bestellten und vereidigten Sachverständigen stammen. In aller Regel sollten Sie Ihre Mieterhöhung nach dem Vergleichsmietenverfahren auf den Mietspiegel stützen.

## → Mieterhöhung wegen Modernisierung

Eine Möglichkeit zur Mieterhöhung bietet auch die Modernisierung der Wohnung. Sie können pro Jahr 11 Prozent der für die Wohnung entstandenen Modernisierungskosten auf Ihre Mieter abwälzen. Nach 9 Jahren haben Sie die Modernisierungskosten über höhere Mieteinnahmen wieder hereingeholt. Künftig soll die Mieterhöhung nach Modernisierung aber gedeckelt werden auf beispielsweise 8 Prozent der Modernisierungskosten innerhalb von 5 Jahren und monatlich 3 Euro pro Quadratmeter Wohnfläche innerhalb von 6 Jahren für Gebiete, in denen die Versorgung der Bevölkerung mit bezahlbarem Wohnraum gefährdet ist. So wird es in der Bundesregierung zumindest diskutiert.

Unter Modernisierung fallen alle Baumaßnahmen, die

den Gebrauchswert der Wohnung nachhaltig erhöhen (zum Beispiel Verbesserung der sanitären Einrichtungen) oder

eine nachhaltige Einsparung von Heizenergie oder Wasser bewirken (zum Beispiel Verbesserung der Wärmedämmung von Fenstern oder Umstellung der Heizungsanlage) oder

**Mustertext**

## Mieterhöhung auf die ortsübliche Vergleichs-miete nach § 558 BGB für Ihre Wohnung

. . . . . . . . . . . .

(Anschrift des Vermieters),

5.12.2018

Sehr geehrte(r) ................... (Mieter),

nach § 558 BGB kann der Vermieter die Zustimmung zu einer Mieterhö-hung unter den dort genannten Voraussetzungen verlangen.

Sie bezahlen seit dem 1.6.2012 für Ihre 77 qm große Wohnung eine mo-natliche Nettokaltmiete von 560 Euro, also 7,27 Euro pro qm Wohnfläche. Hinzu kommt die Miete in Höhe von 40 Euro für den TG-Stellplatz, zu-sammen also 600 Euro.

Laut Mietrichtwert-Tabelle ........... (Stadt) vom 1.7.2018 liegt die ortsüb-liche Vergleichsmiete für vergleichbare Wohnungen (Baujahr 1986–1999, mittlere Wohnlage) in einer Bandbreite von 7,20 bis 9,30 Euro pro qm Wohnfläche. Der Mittelwert und damit die ortsübliche Vergleichsmiete beträgt daher 8,25 Euro pro qm Wohnfläche.

Das Haus, in dem sich die von Ihnen genutzte Wohnung befindet, wurde im Jahr 1994 erbaut. Bei einer Wohnfläche von 77 qm errechnet sich so-mit eine neue monatliche Nettokaltmiete von 635 Euro (= 8,25 Euro/qm × 77 qm) plus TG-Stellplatzmiete wie bisher 40 Euro, sodass die neue monatliche Nettokaltmiete insgesamt 675 Euro ausmacht.

Ergänzend zur Mietrichtwert-Tabelle weise ich Sie zusätzlich auf ortsübli-che Vergleichsmieten laut Internetportal Immobilienscout24 für Mietan-gebote in .......... (Stadt und Stadtteil) hin.

Gemäß § 558 b BGB ist die erhöhte Miete zum Beginn des dritten Kalendermonats an zu zahlen, der auf den Zugang des Erhöhungsschreibens folgt, also in diesem Falle ab dem 1.3.2019.

Ich darf Sie daher um Zustimmung zur Mieterhöhung bis zum 31.12.2018 bitten. Für den Fall Ihrer Zustimmung können Sie eine Kopie dieses Schreibens verwenden, das Sie der Einfachheit halber zum Zeichen Ihres Einverständnisses unten mit Datum und Ihrer Unterschrift versehen an mich zurücksenden.

Mit freundlichen Grüßen

(Vermieter)

die allgemeinen Wohnverhältnisse auf Dauer verbessern (zum Beispiel Herstellung und Ausbau von Grünanlagen, Kinderspielplätzen oder Stellplätzen).

Die Mieterhöhung wegen Modernisierung kann neben oder mit einer Mieterhöhung auf die ortsübliche Vergleichsmiete geltend gemacht werden. Die neue Miete darf jedoch die ortsübliche Vergleichsmiete ebenfalls nicht um mehr als 20 Prozent überschreiten.

Als Mietwucher im strafrechtlichen Sinne gelten Mieten, die über 150 Prozent der ortsüblichen Vergleichsmiete (Wuchergrenze) gehen. Als gesetzestreuer Wohnungsvermieter werden Sie diese Wuchergrenze nicht überschreiten.

In der Regel wird sich Ihr geforderter Mietpreis daher in Höhe der ortsüblichen Vergleichsmiete oder maximal 10 Prozent darüber bewegen. Einer nachhaltig erzielbaren und sicheren Miete sollten Sie immer den Vorzug geben gegenüber einer meist nur kurzfristig maximalen Miete. Angemessene Gewinnerzielung zahlt sich auf Dauer besser aus als Gewinnmaximierung um jeden Preis.

Bei bestehenden Mietverträgen können Sie die monatliche Nettokaltmiete grundsätzlich nur bis zur örtlichen Vergleichsmiete erhöhen. Dabei darf die Miete innerhalb eines Zeitraums von drei Jahren nur um maximal 20 Prozent erhöht werden. In Berlin, Hamburg und München liegt die Kappungsgrenze seit der Mietrechtsreform 2013 bei 15 Prozent. Weitere Großstädte sowie Städte am Ballungsrand sind gefolgt und haben die gleiche Kappungsgrenze von 15 Prozent eingeführt.

Falls Sie eine Mieterhöhung bei einem laufenden Mietverhältnis planen, müssen Sie Ihren Mieter anschreiben und ihm Gelegenheit geben, die geplante Mieterhöhung anhand des örtlichen Mietspiegels zu überprüfen. Ein Musterschreiben könnte wie „Mieterhöhung ..." auf den Seiten 124/125 aussehen.

Außer der Erhöhung der monatlichen Nettokaltmiete können Sie bei bestehenden Mietverhältnissen auch eine Mieterhöhung wegen gestiegener Betriebskosten in die Wege leiten. Dies empfiehlt sich immer dann, wenn Sie Ihrem Mieter die Betriebskostenabrechnung für das vergangene Kalenderjahr übersenden und eine Nachzahlung fordern müssen. Um Ihrem Mieter künftig hohe Nachzahlungen zu ersparen, sollten Sie in diesem Fall die monatliche Vorauszahlung für Betriebskosten ab dem übernächsten Monat anheben und anhand eines Wirtschaftsplans für das laufende bzw. kommende Jahr auf voraussichtlich steigende Betriebskosten in den nächsten Jahren hinweisen.

Bei Wiedervermietung Ihrer Eigentumswohnung und Abschluss eines neuen Mietvertrags mit einem anderen Mieter können Sie eine höhere Miete als bisher verlangen, sofern das ortsübliche Mietniveau inzwischen gestiegen ist. Zwar gilt hierbei offiziell die Mietpreisüberhöhungsgrenze, wonach die neue Nettokaltmiete nicht mehr als 20 Prozent über der ortsüblichen Vergleichsmiete liegen darf. De facto steht diese Grenze aber nur auf dem Papier, da der Mieter nach dem BGH-Urteil vom 28.1.2004 (Az. VIII ZR 190/03) die Beweislast dafür trägt, dass der geforderte Mietpreis überhöht ist. Nach dem BGH-Urteil vom 13.4.2005 (Az. VIII ZR 44/04) reicht es zudem nicht aus, dass nur in einem bestimmten Stadtteil ein geringes Angebot an Mietwohnungen vorherrscht. Der Angebotsmangel muss im gesamten Stadtgebiet bestehen. Dieser Beweis ist vom Mieter erfahrungsgemäß nicht leicht zu erbringen.

Die Wohnungsmieten sind in den letzten Jahren insbesondere bei Wiedervermietung in Ballungsräumen und Universitätsstädten gestiegen. Die in 2015 eingeführte Mietpreisbremse sieht nun vor, dass bei der Wiedervermietung von Wohnungen in „Gebieten mit angespannten Wohnungsmärkten" die geforderte Miete maximal 10 Prozent über der ortsüblichen Vergleichsmiete liegen darf. Welche Wohnungsmärkte tatsächlich „angespannt" sind, haben die Bundesländer zu entscheiden. Das Bundesjustizministerium geht davon aus, dass dies in ganz Deutschland für 4,2 von insgesamt 21,1 Millionen Mietwohnungen zutrifft. Danach könnte die Mietpreisbremse in jedem fünften Fall greifen.

Keine Mietpreisbremse gibt es weiterhin bei der Erstvermietung von neu gebauten Wohnungen (also bei Neubaumieten) und bei umfassend modernisierten Wohnungen. Wird eine Neubauwohnung nach dem Auszug des ersten Mieters erneut vermietet, darf der Vermieter die gleiche Miete verlangen wie beim Erstmieter. Er muss die Miete also nicht senken, falls diese nun mehr als 10 Prozent über der ortsüblichen Vergleichsmiete liegen sollte.

Allerdings soll die Mietpreisbremse auch bei neuen Staffelmietverträgen greifen, bei denen die Miete in fest vereinbarten Stufen steigen soll. Nur für eine bereits erreichte Staffel gibt es Bestandsschutz. Bei neuen Indexmietverträgen gilt die Mietpreisbremse nur für die Ausgangsmiete. Alle weiteren Mieterhöhungen haben sich nach dem Verbraucherpreisindex zu richten und nicht nach dem Mietspiegel. Im Übrigen bleiben die Möglichkeiten für Staffel- und Indexmieten weiterhin bestehen.

### Staffel- und Indexmieten

Um nicht alle paar Jahre Mieterhöhungen bis zur ortsüblichen Vergleichsmiete fordern zu müssen, können Sie mit Ihrem Mieter auch Staffel- oder Indexmieten vereinbaren.

Bei der Staffelmiete wird die monatliche Nettokaltmiete für mehrere Jahre im Voraus festgelegt. Dies geschieht durch Angabe der jeweils geltenden Grundmiete für jedes Jahr oder der betragsmäßigen Erhöhung in Euro.

Ein Beispiel für die Formulierung: „Die monatliche Nettokaltmiete für die Wohnung beträgt 595 Euro. Sie erhöht sich ab 1.1.2019 um 15 Euro, ab 1.1.2020 um weitere 15 Euro und ab 1.1.2021 um weitere 15 Euro".

## ❝❝ Die Vereinbarung einer Staffelmiete ist bei Mietern nicht beliebt.

In Zeiten eines Vermietungsmarkts mit hoher Mietnachfrage können Sie Staffelmieten auf Grund der allgemein steigenden Mieten problemlos durchsetzen. Verständlicherweise ist die Vereinbarung einer Staffelmiete bei Mietern nicht beliebt. Stagnieren oder sinken die Mieten bei einem Überangebot von Wohnungen, wird die Bereitschaft zu Staffelmietvereinbarungen auf Mieterseite gegen Null sinken.

Wenn Sie Ihre Wohnung gerade neu vermieten wollen, sollten Sie auch über eine Indexmiete nachdenken. Schlagendes Argument für Ihre Mietinteressenten: Die Miete steigt nicht stärker als die Inflationsrate. Viele Mieter empfinden dies als vorteilhaft. Schließlich schützt sie eine solche Vereinbarung vor drastischen Mieterhöhungen.

Die Indexmietklausel muss im Mietvertrag vereinbart sein. Nehmen Sie den Index für die Verbraucherpreise als Bezugsgröße und vereinbaren Sie eine Mietanpassung, sobald sich dieser Index um insgesamt mindestens drei Prozentpunkte gegenüber der letzten Erhebung verändert hat. Die aktuellen Indizes erfahren Sie beim Statistischen Bundesamt unter der Rufnummer 0611/752888 (Anrufbeantworter) oder Abruffax 0611/753888 (www.destatis.de).

Für Ihre Mieterhöhung genügt dann ein kurzer Brief an Ihren Mieter. Geben Sie in Ihrer Mieterhöhungserklärung unbedingt an, wie sich der im Mietvertrag vereinbarte Verbraucherpreisindex verändert hat. Ein solches Mieterhöhungsschreiben können Sie allerdings maximal einmal jährlich abschicken. Mit Beginn des übernächsten Monats, nach dem Ihre Erklärung dem Mieter zugegangen ist, muss Ihr Mieter dann die höhere Miete zahlen.

# Die Mieterselbstauskunft

Ihr Mieter soll die Miete pünktlich zahlen. Er soll zahlungsfähig und -willig sein. Eigentlich ist dies eine Selbstverständlichkeit.

**„Mietschulden sind Ehrenschulden"** hieß früher ein durchaus geläufiger Spruch. Doch daran fühlen sich einige Mieter heute nicht mehr gebunden. Sie lassen eher Mietrückstände bei ihrem Vermieter auflaufen als rückständige Kreditraten bei ihrer Bank.

Auf die Prüfung der Bonität, also der Kreditfähigkeit und -würdigkeit Ihres Mieters, sollten Sie nie verzichten. Die Parallele zur Bank drängt sich Ihnen als Vermieter nahezu auf. Was der Bank als Kreditgeber recht ist, sollte Ihnen als „Wohnungsgeber" (so wurden Sie übrigens früher in den Meldeformularen der Einwohnermeldeämter noch bezeichnet) billig sein. Auch Sie geben Ihrem Mieter praktisch einen Kredit. Statt Geld geben Sie ihm eine Wohnung. Ihr Mieter („Wohnungsnehmer") geht wie ein Kreditnehmer ein Dauerschuldverhältnis ein.

Mit dieser speziellen Vermieter-Philosophie über Geben und Nehmen können Sie den Wohnungssuchenden beziehungsweise Mietinteressenten die Scheu nehmen, Auskünfte über ihre finanziellen Verhältnisse zu erteilen. Sichern Sie ihnen absolute Vertraulichkeit und Datenschutz zu, und halten Sie sich selbstverständlich auch daran. Zur Bonitätsprüfung können Sie folgende Mittel einsetzen:

▶ **Mieterselbstauskunft** (siehe Mustertext Seiten 130/131)
▶ Zusätzliche **Schufa-Selbstauskunft** (von Ihren Mietinteressenten besorgt)

- **Einkommensnachweis** (zum Beispiel aktuelle Gehaltsbescheinigungen der letzten 3 Jahre)
- **Einsichtnahme in das Schuldnerverzeichnis** (beim Amtsgericht)
- Auskunft über örtlichen **Haus- und Grundbesitzerverein** (falls Sie dort Mitglied sind)
- Auskunft über spezielle **Auskunfteien** wie Verein Creditreform, Schimmelpfeng oder Bürgel (nur für Unternehmer möglich)

Sie können statt unseres einfachen Musters auf der nächsten Seite auch viel ausführlichere professionelle Formulare zur Mieterselbstauskunft verwenden, die Sie im Internet finden.

Wenn Sie das aktuelle Nettoeinkommen eines Bewerbers kennen, lautet die Kernfrage für Sie: Kann sich Ihr Mieter die Wohnung überhaupt leisten? Anders ausgedrückt: Wie viel Geld braucht der Mensch zum Leben, wenn Miete und Nebenkosten vom Nettoeinkommen abgezogen werden?

Am besten orientieren Sie sich bei der Schätzung der monatlichen Lebenshaltungskosten (ohne Miete), also dem Restbehalt, an Erfahrungswerten der Banken. Danach können Sie mit folgenden Beträgen rechnen:

- 800 Euro für eine Einzelperson,
- 1200 Euro für einen Zwei-Personen-Haushalt (Ehepaar oder Lebensgemeinschaft),
- 300 Euro für jedes haushaltszugehörige Kind

Eine dreiköpfige Familie benötigt daher nach dieser Schätzung nach Abzug von Miete und Nebenkosten bereits 1500 Euro für die Lebenshaltung.

Schon bei der Wohnungsbesichtigung schälen sich die wirklich ernsthaften Mietinteressenten heraus. Wer die Wohnung wirklich haben will, wird auch einen Mieterfragebogen bereitwillig ausfüllen. Auf diesen sanften Druck sollten Sie nie verzichten. Spätestens vor Abschluss des Mietvertrags muss Ihnen der vom künftigen Mieter vollständig ausgefüllte Fragebogen vorliegen.

Durch die Beantwortung der im Mieterfragebogen beziehungsweise der Mieterselbstauskunft (siehe Seiten 130/131) gestellten Fragen gibt der Interessent Auskunft über seine persönlichen und finanziellen Verhältnisse. Es handelt sich daher um eine freiwillige, aber für Sie als Vermieter unverzichtbare Selbstauskunft des Mieters.

Nicht jeder ernsthafte Interessent ist sofort bereit, dieses oder ein anderes Formular auszufüllen. Er fühlt sich unsicher und weiß nicht, ob er alle Fragen beantworten soll. Wenn nötig, argumentieren Sie dann wie folgt: „Wenn Sie die Fragen beantworten, kann ich beurteilen, ob Sie sich die Wohnung finanziell leisten können. Ich frage nicht mehr als eine Bank, bei der Sie einen Kredit aufnehmen wollen. Sie können sicher sein, dass ich Ihre Antworten streng

**Mustertext**

# Mieterselbstauskunft

Ich/Wir bekunde(n) mein/unser Interesse an folgender Wohnung:

Objekt: ...............................................................................................................

Vermieter: ..........................................................................................................

Mietinteressent:

Name, Vorname: .................................................................................................

Geburtsdatum: ...............................................  Geburtsort: .................................

Anschrift derzeit: ...............................................................................................

Telefonnummer: ................................................................................................

E-Mail-Adresse: ................................................................................................

Beruf: ...............................................................................................................

Arbeitgeber: ......................................................................................................

Monatliches Nettoeinkommen: ...........................................................................

In den letzten drei Jahren wurde ein mit mir/uns bestehendes Mietverhältnis durch fristlose Kündigung des Vermieters beendet? Ja/Nein

In den letzten drei Jahren wurden eine Räumungsklage oder Zwangsvoll-
streckungsmaßnahmen gegen mich/uns durchgeführt? Ja/Nein

Ich/wir erkläre(n), dass ich/wir in der Lage sind, alle mietvertraglich zu
übernehmenden Verpflichtungen, insbes. die Zahlung von Mietkaution
und vereinbarter Miete (netto kalt plus Betriebskosten) zu leisten.

Ich/versichere/wir versichern, die vorstehenden Angaben vollständig und
wahrheitsgemäß gemacht zu haben. Mir/uns ist bekannt, dass diese

Erklärung vom Vermieter zur Grundlage eines Vertragsabschlusses gemacht wird.

Alle nicht mehr benötigten Auskünfte werden vom oben genannten Vermieter unwiederbringlich vernichtet, wenn ein Mietvertrag nicht zustandekommt. Der Vermieter versichert, dass diese Auskunft streng vertraulich behandelt wird.

Anlage
Aktuelle Gehaltsbescheinigung

......................................................

(Ort und Datum, Unterschrift des Mietinteressenten)

vertraulich behandle und an niemanden weitergebe."

## → Welche Informationen Sie von Mietern erwarten dürfen

Die wichtigsten Informationen beziehen sich auf folgende Punkte:

Name, Geburtsdatum, Familienstand, Anzahl der zum Haushalt gehörenden Personen

Bisherige Anschrift und Tel.-Nr. des Mieters

Derzeitiger Vermieter mit Tel.-Nr., Dauer des bisherigen Mietverhältnisses und Gründe für die Beendigung

Beruf und derzeitiger Arbeitgeber mit Anschrift und Tel.-Nr., Dauer des Beschäftigungsverhältnisses

Monatliches Nettoeinkommen einschließlich Kindergeld

Eventuell eidesstattliche Versicherungen, Konkurs-, Vergleichs- oder Insolvenzverfahren, Pfändungen

Einverständnis mit einer Schufa-Selbstauskunft

Einkommensnachweis (zum Beispiel letzte Gehaltsbescheinigung, letzter Einkommensteuerbescheid)

Als privater Wohnungsvermieter bekommen Sie keine Auskunft bei der Schufa (Schutzgemeinschaft für allgemeine Kreditsicherung); es sei denn, Sie sind Großvermieter mit mehr als 100 Wohnungen. Zur Prüfung der Mieterbonität ist eine Schufa-Auskunft aber außerordentlich von Nutzen.

## → Schufa-Selbstauskunft

Es gibt einen guten Ausweg, um doch an die Schufa-Daten zu kommen. Bitten Sie Ihren Mietinteressenten, sich selbst eine Schufa-Selbstauskunft zu besorgen. Geben Sie ihm Tipps, wo er die nächste Schufa-Stelle findet oder wie er eine Online-Selbstauskunft per Internet einholen kann. Einmal pro Jahr hat man zwar einen rechtlichen Anspruch auf eine kostenlose Auskunft bei der Schufa, das kann allerdings mehrere Wochen dauern. Wer es als Wohnungsbewerber eilig hat, muss in der Regel rund 25 Euro dafür anlegen.

Auf keinen Fall sollten Sie Ihre Wohnung an einen Interessenten vermieten, dessen Schufa-Auskunft Negativmerkmale wie Kreditkündigung, Ablegung der eidesstattlichen Versicherung, Haftbefehl zur Erzwingung der eidesstattlichen Versicherung oder eingeleitetes Insolvenzverfahren enthält.

Positive Merkmale über Einkommen, Vermögen und Beschäftigung suchen Sie in der Auskunft vergebens. Insofern handelt es sich nur um ein reines Ausschlussverfahren. Wer negativ aufgefallen ist, kommt bei Ihnen nicht zum Zuge.

Sind keine negativen Dinge in der Schufa-Auskunft verzeichnet, ist dies zwar grundsätzlich positiv zu bewerten. Einen geeigneten Mieter haben Sie damit aber noch nicht gefunden.

„Lieblingsmieter" sind Mieter, die aus Sicht der Wohnungsvermieter als besonders zuverlässig gelten. Dazu zählen beispielsweise Handwerker, Krankenschwestern und Senioren-Ehepaare. Einen eher schlechten Ruf unter Vermietern haben Lehrer, Juristen und Journalisten. Ihnen sagt man häufig Pingeligkeit und Rechthaberei nach.

Wichtiger als ein Pauschalurteil über Beruf oder Alter ist aber immer die Prüfung der Einkommensverhältnisse vor Abschluss des Mietvertrags. Als Vermieter sind Sie auf einen zahlungskräftigen Mieter angewiesen. Schließlich wollen Sie sich vor Mietausfällen schützen. Lassen Sie daher jeden ernsthaften Mietinteressenten eine Selbstauskunft ausfüllen. Verzichten Sie nie auf die Bonitätsprüfung, also die Überprüfung der Zahlungsfähigkeit von Mietinteressenten. Reicht Ihnen der ausgefüllte Mieterfragebogen nicht aus, können Sie den potenziellen Mieter um die Vorlage einer Gehaltsbescheinigung des Arbeitgebers bitten.

Selbstverständlich ist kein Mietinteressent verpflichtet, die Fragen laut Mieterfragebogen zu beantworten. Andererseits sollten Fragen über rein persönliche Dinge wie Mitgliedschaft im Mieterverein, Religions- und Parteizugehörigkeit oder Vorstrafen für Sie als Vermieter tabu sein. Rein rechtlich darf der Mietinteressent solche „intimen" Fragen sogar falsch beantworten, ohne dass dies juristische Folgen für ihn hat. Unzulässige Fragen sollten Sie daher von vornherein vermeiden.

Zulässig sind aber die im Formular „Mieterselbstauskunft" (siehe Seite 130) gestellten Fragen. Jeder solvente Mietinteressent wird Verständnis für diese Fragen und ihre wahrheitsgemäße Beantwortung haben.

Zwei Wege für Fremdauskünfte stehen Ihnen zudem offen. Als Mitglied einer Wirtschaftsauskuftei wie Creditreform, Schimmelpfeng oder Bürgel können Sie persönliche und wirtschaftliche Daten des potenziellen Mieters dort erfragen. Zudem können Sie Einsicht in das bei Amtsgerichten geführte Schuldnerverzeichnis nehmen. Dies setzt allerdings voraus, dass Sie den Wohnort des Mietinteressenten und möglichen Schuldners kennen.

Im Schuldnerverzeichnis werden Personen aufgeführt, die vor dem Gericht eine eidesstattliche Versicherung (früher Offen-

## Unser Experten-Tipp

Vermieter, die sich über die Kreditwürdigkeit eines Mietinteressenten informieren möchten, können unter Angabe von Namen und Anschrift gebührenpflichtig und ausschließlich elektronisch über www.vollstreckungsprotal.de Einsicht in das Schuldnerverzeichnis nehmen. Das berechtigte Interesse liegt vor, da dies zur Abwendung von wirtschaftlichen Nachteilen geschieht. Diese wirtschaftlichen Nachteile entstehen, wenn der Schuldner(hier der Mieter) seinen Verpflichtungen nicht nachkommt.

barungseid genannt) abgegeben haben oder gegen die wegen Nichtabgabe Haft angeordnet wurde. Die Eintragungen können bis zu fünf Jahre bestehen bleiben, sofern der Schuldner nicht die vorzeitige Löschung durch Begleichung seiner Schuld erwirkt.

# Der Mietvertrag

Viele Streitigkeiten zwischen Mietern und Vermietern beruhen auf nicht oder nur unklar geregelten Punkten des Mietvertrags.

**Dabei kommt es uns hier nicht** auf das kleinste Detail, sondern auf die drei wesentlichen Faktoren an, also

- Mietzahlung (Faktor Geld),
- Mietdauer (Faktor Zeit),
- Reparaturen (Faktor Arbeit).

Der Faktor Geld ist der wichtigste, entscheidet er doch über den aus der vermieteten Eigentumswohnung erzielbaren Mietertrag. Dabei sollten Sie auf eine klare Trennung zwischen Nettokaltmiete und Betriebskostenvorauszahlung achten.

Anpassungen der monatlichen Nettokaltmiete nach oben sollten möglich sein. Legen Sie daher ausdrücklich im Mietvertrag fest, dass die Mieten nach dem Vergleichsmietenverfahren erhöht werden können, oder treffen Sie von vornherein eine Vereinbarung über eine Staffelmiete beziehungsweise eine Indexmiete.

Legen Sie unmissverständlich im Mietvertrag fest, welche Betriebskosten auf den Mieter umgelegt werden. Am besten beziehen Sie sich dabei auf die in der Jahresabrechnung des Hausverwalters aufgeführten umlagefähigen Betriebskosten plus die von Ihnen direkt an die Stadt oder Gemeinde zu zahlende Grundsteuer.

Eine vereinbarte Mietkaution dient Ihnen zur Sicherung von Ansprüchen aus Mietrückständen oder unterlassenen Schönheitsreparaturen. Sie ist gesetzlich auf höchstens das Dreifache der monatlichen Nettokaltmiete beschränkt. Ortsüblich sind teilweise auch zwei Monatsmieten. Sie müssen die Kaution getrennt von Ihren eigenen Konten aufbewahren. Legen Sie die erhaltene Kaution selbst auf einem Sparbuch zugunsten des Mieters an oder lassen Sie sich das Sparbuch zusammen mit einer Verpfändungserklärung der Bank von Ihrem Mieter übergeben.

Anstelle der Hinterlegung einer Mietkaution kann der Mieter auch eine Bürgschaftsurkunde ausstellen lassen, um eventuell anfallende Ansprüche des Vermieters abzusichern. Voraussetzung dafür ist, dass Sie als Vermieter eine Kautionsbürgschaft akzeptieren.

Der Mieter beantragt die Bürgschaft bei einem Anbieter und muss dafür einen monatlichen Betrag bezahlen (je nach Anbieter etwa fünf Prozent der tatsächlich veranschlagten Kaution im Jahr). Bei einigen Anbietern gibt es einen jährlichen Mindestbetrag oder eine zusätzliche Verwaltungsgebühr. Bevor die Bürgschaftsurkunde ausge-

**Mietvertrag**
Drum prüfe, wer sich eventuell lange
Jahre bindet

stellt wird, wird immer die Bonität des Mieters überprüft.

Macht der Vermieter später Forderungen geltend, werden diese vom Anbieter der Kautionsbürgschaft überprüft und gegebenenfalls beglichen. Die Bürgschaftsurkunde bleibt solange in den Händen des Vermieters, bis alle offenen Forderungen beglichen sind, auch wenn das Mietverhältnis schon beendet ist. Im Schadensfall hat der Mieter zwei Wochen Zeit, um gerichtsfeste Beweise vorzulegen und so die Auszahlung zu verhindern. Geschieht dies nicht, erhält der Vermieter die Auszahlung der Kaution vom Anbieter der Bürgschaft beziehungsweise von dessen Versicherungspartner. Bei so einer Bürgschaft handelt es sich aber nicht um eine Versicherung des Mieters, die für die Forderungen des Vermieters aufkommt. Der Betrag muss vom Mieter anschließend vollständig zurückerstattet werden. Der Bürgschaftsanbieter geht somit in Vorleistung, um die Ansprüche des Vermieters auszugleichen.

Als Mieter kann man abwägen, ob man das Geld für die Mietkaution – gerade in Zeiten niedrigster Zinssätze für angelegte Guthaben – lieber anderweitig verwenden oder anlegen möchte. Eine Option ist die Bürgschaft auch für alle, die einen finanziellen Engpass überbrücken müssen, zum Beispiel bis der vorherige Vermieter die hinterlegte Kaution freigibt. Bei den meisten Anbietern kann die Bürgschaftsurkunde jederzeit zurückgegeben und damit das Vertragsverhältnis beendet werden. So ist die Kautionsbürgschaft vor allem bei kurzer Mietdauer eine Möglichkeit, die Zahlung einer Mietkaution mit verhältnismäßig geringem finanziellen Aufwand zu umgehen.

Für den Vermieter entfällt der Verwaltungsaufwand für die Mietkaution, die Bonität eines Mieters wird vorab geprüft. Dies ist vor allem für private Vermieter interessant.

Der Faktor Zeit spielt bei der Frage der Mietdauer für den Vertrag eine Rolle. Meist wird eine unbefristete Mietdauer mit beiderseitiger Kündigungsmöglichkeit vereinbart. Die gesetzliche Kündigungsfrist für Wohnräume beträgt grundsätzlich drei Monate für Mieter. Der Vermieter wird bei län-

# Angaben zum Mietvertrag

**Miethöhe (monatliche Nettokalt-miete)**

☐ Haben Sie sich bei Festlegung der monatlichen Nettokaltmiete an vergleichbaren Mietpreisen für ähnliche Mietobjekte orientiert (zum Beispiel durch Markttest im Internet)?

☐ Liegt die geforderte Nettokaltmiete so hoch wie die ortsübliche Vergleichsmiete laut Mietspiegel oder nur wenig darüber beziehungsweise darunter? Die Nettokaltmiete darf nicht mehr als 20 Prozent über der ortsüblichen Vergleichsmiete (Mietpreisüberhöhungsgrenze) liegen.

☐ Können Sie eventuell eine Staffel- oder Indexmiete vereinbaren?

**Nebenkosten (monatliche Betriebs-kostenvorauszahlung)**

☐ Haben Sie im Mietvertrag alle umlagefähigen Betriebskosten laut Betriebskostenverordnung (BetrKostV) und Jahresabrechnung des Hausverwalters auf Ihren Mieter umgelegt?

☐ Haben Sie eine monatliche Vorauszahlung der Betriebskosten mit jährlicher Abrechnung vereinbart?

☐ Haben Sie die Höhe der monatlichen Betriebskostenvorauszahlung

gerfristigen Mietverhältnissen jedoch an die verlängerte Kündigungsfrist bis zu ein Jahr weiterhin gebunden.

Die Kernpunkte zu Nettokaltmiete, Betriebskosten, Kaution und Mietdauer finden Sie oben in der Checkliste „Angaben zum Mietvertrag".

Nicht nur Zeit ist Geld, sondern auch Renovierungsarbeiten kosten Geld. Nach dem Gesetz müssen Sie als Vermieter die Kosten für Schönheitsreparaturen übernehmen.

Sie können zwar die Pflicht zur Übernahme von Schönheitsreparaturen im Mietvertrag auf Ihren Mieter übertragen. Angesichts der Fülle von höchstrichterlichen Urteilen zugunsten der Mieter wird dies aber immer schwieriger. Oft bietet sich eine Vereinbarung an, wonach der Mieter lediglich bei Einzug renovieren muss.

Zusätzlich sollten Sie eine Kleinreparaturklausel vorsehen, nach der Ihr Mieter Kosten für kleinere Reparaturen bis zu

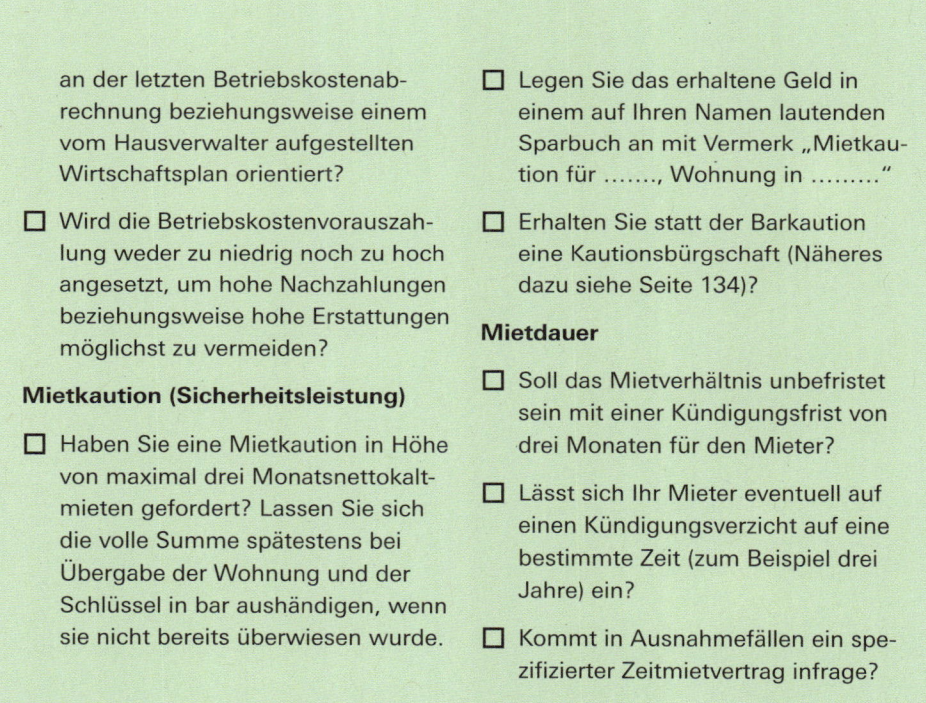

an der letzten Betriebskostenabrechnung beziehungsweise einem
vom Hausverwalter aufgestellten
Wirtschaftsplan orientiert?

☐ Wird die Betriebskostenvorauszahlung weder zu niedrig noch zu hoch
angesetzt, um hohe Nachzahlungen
beziehungsweise hohe Erstattungen
möglichst zu vermeiden?

**Mietkaution (Sicherheitsleistung)**

☐ Haben Sie eine Mietkaution in Höhe
von maximal drei Monatsnettokaltmieten gefordert? Lassen Sie sich
die volle Summe spätestens bei
Übergabe der Wohnung und der
Schlüssel in bar aushändigen, wenn
sie nicht bereits überwiesen wurde.

☐ Legen Sie das erhaltene Geld in
einem auf Ihren Namen lautenden
Sparbuch an mit Vermerk „Mietkaution für ......., Wohnung in ........."

☐ Erhalten Sie statt der Barkaution
eine Kautionsbürgschaft (Näheres
dazu siehe Seite 134)?

**Mietdauer**

☐ Soll das Mietverhältnis unbefristet
sein mit einer Kündigungsfrist von
drei Monaten für den Mieter?

☐ Lässt sich Ihr Mieter eventuell auf
einen Kündigungsverzicht auf eine
bestimmte Zeit (zum Beispiel drei
Jahre) ein?

☐ Kommt in Ausnahmefällen ein spe-
zifizierter Zeitmietvertrag infrage?

75 Euro im Einzelfall oder bis zu 150 Euro im Jahr selbst bezahlt. Oft unterschätzt wird von Mietern und auch von Vermietern die unbedingt zu empfehlende Klausel, dass der Mieter eine ausreichende private Haftpflichtversicherung abzuschließen hat.

Formularmietverträge der Haus- und Grundbesitzervereine regeln darüber hinaus eine Fülle von weiteren Dingen wie Untervermietung, Tierhaltung, Hausordnung und Betreten der Mieträume durch den Ver-

mieter. Auch wenn diese Regelungen im Einzelfall zu Ärger und Streit führen können, zählen sie nicht zu den Kernpunkten eines Wohnraummietvertrags.

Nach gründlicher Prüfung der Mieterbonität und Klärung der Kernpunkte laut Checkliste sollten Sie Nägel mit Köpfen machen und mit dem aus Ihrer Sicht geeigneten Mieter einen schriftlichen Mietvertrag abschließen. Den Ort für die Vertragsunterzeichnung kann Ihr künftiger Mieter selbst wählen. Das kann seine alte Mieterwohnung, die neue und zurzeit leerstehende Wohnung oder ein Café in der Nähe der neuen Wohnung sein. Nur in den seltensten Fällen werden Sie ihn in Ihr Haus oder Ihre Wohnung einladen.

In den Vorverhandlungen zum Mietvertrag sind Sie sich mit Ihrem künftigen Mieter längst einig geworden über die folgenden Knackpunkte:

### → Das Wichtigste bei den Verhandlungen zum Mietvertrag

Einzugstermin

Mietdauer (in der Regel unbestimmte Dauer mit gesetzlicher Kündigungsfrist von drei Monaten, eventuell Kündigungsverzicht für einige Jahre auf Wunsch des Mieters)

Mietpreis (monatliche Nettokaltmiete, monatliche Vorauszahlung von Betriebskosten mit jährlicher Abrechnung, eventuell zusätzliche Garagen- oder Stellplatzmiete)

Mietkaution (zwei oder drei Monatsmieten, zahlbar bei Vertragsabschluss)

Sind diese entscheidenden Punkte geklärt, können Sie den Mietvertrag schon vorbereiten. Dazu nutzen Sie am besten das Vertragsformular des örtlichen Haus- und Grundbesitzervereins.

Auf keinen Fall sollten Sie den im Schreibwarengeschäft und online erhältlichen „Einheitsmietvertrag" oder den vom Deutschen Mieterbund und den Mietervereinen empfohlenen „Wohnungsmietvertrag" verwenden, da in diesen Mietverträgen zuweilen äußerst mieterfreundliche (und damit vermieterunfreundliche) Klauseln enthalten sind.

### → Schönheitsreparaturen

Besonders knifflig sind in Formular-Mietverträgen alle Formulierungen bezüglich der dem Mieter übertragenen Schönheitsreparaturen. Hier urteilen die Gerichte gerne „im Zweifelsfalle für den Angeklagten", also für den Mieter, und das sogar rückwirkend für bestehende Mietverträge. Das Problem: Steht im Mietvertrag eine Klausel zu Schönheitsreparaturen, die auch nur im Wortlaut als unzulässig bewertet wird, wird die gesamte vertragliche Regelung über Schönheitsreparaturen ungültig und der Mieter muss zum Beispiel beim Auszug überhaupt nicht renovieren (siehe auch www.test.de Suche nach „Schönheitsreparaturen").

Ihr künftiger Mieter wird gegen das von Ihnen vorgelegte Mietvertragsformular nichts Grundsätzliches einzuwenden haben. Kommen Sie ihm entgegen und weisen Sie ihn auf die im Vorgespräch bereits besprochenen Punkte wie Einzugstermin, Mietdauer, Mietpreis und Mietkaution hin.

Klären Sie Ihren Mieter über eine vereinbarte Staffel- oder Indexmiete sowie über die monatliche Umlage der Nebenkosten mit jährlicher Abrechnung auf. Auf eine ausführliche Schilderung der Klein- und Schönheitsreparaturklauseln sollten Sie aber eher verzichten. Auch Aspekte wie Untervermietung, Tierhaltung, Hausordnung oder Betreten der Wohnung durch den Vermieter zählen nicht zu den Kernpunkten eines Mietvertrags.

Der Abschluss des endgültigen Mietvertrags geht dann fast immer recht zügig über die Bühne. Nach Unterzeichnung von beiden Seiten steht dem Einzug Ihres neuen Mieters nichts mehr entgegen. Nach Übergabe der Mietkaution werden Sie ihm die Haus- und Wohnungsschlüssel kurz vor dem vereinbarten Einzugstermin aushändigen.

Erstellen Sie bei einer Begehung der Wohnung gemeinsam mit Ihrem Mieter ein Übergabeprotokoll, in dem der Ist-Zustand inklusive bekannter Mängel festgeschrieben wird. Die Anzahl der übergebenen Schlüssel (auch innerhalb der Wohnung) und die Zählerstände für Strom, Kaltwasser und Heizung sollten dabei schriftlich fixiert

werden. Der Zustand der Wohnung bei Übergabe kann zusätzlich mit Fotos dokumentiert werden, um spätere Diskussionen um das Ausmaß von Veränderungen zu vermeiden.

Wenn dann auch die erste Monatsmiete pünktlich auf Ihr Konto überwiesen ist, sind vorerst alle Voraussetzungen für ein reibungsloses Mietverhältnis erfüllt.

### Hausordnung: Vermieter und Mieter im gleichen Haus

Wenn Sie als Eigentümer mit Ihren Mietern im gleichen Haus wohnen, ist eine Hausordnung sinnvoll. Damit gehen Sie unnötigen Streitereien über das, was erlaubt und was nicht erlaubt ist, von vornherein aus dem Wege. Damit Ihr Mieter nicht den Eindruck hat, dass Sie unfaire oder ungewöhnliche Verhaltensregeln von ihm erwarten, können Sie ihm eine vom Deutschen Mieterbund empfohlene Hausordnung aushändigen, in die Sie nur seinen Namen und das von ihm bewohnte Haus eintragen.

Auch für vermietete Wohnungen in Mehrparteienhäusern existieren oft Hausordnungen der Wohnungseigentümergemeinschaft, die Mieter unterschreiben und dann auch beachten sollen.

# Mietverhältnis ohne und mit Belastungsproben

Mit einem rechtssicheren Mietvertrag ist es noch nicht getan. Sie sollten Ihren Mieter auch nach dem Einzug betreuen und individuellen Service bieten.

**Sie wollen schließlich** nicht alle paar Monate neu vermieten. Die Wohnung wird durch einen ständigen Mieterwechsel nicht besser. Zudem kostet Sie der ständige Aus- und Einzug Zeit, Geld und Nerven.

Fast alle nach dem 1.9.2001 abgeschlossenen Mietverträge laufen auf unbestimmte Zeit. Die Mietdauer ist in diesem Normalfall nicht von vornherein festgelegt. Ihr Mieter kann den Mietvertrag jederzeit unter Einhaltung der gesetzlichen Kündigungsfrist von drei Monaten ohne Angabe von Gründen kündigen. Dies erleichtert Ihren Mietern den problemlosen Ausstieg aus dem Vertrag und den baldigen Auszug aus Ihrer Wohnung. Sie müssen sich als Wohnungsvermieter also grundsätzlich auf eine kurze Mieterbindung einstellen.

## Mindestmietdauer

Heutzutage können Sie nur noch „echte" Zeitmietverträge mit Angabe des Befristungsgrunds (Eigenbedarf, umfangreiche Modernisierung, Vermietung an Mitarbeiter) abschließen. In allen anderen Fällen ist die Mietdauer unbestimmt.

Dennoch gibt es einen legalen rechtlichen Ausweg, um Ihren Mieter möglichst lange an das Mietverhältnis zu binden. Das Zauberwort heißt Kündigungsverzicht. Hierbei schließen Sie einen normalen Mietvertrag mit unbestimmter Mietdauer. Gleichzeitig verzichten Sie und Ihr Mieter in einer Sondervereinbarung für die Dauer von beispielsweise vier Jahren auf das Recht zur gesetzlichen Kündigung. Erst nach Ablauf dieser Frist kann Ihr Mieter mit einer Kündigungsfrist von drei Monaten kündigen.

Einen Mietvertrag mit Kündigungsverzicht können Sie allerdings nicht erzwingen. Ist kein Mietinteressent dazu bereit, haben Sie halt Pech gehabt. Starten Sie dennoch einen Versuch mit der naiv anmutenden Frage: „Wie lange möchten Sie hier wohnen bleiben?" Vielleicht lautet die Antwort: „Mindestens drei Jahre." Dies ist Ihre Chance, einen Mietvertrag mit Kündigungsverzicht ins Spiel zu bringen, möglicherweise noch mit dem Zusatz „auf ausdrücklichen Wunsch des Mieters". Die rechtlichen Weichen für eine längere Mieterbindung müs-

**Gutes Mietverhältnis**
Mieter und Vermieter als
Partner und nicht als Gegner

sen Sie also schon bei der Neuvermietung stellen.

Einen Kündigungsausschluss über mehr als drei Jahre werden Sie nur in den seltensten Fällen erreichen. Mietinteressenten wollen sich in aller Regel nicht gern lange binden. Das Sprichwort „Drum prüfe, wer sich lange bindet" ist ihnen wohl vertraut. Setzen Sie zögernde Mietinteressenten nicht erst bei Abschluss des Mietvertrags unter Druck, sondern geben Sie ihnen vorher Zeit zur Prüfung.

Es gibt aber jenseits von Rechtsvorschriften Mittel und Wege, Wohnungsmieter länger an ein Mietverhältnis zu binden. Dazu gehört zunächst die Vermieterphilosophie. Betrachten Sie Ihren Mieter als Kunden und sich selbst als Unternehmer. Wie ein Unternehmer wollen Sie nicht nur Kunden sprich Mieter gewinnen, sondern vor allem auch gute Mieter lange behalten.

Zeigen Sie Ihren guten Willen und streben Sie eine faire Sozial-, Geschäfts- und Vertragspartnerschaft an! Ihre Mieter sollen sich auf Sie verlassen können und Sie sich umgekehrt genauso auf sie.

Sie müssen sich also laufend um Ihre guten Mieter kümmern. Nur einmal im Jahr die Nebenkostenabrechnung zu verschicken, ist zu wenig. Noch ungeschickter ist es, nur bei schlechten Nachrichten wie Mieterhöhungen von sich hören zu lassen.

Drehen Sie den Spieß komplett um und bringen Sie sich mit guten Nachrichten in Erinnerung. Pflegen Sie die Partnerschaft mit so kleinen Dingen, wie sie hier als „Mieterservice" vorgeschlagen werden.

### → Ihr Mieterservice

Überreichen Sie zum Einzug eine Mietermappe mit allen wichtigen Unterlagen zum Mietverhältnis.

Kümmern Sie sich zeitnah um Beschwerden oder Wünsche der Mieter.

Schicken Sie zu besonderen Anlässen wie Geburtstag, Weihnachten/Neujahr, Hochzeit oder Geburt eines Kindes eine Glückwunschkarte.

Eine Glückwunschkarte macht sich auch gut zum Mieterjubiläum (zum

Beispiel nach 5 und 10 Jahren Mietdauer). Vielleicht gewähren Sie dazu
ein kleines „Treue-Geschenk", zum
Beispiel eine Verbesserung der Wohnung ohne Zusatzkosten für die
Mieter?

Leiten Sie geldwerte Tipps zu Heiz-,
Wasser- und Stromkostenersparnis-
sen, zur Reduzierung der Einkom-
mensteuer oder Lüftungstipps zur
Vermeidung von Schimmel an Ihren
Mieter weiter.

Wenn Sie ein hervorragender Vermieter sein wollen, können Sie Ihre Hilfe-
stellung bei der Beantragung von So-
zialleistungen wie Wohngeld, Arbeits-
losengeld (ALG II beziehungsweise
Hartz IV) oder Grundsicherung im
Alter anbieten.

Sie mögen über diese zum Teil ungewöhnlichen Tipps schmunzeln oder diese als völlig
unnötig abtun. Es geht auch nicht darum,
alle Tipps zu beherzigen und in die Tat um-
zusetzen. Andererseits wird es die Mieterbindung stärken, wenn Sie den einen oder
anderen Tipp befolgen (zum Beispiel Über-
reichung einer Mietermappe oder geldwerte Mietertipps).

Geldtipps rund um das Wohnen kommen bei Ihren Mietern besonders gut an. Jeder möchte Geld von anderen Stellen bekommen – sei es das Finanzamt, Wohnungsamt oder Sozialamt. Und Geld von Vater

Staat wird immer noch am liebsten genommen. Solange alles mit rechten Dingen zugeht, ist nichts dagegen einzuwenden. Geben Sie Ihren Mietern daher ganz legale
Geldtipps, wie sie zu mehr Einnahmen
kommen können.

**Beispiel:** In bestimmten Fällen kann Ihr
Mieter die anteiligen Kosten für das Mieter-
Arbeitszimmer steuerlich absetzen. Falls
ihm das gelingt, spart er mit seinem Arbeitszimmer Steuern. Bei einem steuerlich
abzugsfähigen Jahresbetrag von zum Beispiel 1 000 Euro und einem persönlichen
Steuersatz von 30 Prozent errechnet sich
immerhin eine jährliche Steuerersparnis
von 300 Euro. Zu wenig beachtet wird auch
noch, dass bei Handwerkerleistungen und
haushaltsnahen Dienstleistungen eine direkte Steuervergütung in Höhe von 20 Prozent der anteiligen Lohnkosten steuerlich
abgesetzt werden kann.

### → Wohngeld für Mieter mit geringem Einkommen

Die wichtigste finanzielle Hilfe des
Staates für Mieter mit relativ geringem Einkommen ist das Wohngeld.
Es wird Mietern als Mietzuschuss gewährt, und zwar auch Mietern von
frei finanzierten Mietwohnungen. Oft
sind Mieter ungenügend über den
Rechtsanspruch auf Wohngeld informiert. Besorgen Sie ihnen die im
Wohnungsamt ausliegende Wohn-

geldfibel und helfen Sie Ihren Mietern auf deren Wunsch hin beim Ausfüllen des Wohngeldantrags.

Die Höhe des Wohngelds ist abhängig von der Größe des Haushalts, der Höhe des Familieneinkommens und der zuschussfähigen Miete. Die Höhe der Nettokaltmiete und der Nebenkosten (ohne Heiz- und Warmwasserkosten) müssen Sie als Vermieter auf einem speziellen Formular bescheinigen. Insofern ist Ihr Mieter so oder so auf Ihre Hilfe angewiesen. Daher macht es Sinn, sich bei Mietern mit finanziellen Engpässen sofort einzuklinken und die Möglichkeiten zum Erhalt von Wohngeld gemeinsam zu prüfen.

Wohngeld muss Ihr Mieter immer selbst bei der Stadtverwaltung seines Wohnorts (zum Beispiel Wohnungsamt) beantragen. Einen Online-Wohngeldantrag kann er auch im Internet über die Homepage der entsprechenden Stadt finden. Er kann das Formular dann gleich ausfüllen und absenden.

Studenten und erwachsene Schüler (Meisterschüler und Schüler auf dem zweiten Bildungsweg wie Abendgymnasium und Weiterbildungskolleg) bekommen unter bestimmten Voraussetzungen Bafög bis zum Höchstsatz von 735 Euro. Im Bafög (Abkürzung für „Bundesausbildungsförderungsgesetz") ist auch ein Betrag für die Miete einschließlich Nebenkosten enthalten. Weisen Sie bafögberechtigte Mieter wie Studenten und erwachsene Schüler darauf hin. Der Bafögempfänger muss seinen Bafögantrag jedes Jahr neu stellen. Dabei ist er auf Ihre Mithilfe angewiesen, denn Sie müssen ihm die Miete einschließlich Nebenkosten auf einem dafür vorgesehenen Formular bestätigen.

Wohngeld- oder Bafögempfänger sind Ihnen dankbar für jeden Geldtipp und Ihre zügige Unterschrift unter die geforderte Mietbescheinigung. Dies gilt prinzipiell auch für Hartz-IV-Empfänger oder Bezieher der Grundsicherung im Alter. Hartz IV beziehungsweise Grundsicherung umfassen auch die Kosten für die Unterkunft, also die tatsächlich gezahlte Miete einschließlich Nebenkosten. Möglicherweise zahlt die Agentur für Arbeit die komplette Warmmiete direkt an Sie.

Sie sollten jedoch nicht gezielt an Hartz-IV-Empfänger vermieten in der irrigen Erwartung, dass keine Miete so sicher sei wie die vom Amt. Mittlerweile führen immer mehr Städte und Gemeinden Mietobergrenzen ein. Es kann daher durchaus sein, dass nur ein Teil der geforderten Miete vom Amt übernommen wird. Auf dem Rest bleiben Sie dann sitzen.

Bei den aufgeführten Geldtipps zu Wohngeld, Bafög, Hartz IV und Grundsicherung geht es darum, dass Ihre Mieter „mit dem Einkommen auskommen".

Bei finanziell besser gestellten Mietern können Sie sich solche Tipps zur finanziellen Unterstützung ersparen. Sonst meint Ihr Mieter noch, Sie wollten sich in seine finanziellen Dinge einmischen.

Ihr Mieter will sich bei einem netten Vermieter wohlfühlen. Vielleicht entsteht sogar ein echtes Wir-Gefühl zwischen Ihrem Mieter und Ihnen als Vermieter. Mit Kumpanei hat das wenig zu tun. Sie müssen mit Ihren Mietern auch keine Freundschaft schließen. Aber nichts spricht dagegen, bei familiären Anlässen Ihres Mieters wie Heirat, Geburt eines Kindes oder einem runden Geburtstag ein kleines Geschenk zu überreichen oder zumindest zu gratulieren. Den Geburtstag Ihres Mieters kennen Sie ja vom ausgefüllten Mieterfragebogen und Mietvertrag her.

### Betriebskostenabrechnung des Vermieters

Klare Regelungen über die Umlage der Betriebskosten (oft als Nebenkosten bezeichnet) gehören in jeden Mietvertrag. Am besten führen Sie alle nach Anlage 3 zu § 27 Absatz 1 der II. Berechnungsverordnung umlagefähigen Betriebskosten auf und vereinbaren für diese Posten eine monatliche Vorauszahlung mit jährlicher Abrechnung. Beziehen Sie sich auf die umlagefähigen Betriebskosten laut Jahresabrechnung des Hausverwalters und die von Ihnen zu zahlende Grundsteuer.

Die auf den Mieter umgelegten Betriebskosten stellen für Sie praktisch durchlaufende Posten dar. Als Eigentümer bezahlen Sie beispielsweise Grundsteuer, Feuerversicherungsprämie, Wassergeld, Heiz- und Warmwasserkosten und holen sich das Geld von Ihren Mietern in Form von Vorauszahlungen und eventuellen jährlichen Nachforderungen wieder.

Achten Sie vor allem auch darauf, Grundbesitzabgaben wie Grundsteuer, Müllabfuhrgebühren und Feuerversicherungsprämie auf Ihren Mieter umzulegen. Verwaltungs- und Instandhaltungskosten sind jedoch bei vermieteten Wohnungen grundsätzlich nicht umlagefähig.

Die jährliche Betriebskostenabrechnung kann zudem ein Mittel zur Mieterbindung sein. Der Abrechnung an Ihren Mieter sollten Sie einen Auszug über die umlagefähigen Betriebskosten in der Jahresabrechnung des Hausverwalters, die Heiz- und Warmwasserkostenabrechnung sowie den Grundsteuerbescheid beifügen. Machen Sie dabei auch deutlich, dass Sie nur laufende Betriebskosten auf ihn umlegen und darüber hinausgehende Verwaltungs- und Instandhaltungskosten als Eigentümer selbst tragen.

Sie können einige verständliche Erläuterungen zur Abrechnung geben und Ihren Mieter insbesondere auf die Steuervergütung für Handwerkerleistungen und haushaltsnahe Dienstleistungen hinweisen, also beispielsweise Lohnkosten für Hausmeister, Hausreinigung und Gartenpflege. Liegen diese für umlagefähige Betriebskosten entstandenen Lohnanteile beispielsweise bei

# Ihre Betriebskostenabrechnung

für den Zeitraum: ............. bis .................

| | Gesamt | Ihr Anteil |
|---|---|---|
| Heiz- und Warmwasserkosten (siehe Heizkostenabrechnung) | .............€ | .............€ |
| Kalt- und Abwasserkosten | .............€ | .............€ |
| Grundsteuer | .............€ | .............€ |
| Müllabfuhr | .............€ | .............€ |
| Straßenreinigung | .............€ | .............€ |
| Hausreinigung | .............€ | .............€* |
| Schornsteinreinigung | .............€ | .............€* |
| Gartenpflege | .............€ | .............€* |
| Hausmeister | .............€ | .............€* |
| Personenaufzug | .............€ | .............€ |
| Außenbeleuchtung | .............€ | .............€ |
| Wohngebäudeversicherung | .............€ | .............€ |
| Gebäudehaftpflichtversicherung | .............€ | .............€ |
| Kabelanschluss, Gemeinschaftsantennne | .............€ | .............€ |
| Sonstige | .............€ | .............€ |
| **Summe Betriebskosten für das Jahr** ......... | .............€ | .............€ |
| Abzüglich Ihre Vorauszahlungen: .................€ | × 12 Monate = | .............€ |
| **Nachzahlung/Erstattung zu Ihren/meinen Gunsten** | | .............€ |

*) Darin sind ............. € an Lohnanteil für Handwerkerleistungen und haushaltsnahe Dienstleistungen enthalten. 20 % davon = .............€, maximal 1 200 € pro Jahr, können Sie nach § 35a EStG als Steuerermäßigung in Ihrer Einkommensteuererklärung für das Jahr ......... angeben. Ihre Lohn- beziehungsweise Einkommensteuerschuld vermindert sich dann um diesen Betrag.

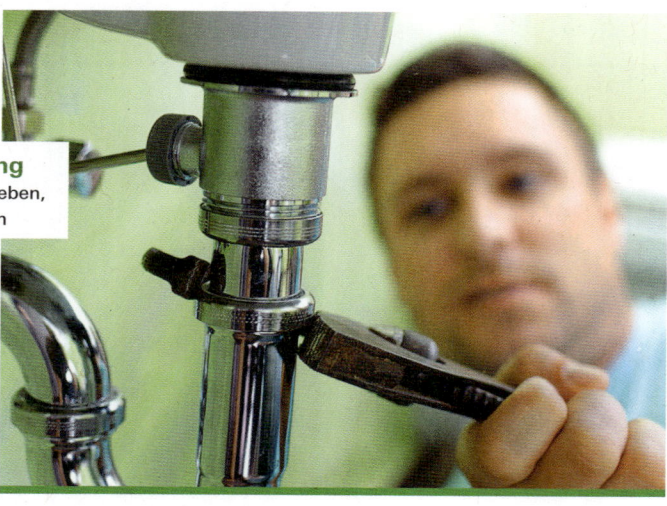

**Mängel in der Wohnung**
Nicht auf die lange Bank schieben,
sondern umgehend beseitigen

500 Euro im Jahr, kann Ihr Mieter davon 20 Prozent gleich 100 Euro direkt von seiner Lohn- beziehungsweise Einkommensteuer absetzen und dies in seiner Einkommensteuererklärung angeben. Für diesen geldwerten, aber leider kaum bekannten Tipp wird jeder Mieter dankbar sein.

Vereinbaren Sie eventuell mit Ihrem Mieter einen Termin in „seiner" Wohnung und überreichen Sie ihm bei dieser Gelegenheit die Abrechnung mit allen dazu gehörigen Belegen. Im Falle einer Erstattung bringen Sie den Verrechnungsscheck gleich mit. Erklären Sie ihm eine erforderliche Nachzahlung, indem Sie die wichtigsten Kostensteigerungen auflisten.

Sie können auch eine mehr oder minder selbstgestrickte Betriebskostenabrechnung nach dem Vorbild unseres Musters (siehe Seite 145). Dies ist aber bei vermieteten Eigentumswohnungen eigentlich gar nicht nötig, da Sie ja vom Hausverwalter eine Jahresabrechnung erhalten, in der alle umlagefähigen Betriebskosten außer der von Ihnen direkt an das Steueramt gezahlten Grundsteuer enthalten sind.

Über die vom Deutschen Mieterbund und den Mietervereinen verbreitete Meinung, dass jede zweite Nebenkosten- beziehungsweise Betriebskostenabrechnung falsch sei, müssen Sie sich nicht ärgern. Schließlich ist Ihre Betriebskostenrechnung sicher hieb- und stichfest und für die Mieter nachvollziehbar.

### Mängel in der Wohnung

Ermuntern Sie Ihren Mieter, Mängel oder Schäden in der Wohnung sofort Ihnen oder dem Hausmeister mitzuteilen. Falls Sie selbst kein Handwerker sind, sollten Sie eine Handwerkerliste erstellen und bei Bedarf Elektro-, Heizungs- und Sanitärinstallateure anfordern. Im Übrigen schadet ein bisschen Selbsthilfe von handwerklich versierten Mietern nichts.

Schieben Sie das Beheben von Mängeln und die Beantwortung einer schriftlichen Mängelrüge Ihres Mieters nicht auf die lange Bank. Schließlich wollen Sie eine Mietminderung verhindern.

Grundsätzlich beschränkt sich ein gutes Vermieter-Mieter-Verhältnis allerdings nicht auf das Beheben von Wohnungsmängeln und die Übersendung der jährlichen Betriebskostenabrechnung.

**Vorgehen bei Mietrückständen**

Falls Ihr Mieter trotz aller Vorsichtsmaßnahmen eine Mietzahlung schuldig bleibt, sollte er unverzüglich gemahnt werden. Bleibt die Miete trotz Mahnung aus, sollte die fristlose Kündigung für den Fall angekündigt werden, dass im kommenden Monat die zweite Miete ausbleibt. Um den nicht zahlungsfähigen oder nicht zahlungswilligen Mieter so früh wie möglich aus dem Mietverhältnis zu entlassen, bietet sich zwecks Minimierung der Mietausfallrisiken der Abschluss eines Mietaufhebungsvertrags an.

Geht der Mieter auf einen Mietaufhebungsvertrag nicht ein, und bleibt er trotz Mahnungen im Zahlungsverzug, sollten Sie ihm nach dem Ausbleiben von zwei Monatsmieten sofort die fristlose Kündigung des Mietverhältnisses per Brief zustellen – entweder durch Einschreiben mit Rückschein oder durch Einwurf des Kündigungsschreibens unter Anwesenheit eines Zeugen in seinen Briefkasten.

Bei Kündigungen wegen Zahlungsverzugs sollten Sie zusätzlich auch das gerichtliche Mahnverfahren nutzen. Der Mahnbescheid, den Sie beim zuständigen Mahngericht beantragen, ist ein schneller und kostengünstiger Weg, doch noch zum Geld zu kommen. Entsprechende Formulare finden Sie im Internet oder erhalten Sie im Schreib-warengeschäft. Welches Mahngericht zuständig ist, erfahren Sie unter www.mahnge richte.de. Das Mahngericht erlässt den Mahnbescheid, wenn alle Formalien erfüllt sind. Es prüft also nicht, ob die Forderung zu Recht erhoben wird. Es genügt, dass Sie Ihren Zahlungsanspruch genau beziffern und den Grund „Rückständige Miete" nennen.

Der Mahnbescheid wird dann Ihrem Mieter vom Mahngericht zugestellt. Zahlt er, ist die Sache für ihn und für Sie erledigt. Wenn er aber innerhalb von zwei Wochen nach Zustellung Widerspruch gegen den Mahnbescheid einlegt, geht das Verfahren in eine Klage über.

Reagiert Ihr Mieter weder durch Zahlung noch durch Widerspruch, können Sie beim Mahngericht einen Vollstreckungsbescheid beantragen. Auch dann hat der Mieter wieder drei Möglichkeiten: Er zahlt (dann ist die Sache erledigt), er erhebt innerhalb von zwei Wochen nach Zustellung Einspruch gegen den Vollstreckungsbescheid (sodass ein Klageverfahren durchgeführt werden muss), oder er tut gar nichts; dann kommt es zur Zwangsvollstreckung durch den Gerichtsvollzieher.

Ob Sie bei Zahlungsverzug Ihres Mieters erst den Mahnbescheid zustellen lassen oder direkt Räumungsklage einreichen, hängt immer vom Einzelfall ab.

Beides können Sie vermeiden, wenn es im letzten Moment doch noch zu einem schriftlichen Mietaufhebungsvertrag kommt, der von Ihnen allerdings nicht erzwungen werden kann. Vertrag kommt schließlich von „Vertragen". Sie sind also vom guten Willen Ihres zahlungsunfähigen beziehungsweise -unwilligen Mieters abhängig, ob es zum Mietaufhebungsvertrag kommt.

Eher geeignet zur Minimierung des Mietausfallrisikos sind spezielle Versicherungen: die Rechtsschutzversicherung für vermietetes Haus- und Wohnungseigentum sowie die Mietausfallversicherung.

Prüfen Sie zunächst, ob Ihre Rechtsschutzversicherung überhaupt bei Rechtsstreitigkeiten rund um das Mietverhältnis eintritt. In aller Regel ist dies nicht der Fall. Eine spezielle Rechtsschutzversicherung für vermietete Wohnungen kostet pro Jahr rund 300 Euro bei einer Jahresbruttomiete von beispielsweise 10 000 Euro. Sie übernimmt alle Anwalts- und Gerichtskosten bei Mietstreitigkeiten, auch wenn der Mietprozess vom Vermieter verloren wird. Meist gibt es eine sechsmonatige Wartezeit, bevor die Leistungen eingefordert werden können. Außerdem muss vor Beginn eines juristischen Streits die Deckungszusage der Rechtsschutzversicherung vorliegen.

Kostengünstiger ist eine spezielle Mietausfallversicherung, die nur den entstandenen Mietausfall bis zu einer bestimmten Summe ersetzt. Beispiele sind die R+V-Mietschutz-Police der Raiffeisen- und Volksbanken und die Mietausfall- und Mietnomadenpolice der Rhion Versicherung. Bei einer Versicherungssumme von 5 000 Euro liegen die jährlichen Kosten bei 124 Euro (R+V-Mietschutz-Police) beziehungsweise 88 Euro (Rhion Mietausfall- und Mietnomadenversicherung).

Die reine Mietausfallversicherung ersetzt den Mietausfall, der dem Vermieter entsteht, wenn der Mieter nach Kündigung des Mietvertrags ohne Zahlung der Miete in der Wohnung verbleibt und die Mietkaution aufgebraucht ist. Der Mietausfall bezieht sich auf die Bruttowarmmiete, also die Nettokaltmiete plus Betriebskosten.

Werden bei der Rhion-Mietausfallpolice nur sechs Monatsbruttomieten und maximal 5 000 Euro abgesichert, beträgt die jährliche Prämie 59 Euro. Bei Ausfall einer kompletten Jahresbruttomiete und maximal 10 000 Euro Absicherung steigt die Versicherungsprämie auf 99 Euro pro Jahr.

Eine zusätzliche Mietnomadenversicherung der Rhion ersetzt auch die Sachschäden, die durch den nicht zahlenden Mietnomaden verursacht werden. Bei einer Versicherungssumme von 10 000 Euro sind dann zusätzlich 29 Euro pro Jahr an Prämie zu zahlen. 39 Euro pro Jahr sind es bei einer Versicherungssumme von 20 000 Euro und 49 Euro Jahresprämie bei 30 000 Euro Versicherungssumme.

Bei von Mietnomaden verursachten Sachschäden werden die Renovierungs- und Sanierungskosten vom Versicherer gezahlt. Allerdings gibt es für den Vermieter einen Selbstbehalt in Höhe von 20 Prozent des

Schadens, mindestens 250 Euro und höchstens 1000 Euro.

Die Mietausfallversicherung, die nur von wenigen Versicherungsgesellschaften angeboten wird, ist ein Spezialfall der Wohngebäudeversicherung. Die Allgemeinen Versicherungsbedingungen AVB, die besonderen Bedingungen für eine Mietausfall- und Mietnomadenversicherung sowie das Produkt- beziehungsweise Verbraucherinformationsblatt geben weitere Auskünfte über die genauen Modalitäten dieser wenig bekannten Spezialversicherung.

Trotz der Möglichkeiten zum Abschluss einer Rechtsschutz- oder einer Mietausfallversicherung gilt: Am besten schützen Sie sich vor Mietausfällen immer noch durch eine sorgfältige Bonitätsprüfung des Mietinteressenten vor Abschluss des Mietvertrags. Nützlich ist eine Bescheinigung des Vor-Vermieters, dass sein Mieter bisher seine Zahlungspflichten laut Mietvertrag erfüllt hat.

## Typische Streitfälle in der Vermietungspraxis

So unterschiedlich die Interessen von Vermietern und Mietern auch sein mögen, so notwendig ist ein fairer Interessenausgleich. Rechtsstreitigkeiten lassen sich vermeiden, wenn auf beiden Seiten der gute Wille zur Vertrags-, Geschäfts- und Sozialpartnerschaft vorhanden ist und in die Tat umgesetzt wird.

### Unser Experten-Tipp

**Rechtsratgeber für Vermieter** Aus der Fülle von Rechtsratgebern können wir die folgenden drei Bücher empfehlen:

Mieter – Vermieter, Alle typischen Streitfälle und wie man sie aktiv löst (Stiftung Warentest, Autoren sind Mietrechtsexperten)

Das Mieterlexikon (Standardwerk von A bis Z, herausgegeben vom Deutschen Mieterbund)

Vermieterleitfaden, Aktuelles Mietrecht – Mustertexte – Abrechnungsbeispiele – Checklisten (Beck-Rechtsberater im dtv, Autor Günter Mersson ist Richter am Oberlandesgericht Hamm und ausgewiesener Kenner des Mietrechts)

Partnerschaft statt Gegnerschaft, Kooperation statt Konfrontation – damit ist keine weiche Welle des Umgangs zwischen Mietern und Vermietern gemeint. Auftretende Konflikte sollten schon im frühen Studium ausgetragen und möglichst ohne Gerichte gelöst werden. Vermieter zu sein und erfolgreich zu bleiben, ist keine leichte Aufgabe. Völlig falsch ist es aber, bei dem kleinsten Streit mit dem Mieter zum Rechtsanwalt zu laufen und sein Recht vor Gericht durchsetzen zu wollen.

Über grundlegende eigene Kenntnisse des Mietrechts kommt der private Wohnungsvermieter nicht herum. Wenn er kein Jurist ist, sollte er sich anhand von Rechtsratgebern in Buchform vorab informieren. Leider sind die meisten Ratgeberbücher vorzugsweise für Mieter geschrieben. Es gibt jedoch kein Mietrecht für Mieter und eines für Vermieter, sondern nur ein Mietrecht. Das Buch „Mieter – Vermieter" der Stiftung Warentest gibt Tipps, wie die in der Praxis häufig vorkommenden Konflikte bei der Wohnraummiete sinnvoll bewältigt werden können. Für insgesamt 20 Konfliktfälle (beim Einzug, während der Mietzeit und zum Ende der Mietzeit) werden die unterschiedlichen Positionen von Vermieter und Mieter gegenübergestellt, um anschließend die Rechtslage zu erörtern und Alternativen zur Konfliktbewältigung beziehungsweise Ansatzpunkte für einvernehmliche Lösungen anzubieten.

Folgende Konfliktfälle werden darin eingehend beschrieben:

▸ **Konflikte beim Einzug:** Mietkaution, vom Vormieter noch nicht geräumte Wohnung, Einzugsprotokoll, Maklerprovision

▸ **Konflikte während der Mietzeit:** Mängel der Wohnung, Mieterhöhung, Betriebskostenabrechnung, Modernisierung, Kleinreparaturen, TV-Empfang, Tierhaltung, Untervermietung, Wechsel der Vertragsparteien, berufliche Nutzung der Wohnung

▸ **Konflikte zum Ende der Mietzeit:** Kündigung durch den Mieter, Kündigung durch den Vermieter, Schönheitsreparaturen, Rückgabe der Wohnung, Rückgabe der Mietkaution

Ein für Sie vielleicht überraschender Tipp: Das vom Deutschen Mieterbund herausgegebene Mieterlexikon mit dem stolzen Umfang von über 700 Seiten sollte jeder Vermieter kennen, obwohl oder gerade weil dieses Lexikon in erster Linie aus der Sicht des Mieters geschrieben wird. Der Grund ist relativ einfach: Das Mieterlexikon enthält umfassende Informationen für alle Praktiker, die sich von Berufs wegen mit dem Mietrecht befassen müssen oder als private Wohnungsvermieter befassen sollten.

❝ **Eine vollständige gesetzgeberische Fehlleistung ist das, was auf den Vermieter zukommt, wenn ein Mieter seine Miete nicht bezahlt.**

Als Vermieter müssen Sie im Streitfall davon ausgehen, dass Ihr Mieter das Mieterlexikon besitzt und darin bereits nachgeschlagen hat. Möglicherweise ist er auch Mitglied im örtlichen Mieterverein („im Mieterschutz", wie Mieter gern formulieren) und hat sich auch dort bereits erkundigt, wie er sich im Streitfall (zum Beispiel Män-

**Mietrechtlicher Streit?**
Konflikte besser einvernehm-
lich lösen als vor Gericht aus-
tragen

gel der Wohnung und mögliche Mietminderung, Mieterhöhung, Nebenkostenabrechnung) verhalten soll.

Der Vermieterleitfaden von Autor und
Richter Mersson beleuchtet das Mietrecht
insbesondere aus der Perspektive des Vermieters. Laut Mersson werden besonders
folgende Punkte von Vermietern als miss-
lich empfunden:

▶ Wirtschaftliches Ausbluten bei Räumung wegen Zahlungsverzugs des Mieters (fristlose Kündigung ohne nachfol-
gende Wohnungsräumung durch den
Mieter, Zustellung einer Räumungsklage, Räumungsprozess und -urteil,
Zwangsräumung durch den Gerichtsvollzieher und eventuell Einlagerung
von Wohnungsgegenständen des Mieters auf Kosten des Vermieters)

▶ Einseitiges Prozessrisiko, wenn der Vermieter auf Zahlung der Miete klagt (vol-
les Kostenrisiko, da der Vermieter im
Gegensatz zum Mieter in aller Regel
keine für ihn relativ teure Rechtsschutzversicherung hat)

Auch deutliche Worte fehlen beim Autor des
Vermieterleitfadens nicht. Zum wirtschaftlichen Ausbluten des Vermieters bei Räumung heißt es im Originalton bei Richter
Mersson:

„Eine vollständige gesetzgeberische Fehlleistung ist das, was auf den Vermieter zukommt, wenn ein Mieter seine Miete nicht
bezahlt.“

Diesem Statement kann man im Grundsatz zustimmen. Auch nach der am 1.5.2013
in Kraft getretenen Mietrechtsreform hat
sich daran – bis auf die sogenannte „Berliner
Räumung“ (also Räumung ohne Einlagerung der Gegenstände auf Kosten des Vermieters) – wenig geändert.

Nur im deutschen Mietrecht ist es möglich, dass eine fristlose Kündigung wegen
Zahlungsverzugs (Mietrückstand von mindestens zwei Monatsnettokaltmieten) nicht
zum Entzug der Leistung (also Rückgabe
und Räumen der Wohnung) führt. Die fristlose Kündigung wird nach § 569 Abs. 3 Nr. 2
BGB sogar nachträglich unwirksam, wenn
der Mieter den Mietrückstand innerhalb
von zwei Monaten nach Zustellung der Kla-

ge ausgleicht. Mit einer solchen ausgesprochen mieterfreundlichen Regelung treibt man Vermieter regelrecht in Räumungsprozesse.

„Vorbeugen ist besser als klagen." Sie sollten als Vermieter in allen Streitfällen zunächst eine einvernehmliche Lösung mit Ihrem Mieter suchen. Beispiel: Einen Mietrückstand sollten Sie anmahnen und für den Fall eines Rückstands von zwei Monatsmieten auch bereits die dann mögliche fristlose Kündigung erwähnen. Gleichzeitig können Sie Ihrem Mieter aber auch den Abschluss eines Mietaufhebungsvertrags anbieten. Darin verzichten Sie auf die weitere Mietzahlung, wenn Ihr Mieter innerhalb von zwei Wochen aus der Wohnung auszieht. Die von ihm beim Einzug erhaltene Mietkaution verrechnen Sie mit dem Mietrückstand. Der recht geringe Mietausfall (als Mietrückstand minus verrechneter Mietkaution) kommt Sie letztlich besser zu stehen als ein langwieriger Mietprozess mit ungewissem Ausgang.

Viele Konflikte im Vermieter- und Mieteralltag entstehen, weil die Vertragspartner nicht mehr offen miteinander reden. Es wird oft um belanglose Kleinigkeiten wie Beseitigung von Bagatellschäden in der Wohnung oder um zehn Euro mehr oder weniger bei der Nachzahlung von Nebenkosten gestritten. Dabei geht es gar nicht immer ums Geld, sondern nur ums Prinzip, emotionale Empfindlichkeiten und um Rechthaberei.

Auch ohne Schiedsmann, Mediator und gerichtliche Auseinandersetzung lassen sich typische Konflikte um die Nebenkostenabrechnung, Durchführung von Klein- und Schönheitsreparaturen durch den Mieter oder Instandhaltungsarbeiten zwecks Beseitigung von Wohnungsmängeln durch den Vermieter regeln.

Sollte es dennoch zu einer gerichtlichen Auseinandersetzung kommen, weil keine einvernehmliche Lösung gefunden wird, muss nicht gleich der nächste Rechtsanwalt aufgesucht werden. Einen Mietrechtsstreit über Wohnraum können Sie auch ohne Anwalt führen, da in der ersten Instanz immer das Amtsgericht zuständig ist und demzufolge kein Anwaltszwang besteht. Örtlich zuständig ist immer das Amtsgericht, in dessen Bezirk die vermietete Wohnung liegt (siehe www.zustaendiges-gericht.de).

In aus Ihrer Sicht eindeutigen Fällen (zum Beispiel richtig berechnete Nachzahlung für Neben- beziehungsweise Betriebskosten) können Sie beim zuständigen Amtsgericht zudem das schriftliche Verfahren beantragen. Wenn vom Gericht gar kein Verhandlungstermin festgesetzt wird, entscheidet der Richter dann nach Aktenlage. Je klarer und besser die von Ihnen vorgelegten Unterlagen und Dokumente ausfallen, desto größer sind Ihre Chancen auf ein für Sie günstiges Urteil.

**Kündigungsschreiben**
Für Vermieter bei nachgewiesenem Eigenbedarf
am einfachsten durchsetzbar

## Kündigung wegen Eigenbedarfs des Vermieters

Vielleicht wollen Sie die von Ihnen vermietete Eigentumswohnung kündigen, da Sie oder ein Familienmitglied selbst in die Wohnung einziehen wollen.

Grundsätzlich können Sie den abgeschlossenen Mietvertrag nur dann nach § 573 Abs. 2 BGB fristgemäß kündigen, wenn Sie ein berechtigtes Interesse an der Kündigung haben und dies notfalls auch vor Gericht beweisen können. Zu den drei eng begrenzten Fällen zählt die Eigenbedarfskündigung. Diese liegt nach § 573 Abs. 2 Nr. 2 BGB vor, wenn „der Vermieter die Räume als Wohnung für sich, seine Familienangehörigen oder Angehörige seines Haushalts benötigt".

Der Begriff „Familienangehörige" wird dabei recht großzügig ausgelegt. Dazu zählen zunächst der Ehegatte oder eingetragene Lebenspartner des Vermieters, außerdem auch Kinder, Geschwister und Eltern des Vermieters. Sogar Nichten und Neffen können nach einem Urteil des Bundesgerichtshofs zu den Familienangehörigen zählen.

Als Vermieter müssen Sie nach der Rechtsprechung vernünftige, nachvollziehbare Gründe für die geplante Eigenbedarfskündigung darlegen (zum Beispiel erste eigene Wohnung für Tochter oder Sohn, größere Nähe zum neuen Arbeitsplatz des Vermieters, Umzug im Alter von zu großem Einfamilienhaus in kleinere Eigentumswohnung).

Der Selbstnutzungswille darf nicht vorgespiegelt beziehungsweise frei erfunden sein. Bei vorgetäuschtem Eigenbedarf kann der gekündigte Mieter den Wiedereinzug in die Wohnung verlangen, sofern er diese Täuschung nachweisen kann und die Wohnung noch nicht an einen Dritten vermietet oder verkauft ist. Falls dies schon erfolgt ist, hat er Schadenersatzansprüche und kann beispielsweise die Erstattung der Umzugskosten in eine andere Wohnung oder einen finanziellen Ausgleich für die höhere Miete verlangen.

Wenn Ihnen im gleichen Haus oder in derselben Eigentumswohnanlage noch eine andere Wohnung gehört, die frei steht oder frei wird, müssen Sie diese Ihrem Mieter anbieten. Diese Anbietpflicht besteht auch, wenn Sie aus der größeren selbst genutzten in die kleinere vermietete Eigentumswohnung (oder ausnahmsweise von der kleineren in die größere) im gleichen Haus umziehen wollen. Sie müssen in diesem Fall Ihre bisher selbst genutzte Eigentumswohnung Ihrem Mieter der anderen Wohnung anbieten.

Ihre Gründe für den Eigenbedarf müssen nach Abschluss des Mietvertrags entstanden sein. Außerdem darf sich die geplante Selbstnutzung der gekündigten Wohnung nur auf das Wohnen beziehen, also nicht beispielsweise auf die Nutzung von Praxisräumen. Vermieter können langjährigen Mietern nicht die Wohnung kündigen und dies mit Platzbedarf für ihre Geschäftsräume begründen.

Vor wenigen Jahren hatte der Bundesgerichtshof noch entschieden (Az. VIII ZR 330/11), dass ein Vermieter dem Mieter einer Wohnung auch dann kündigen dürfe, wenn zum Beispiel ein Familienangehöriger diese zu beruflichen Zwecken nutzen wolle. Damals wollte die Ehefrau des Vermieters ihre Anwaltskanzlei in die Mieterwohnung verlegen.

Das ist vorbei. So hat später der Bundesgerichtshof (BGH) im Jahr 2017 entschieden und damit Eigenbedarfskündigungen aus beruflichen Gründen deutlich eingeschränkt (Az. VIII ZR 45/16).

Der Streit drehte sich um eine Zwei-Zimmer-Wohnung in Berlin, die der Mieter seit dem Jahr 1977 bewohnte. Nach einer Zwangsversteigerung wechselte der Eigentümer der 27 Quadratmeter großen Wohnung. Die neue Vermieterin kündigte die Wohnung mit der Begründung: Ihr Ehemann benötige dringend einen Arbeitsplatz und Archivräume für seine Akten. Die Kündigung war unwirksam.

Auch wenn Sie alle Bedingungen für eine rechtmäßige Eigenbedarfskündigung erfüllen, kann Ihnen der Mieter noch einen Strich durch Ihre Rechnung machen. Er kann unter Berufung auf die Sozialklausel des § 574 BGB der Kündigung widersprechen und die Fortsetzung des Mietverhältnisses verlangen. Dies kann bei älteren und gebrechlichen oder auch bei schwer erkrankten Mietern gegeben sein, für die eine Beendigung des Mietverhältnisses eine ganz besondere Härte bedeuten würde.

In solchen Fällen ist es meist sinnvoll, möglichst schon im Vorfeld eine gütliche Einigung über einen Mietaufhebungsvertrag herbeizuführen, in dem auch eine Abstandszahlung oder Umzugsbeihilfe für den Mieter vereinbart wird. Möglicherweise können Sie Ihrem Mieter auch bei der Suche nach und Auswahl einer neuen Mietwohnung behilflich sein. Ein langer gerichtlicher Streit mit ungewissem Ausgang bleibt Ihnen auf diese Weise erspart.

Zwei Ende Mai 2014 verkündete Urteile des Bundesverfassungsgerichts (BVerfG) und des Bundesgerichtshofs (BGH) haben die Rechte von Vermietern bei Kündigung wegen Eigenbedarfs deutlich gestärkt. Am 23.4.2014 ließ das Bundesverfassungsgericht die Kündigung einer 57 Quadratmeter großen Wohnung in Berlin zu, obwohl die Mieterin bereits seit 1987 darin wohnte und der Vermieter (ein Chefarzt in Hamburg) diese Wohnung nur für mehrtägige Berlinaufenthalte nutzen wollte, um seine uneheliche Tochter zu sehen (BVerfG vom 23.4.2014, Az. 1 BvR 2851/13). Die obersten Richter hielten die Begründung des Vermieters für vernünftig und nachvollziehbar.

Am 30.4.2014 entschied der Bundesgerichtshof, dass die Begründung des Vermieters wegen Eigenbedarfs für seine Tochter und ihren Lebensgefährten ausreichend war. In diesem Fall handelte es sich um eine 158 Quadratmeter große Wohnung in Essen, die von den Mietern seit 1999 genutzt wurde. Die Mieter hielten die Kündigung wegen Eigenbedarfs für unwirksam, da der Lebensgefährte im Kündigungsschreiben nicht namentlich erwähnt wurde. Diesen Einwand ließen die Richter aber nicht gelten (BGH vom 30.4.2014, Az. VIII ZR 284/13).

In einem anderen Fall bekam der Mieter Recht. Da der Vermieter die für die Eigenbedarfskündigung seiner 160 Quadratmeter großen Wohnung geltende dreijährige Sperrfrist nicht eingehalten hatte, war sie unwirksam laut Urteil des Bundesgerichtshofs vom 21.3.2018 (Az. VIII ZR 104/17). Darauf, dass der Vermieter (Immobilienunternehmer und Mitgesellschafter einer Gesellschaft des bürgerlichen Rechts) nach Scheidung von seiner Ehefrau in eine repräsentative Wohnung einziehen wollte, kam es nicht an.

# Gemeinschafts-eigentum erhalten

Vor allem geht es darum, das Gemeinschaftseigentum durch sinnvolle Instandhaltungs-, Modernisierungs- und Sanierungsmaßnahmen zu erhalten. Ziel muss es sein, dass sich diese Eingriffe auf mittlere und lange Sicht für die Eigentümer wirtschaftlich lohnen.

**Überstürzte Maßnahmen** sind wenig sinnvoll. Zunächst sind die äußeren Rahmenbedingungen in rechtlicher und finanzieller Hinsicht zu prüfen.

Zu Instandhaltungsmaßnahmen in Ihrer Eigentumswohnung selbst, also im Sondereigentum, sind Sie nach § 14 des Wohnungseigentumsgesetzes (WEG) sogar verpflichtet.

Anders sieht es beim Gemeinschaftseigentum aus. Die ordnungsmäßige Instandhaltung und Instandsetzung ist nach § 21 WEG Aufgabe der Wohnungseigentümergemeinschaft. Bauliche Veränderungen und Modernisierungen, die darüber hinausgehen, regelt § 22 WEG.

Um Modernisierungen oder Sanierungen im Gemeinschaftseigentum auch finanziell durchführen zu können, sollten alle Möglichkeiten zur finanziellen Förderung dieser Maßnahmen wie zum Beispiel Aufnahme von zinsgünstigen Krediten bei der KfW (Kreditanstalt für Wiederaufbau) genutzt werden.

# Bauliche Veränderungen

Bauliche Veränderungen nach § 22 Abs. 1 WEG können beschlossen oder verlangt werden, wenn jeder durch diese Maßnahme beeinträchtigte Wohnungseigentümer zustimmt.

→ **Nur soweit seine Rechte** gar nicht beeinträchtigt werden, kann die bauliche Veränderung auch ohne seine Zustimmung erfolgen.

Die bauliche Veränderung liegt vor, wenn sie über die ordnungsmäßige Instandhaltung und -setzung des Gemeinschaftseigentums hinausgeht.

Als bauliche Veränderung gilt grundsätzlich jede Umgestaltung des Grundstücks und jede Veränderung bereits vorhandener Gebäudeteile einschließlich ihrer äußeren Gestaltung. Auch jede Veränderung realer Teile des Gemeinschaftseigentums, die zu einer Abweichung von dem im Aufteilungsplan vorgesehenen Zustand abweicht und etwas Neues schafft beziehungsweise Bestehendes abschafft, gehört dazu.

Keine bauliche Veränderung liegt aber vor, wenn eine Wohnanlage oder einzelne Teile von vornherein abweichend vom Aufteilungsplan errichtet wurden.

Die Abgrenzung zwischen baulicher Veränderung und bloßen Instandhaltungs- und Instandsetzungsmaßnahmen kann im Einzelfall schwierig sein. Bauliche Veränderungen sind aber typischerweise folgende Maßnahmen:

## → Was sind bauliche Veränderungen?

Vollverglasung eines Balkons oder einer Loggia

Ausbau eines im Sondereigentum stehenden Dachbodenraums mit Installation von Heizkörpern

Durchbruch bei Wänden und Decken (zum Beispiel zwischen Erdgeschoss und Keller)

Anlage einer Terrasse mit Kelleraufgang

Anlage von Pkw-Stellplätzen auf gemeinschaftlichen Flächen

Aufstellen von fest verankerten Fertiggaragen auf Gemeinschaftsflächen

Nachträglicher Einbau oder Umbau von Fenstern (zum Beispiel Ersatz einer Dachluke durch ein großes Dachflächenfenster)

Die im Prinzip geforderte Einstimmigkeit für Beschlüsse zu baulichen Veränderungen ist erfahrungsgemäß schwer zu erreichen. Oft geht der Wunsch nach einer baulichen

Veränderung von einem einzelnen Wohnungseigentümer aus. Sinnvoll ist es dann, alle Miteigentümer frühzeitig über die geplante Maßnahme zu informieren. Auf diese Weise kann einer ausufernden Diskussion in der nächsten Eigentümerversammlung vorgebeugt werden.

Sofern die Rechte von einzelnen Wohnungseigentümern durch die bauliche Veränderung nicht über das bei einem geordneten Zusammenleben unvermeidliche Maß hinaus beeinträchtigt werden, ist ihre Zustimmung nicht erforderlich.

In diesem Fall reicht der einstimmige Beschluss der Wohnungseigentümer, die durch die bauliche Veränderung nicht beeinträchtigt sind und keine Nachteile erleiden.

# Modernisieren im Gemeinschaftseigentum

Modernisierungen werden sowohl in der Wohnungseigentümergemeinschaft als auch von Mietern in der Regel mit großem Skeptizismus betrachtet.

**Nach der am 1.7.2007** in Kraft getretenen Reform des WEG ist die Beschlussfassung über Maßnahmen zur Modernisierung des Gemeinschaftseigentums durch § 22 Abs. 2 WEG erleichtert worden. Danach muss nicht mehr wie früher ein einstimmiger Beschluss vorliegen.

Ein doppelt qualifizierter Mehrheitsbeschluss reicht. Es reicht also, wenn drei Viertel aller stimmberechtigten Wohnungseigentümer, die mehr als die Hälfte aller Miteigentumsanteile vertreten, der Modernisierungsmaßnahme zustimmen.

§ 22 Abs. 2 WEG weist ausdrücklich auf die mietrechtliche Definition von Modernisierung hin. Insofern besteht hinsichtlich der Modernisierung eine Verzahnung von Wohnungseigentums- und Mietrecht.

Die geforderte Erhöhung des Gebrauchswerts kann beispielsweise bei einem Balkonanbau oder einem zusätzlichen Kamineinbau neben der vorhandenen Heizungsanlage vorliegen.

Die dauerhafte Verbesserung der Wohnverhältnisse erfolgt etwa durch die Schaffung von Grünanlagen, Kinderspielplätzen,

Stellplätzen und Sicherheitseinrichtungen wie Schließanlagen, Gegensprechanlagen oder eine Videoüberwachung.

Der häufigste Fall einer Modernisierung von Gemeinschaftseigentum dürfte die nachhaltige Energie- und Wassereinsparung sein. Da die Senkung des Energie- und Wasserverbrauchs direkt auf die Betriebskosten durchschlägt, kann bei einer solchen Modernisierung noch am ehesten ein doppelt qualifizierter Mehrheitsbeschluss erreicht werden.

Folgende Maßnahmen zur nachhaltigen Einsparung von Energie und Wasser sind dabei denkbar:

- **Wärmedämmung** bei Dach, Keller und Außenwänden
- **Einbau einer neuen Heizung**, zum Beispiel moderner Brennwertkessel statt altem Heizkessel
- **Einbau von Solaranlagen**, zum Beispiel Kombi-Solaranlagen für Heizung und Warmwasserbereitung
- **Einbau von Wasseruhren** zur verbrauchsabhängigen Erfassung des Wasserverbrauchs

Über diese Modernisierungsmaßnahmen nach BGB hinaus sind nach § 22 Abs. 2 WEG auch Maßnahmen denkbar, die der Anpassung der Wohnanlage an den Stand der Technik dienen.

Bei allen Maßnahmen muss aber gewährleistet sein, dass die Eigenart der Wohnanlage nicht verändert und kein Wohnungseigentümer gegenüber anderen Eigentümern unbillig beeinträchtigt wird.

Eine Veränderung der Eigenart der Wohnanlage liegt beispielsweise vor bei Luxussanierung, Anbau (zum Beispiel Wintergärten), Ausbau (zum Beispiel Umwandlung von Speicherräumen in Wohnungen), Aufstockung (zum Beispiel Penthousewohnung) oder Umgestaltung (zum Beispiel Umwandlung von Grünflächen in Parkplätze).

Die unbillige Beeinträchtigung wird nur bei erheblichen Nachteilen für einen oder mehrere Wohnungseigentümer gegenüber anderen Wohnungseigentümern gegeben sein, sodass es in diesem Fall zu einer Ungleichbehandlung der Wohnungseigentümer untereinander kommt (siehe BGH-Urteil vom 18.2.2011, Az. V ZR 82/10).

Außerdem dürfen die auf den einzelnen Wohnungseigentümer entfallenden anteiligen Kosten der Modernisierungsmaßnahme nicht dazu führen, dass er dadurch zum Verkauf seiner Eigentumswohnung gezwungen wird.

Bei einer modernisierenden Instandsetzung nach § 22 Abs. 3 WEG ist nur eine einfache Stimmenmehrheit erforderlich. Im Gegensatz zur üblichen Instandhaltung und -setzung, bei der die bloße Erhaltung eines einmal geschaffenen Zustands im Vordergrund steht, geht es bei der modernisierenden Instandsetzung um die Anpassung der Wohnanlage an technische Entwicklungen und an einen verbesserten Wohnstandard und -komfort.

**Moderne Standards erfüllen**
Wärmedämmung und Photovoltaik auf dem Dach

Beispiele für eine modernisierende Instandsetzung sind:

▶ Heizungsumstellung

▶ Austausch von Holzfenstern gegen Kunststofffenster

▶ Vollwärmedämmung zur Bekämpfung von Schimmelpilzbildung

▶ Aufbringung eines Dämmputzes bei einer ohnehin erforderlichen Fassadensanierung

## Energiegesetze

Der Ölpreisschock im Jahr 1973 löste erste staatliche Aktivitäten zur Einsparung von Energie in Wohngebäuden aus. Für alle Bauanträge ab dem 1.11.1977 gilt die Wärmeschutzverordnung, der im Jahr 1978 die Heizungsanlagenverordnung folgte.

Grundsätzlich sollten Sie davon ausgehen, dass alle vor 1977 fertiggestellten Wohngebäude großes Energiesparpotenzial aufweisen, da energetisches Bauen vor rund 40 Jahren nahezu unbekannt war. Eine ausreichende Wärmedämmung von Dach, Keller, Wänden und Decken fand ebenso wenig statt wie die Isolierverglasung von Fenstern.

Besonders ältere Eigentumswohnanlagen müssen daher dringend energetisch saniert werden, sofern dies nicht inzwischen bereits geschehen ist. Wenn Ihnen beispielsweise eine Eigentumswohnung in einer Wohnanlage mit Baujahr 1950 bis 1976 gehört, die bisher energetisch gar nicht oder nur ungenügend saniert wurde, müssen Sie mit künftigen Modernisierungsmaßnahmen beim Gemeinschaftseigentum rechnen.

Bei einer geplanten energetischen Sanierung sind das Erneuerbare-Energien-Gesetz (EEG) von 2000 und die Energieeinsparverordnung (EnEV) von 2002 (zuletzt novelliert ab 1.1.2014) zu beachten.

Das mittlerweile umstrittene und reformbedürftige Erneuerbare-Energien-Gesetz (EEG) aus dem Jahr 2000 betrifft ausschließlich die Stromproduktion. Es regelt die Vergütungsverpflichtungen für eingespeisten Strom aus erneuerbaren Energien.

Dieses Gesetz hat die Stromgewinnung aus Sonnenenergie und den Bau von Photovoltaikanlagen begünstigt. Die teilweise üppigen Einspeisevergütungen wurden bereits für neu errichtete Anlagen drastisch reduziert, um die Stromkosten für private Haushalte nicht zu stark steigen zu lassen. Nach der Reform des EEG sollen vor allem die Einspeisevergütungen für die Anlagenbetreiber weiter sinken.

Die 2002 in Kraft getretene Energieeinsparverordnung (EnEV) verfolgt andere Ziele. Erstmals stand nun der Primärenergiebedarf im Vordergrund, und das Niedrigenergiehaus wurde bei Neubauten dadurch praktisch zum Standard.

Nach der Novellierung der EnEV ab 1.10.2009 ging es vor allem darum, den Energiebedarf in älteren Wohngebäuden deutlich zu senken. Nachtstromspeicherheizungen müssen ausgetauscht werden, wenn diese älter als 30 Jahre sind und in Gebäuden mit mindestens sechs Wohnungen stehen. Bisher ungedämmte zugängliche Heizungs- und Warmwasserleitungen mussten bis Ende 2011 mit einem Mindestwärmeschutz versehen werden.

Werden im Rahmen einer Modernisierung mehr als 10 Prozent einer Bauteilfläche (zum Beispiel Dach, Fassade oder Fenster) verändert, muss der Eigentümer beziehungsweise die Eigentümergemeinschaft strenge Bedingungen erfüllen. Dabei gibt es zwei Alternativen: Entweder überschreiten Energiebedarf und Wärmeverlust im modernisierten oder sanierten Gebäude die Werte eines vergleichbaren Hauses nicht um mehr als 40 Prozent, oder die verschärften Anforderungen an den Wärmeschutz werden bei den neuen Bauteilen eingehalten.

Die mit der Modernisierung beauftragten Unternehmen müssen erklären, dass sie die Anforderungen der EnEV eingehalten haben. Eigentümer müssen diese Erklärung dann auf Verlangen der zuständigen Behörde vorlegen.

**Finanzielle Förderungen**

Mit der Modernisierung im Gemeinschaftseigentum kommen zusätzliche finanzielle Lasten auf die Wohnungseigentümer zu. Nicht selten ist dies auch der Grund dafür, dass die doppelt qualifizierte Mehrheit (drei Viertel der Eigentümer, die mehr als die Hälfte der Miteigentumsanteile vertreten) nicht zustandekommt.

Im Vorfeld einer geplanten Modernisierungsmaßnahme sind daher die Wege zur Finanzierung der geplanten Modernisierungsmaßnahmen auszuloten. Infrage kommen dabei folgende Möglichkeiten:

▶ Entnahme aus der Instandhaltungsrücklage
▶ Erhebung einer Sonderumlage
▶ Finanzierung über ein Einzel- oder Verbandsdarlehen

Die Instandhaltungsrücklage beziehungsweise -rückstellung ist für die Durchführung von notwendigen Instandhaltungs- und Instandsetzungsmaßnahmen gedacht. Die Zweckbindung schließt aber im Einzelfall nicht aus, dass auch über die Instandhaltung und -setzung hinausgehenden Modernisierungen über die Instandhaltungsrücklage finanziert werden. Dies gilt insbesondere für modernisierende Instandsetzungen wie Umstellung der Heizungsanlage oder Ersatz von Holzfenstern durch Kunststofffenster.

Wenn die angesparte Instandhaltungsrücklage so gering ist, dass sie zur Finanzierung der geplanten Maßnahmen nicht ausreicht, kann in der Eigentümerversammlung eine Sonderumlage für alle Wohnungseigentümer beschlossen werden.

Erst wenn die finanziellen Reserven aus Instandhaltungsrücklage und Sonderumlage erschöpft sind, ist eine gesonderte Finanzierung über einen Bankkredit sinnvoll. Allerdings gestaltet sich die Bankfinanzierung von Modernisierungen im Gemeinschaftseigentum deutlich schwieriger als die Finanzierung einer Eigentumswohnung.

Wohnungseigentümergemeinschaften haben zwei Möglichkeiten, an Kreditmittel für die geplante Modernisierung zu kommen. Beim Einzeldarlehen nehmen die Wohnungseigentümer einzeln einen Kredit bei einer Bank auf, um ihren Anteil an dem Vorhaben zu finanzieren. Im Gegensatz dazu handelt es sich bei den ab 1.7.2007 möglichen Verbandsdarlehen um Kredite, die von der Bank an die gesamte Eigentümergemeinschaft vergeben werden. Dieser alternative Weg ist dann denkbar, wenn eine günstige Finanzierung über Einzeldarlehen nicht möglich ist.

Sicherlich könnten einige Wohnungseigentümer ihren Anteil aus vorhandenen Geldmitteln finanzieren. Andere können ein bestehendes Immobiliendarlehen nutzen, wenn die im Grundbuch eingetragene Grundschuld deutlich über der aktuellen Restschuld liegt. In diesem Fall wird die Bank den Finanzierungsspielraum für einen Kredit einräumen, der nicht zusätzlich im Grundbuch eingetragen werden muss.

Banken und Bausparkassen vergeben an Wohnungseigentümer spezielle Modernisierungskredite mit relativ niedrigen Effektivzinsen bis zu einer bestimmten Höhe auch ohne Eintragung im Grundbuch.

Über die Bank kann auch ein KfW-Kredit im Programm „Energieeffizient sanieren" beantragt werden. Der Höchstkredit liegt bei 50 000 Euro pro Wohneinheit und der Effektivzins nur bei 0,75 Prozent für eine Zinsbindung von 10 Jahren (Stand April 2018).

Ist eine Sanierung zum „KfW-Effizienzhaus" geplant, kann zusätzlich ein nicht rückzahlbarer Tilgungszuschuss in Höhe von 12,5 bis 27,5 Prozent der Kosten von maximal 100 000 Euro bzw. ein Investitionskostenzuschuss bis zu 30 000 Euro je nach Effizienzhaus-Standard beantragt werden.

**Beispiel:** Der angestrebte „Effizienzgrad 115" bedeutet, dass der maximale Energiebedarf eines Gebäudes mit Bauantrag vor dem 1.1.1995 nach der Maßnahme nur 15 Prozent über dem für Neubauten nach der Energieeinsparverordnung 2009 liegenden Höchst-

**Modernisierungskosten senken**
Finanzielle Förderungen optimal nutzen

wert liegt. In diesem Fall liegt der Tilgungzuschuss bei maximal 2 500 Euro und der Investitionskostenzuschuss bei 5 000 Euro. Je niedriger der Effizienzgrad, desto niedriger ist das Energiebedarfsniveau und desto höher fällt der Zuschuss aus. Bei dem geringsten „Effizienzgrad 55" ist sogar ein Tilgungszuschuss bis zu 27 500 Euro beziehungsweise ein Investitionszuschuss bis zu 30 000 Euro möglich.

Spezielle Förderbanken in den Bundesländern (zum Beispiel Investitionsbank Schleswig-Holstein, Investitionsbank Berlin, Hamburgische Investitions- und Förderbank) vergeben an die Wohnungseigentümer Einzeldarlehen zur Finanzierung einer Sonderumlage und verzichten dabei auf eine Prüfung von Einkommen und Vermögen sowie auf eine Eintragung im Grundbuch.

Die Mittel für diese Einzeldarlehen stammen letztlich aus den KfW-Kreditprogrammen „Energieeffizient sanieren" oder „Altersgerecht umbauen". Die Kredithöhe liegt meist zwischen 5 000 und 25 000 Euro je Wohneinheit. In Berlin gibt es aber keine Beschränkung der Darlehen auf 25 000 Euro.

Gefördert werden bis zu 100 Prozent der Gesamtkosten. Ein Grundbucheintrag ist bis zu einer Darlehenssumme von 50 000 Euro nicht erforderlich.

Zusätzlich zu den niedrigen Effektivzinsen von beispielsweise nur 0,75 Prozent im August 2018 fallen eventuell noch Beratungskosten an (so etwa eine Dienstleistungsgebühr bei der Investitionsbank Berlin oder ein Honorar von 2,38 Prozent der Investitionskosten bei der Investitionsbank Schleswig-Holstein). Die Hamburgische Investitions- und Förderbank erhebt jedoch keinen Kostenbeitrag für die vergebenen Darlehen.

Verbandsdarlehen an die Wohnungseigentümergemeinschaft insgesamt stellen noch die große Ausnahme dar. Angebote für Verbandsdarlehen gibt es von der L-Bank in Baden Württemberg und der SIKB im Saarland sowie bundesweit von der Hausbank München und der DKB. Diese Banken haben es dann direkt nur mit den Hausverwaltern zu tun, die zur Finanzierung der Modernisierungskosten Darlehen aufnehmen. Die Höhe der Verbandsdarlehen wird entweder pro Wohnungseigentümergemeinschaft begrenzt (zum Beispiel maximal 480 000 Euro je WEG bei der Hausbank München) oder durch die jeweilige Wohneinheit (zum Beispiel maximal 50 000 Euro für das KfW-Programm „Energieeffizient sanieren, Einzelmaßnahme" bei der L-Bank). Die Effektivzinsen für KfW-Darlehen im Programm „Energieeffizient sanieren" machten im August 2018 nur 0,75 Prozent aus. Unter Einrechnung des Tilgungszuschusses liegt der Effektivzins deutlich darunter. Häufig ist er sogar negativ. Das heißt, man zahlt sogar weniger zurück als man bekommen hat.

Einige Juristen halten Verbandsdarlehen allerdings für unzulässig, da jeder Eigentümer schließlich selbst entscheiden können müsse, wie er seinen Beitrag an der Finanzierung aufbringen will. Andere halten dagegen, dass Eigentümer mit den Zinsen und den Risiken leben müssen, wenn die Vorteile der Finanzierung überwiegen. Das letzte Wort werden die Gerichte haben. Dort können Eigentümer die Aufnahme eines Kredits im Wege des Verbandsdarlehens bis zu einen Monat nach dem Finanzierungsbeschluss anfechten. Versäumen sie diese Frist, müssen sie in der Regel laut Beschluss des Bundesgerichtshofs (Az. V ZR 251/11) mit den Verbandsdarlehen leben.

Ob Einzel- oder Verbandsdarlehen: Solange die aktuelle Niedrigzinsphase noch anhält, ist eine zinsgünstige Finanzierung von relativ hohen Kosten bei der Modernisierung im Gemeinschaftseigentum auf jeden Fall überlegenswert. Dabei sollte insbesondere das KfW-Kreditprogramm „Energieeffizient bauen" genutzt werden, das gleich zwei Fördermöglichkeiten bietet:

▸ Zinsgünstiger Kredit mit 1,66 Prozent Effektivzins bei 10-jähriger Zinsbindung und Tilgungszuschuss bis zu 15 Prozent der Kosten von maximal 100 000 Euro pro Wohneinheit je nach Effizienzhaus-Standard (Stand April 2018)

▸ Zuschuss ohne Kredit bis zu 4 000 Euro im KfW-Programm „Zuschuss für Baubegleitung durch Sachverständige"

Es wäre bedauerlich, wenn eine geplante und sinnvolle Modernisierung des Gemeinschaftseigentums, die von der breiten Dreiviertelmehrheit der Wohnungseigentümer getragen wird, an der fehlenden Finanzierung scheitern würde.

Positiv ist es allemal, wenn sich im Verwaltungsbeirat oder unter den Wohnungseigentümern ein unabhängiger Finanzierungsexperte befindet. Dieser kann dann im Auftrag der Wohnungseigentümergemeinschaft und der Hausverwaltung das geeignete Finanzierungskonzept austüfteln und in der nächsten Eigentümerversammlung den Wohnungseigentümern vorstellen. Bei solchen Fragen besteht üblicherweise ein hoher Diskussionsbedarf.

# Modernisieren und ökologisch investieren

Die konkreten Maßnahmen, um Gemeinschafts- und Sondereigentum zu erhalten und zu verbessern, beginnen bei der bloßen Renovierung und gehen bis zu Instandsetzungen.

**Zur hohen Schule** zählen eine umfangreiche Modernisierung sowie eine grundlegende energetische Sanierung. Der gut einprägbare Dreiklang „San-Re-Mo" umreißt plakativ, was zu tun ist: Sanieren – Renovieren – Modernisieren.

## Renovierung

Die Renovierung in Wohnungen, also im Sondereigentum, umfasst typischerweise Schönheits- und Kleinreparaturen wie Tapezieren und das Malern von Wänden, Decken, Heizkörpern und Innentüren. Kleinere Reparaturen an den Installationsgegenständen in Küche, Bad/WC sowie an Fenstern und Türen kommen hinzu. Der Vermieter kann die Kosten für solche Schönheits- und Kleinreparaturen per Mietvertrag auf seinen Mieter überwälzen.

Schon etwas teurer wird es, wenn Sie als Selbstnutzer oder Vermieter einen neuen Fußbodenbelag wollen. Sie tauschen beispielsweise einen verschlissenen Teppichboden gegen einen neuen, hochwertigen aus oder lassen alternativ dazu Laminat oder Bodenfliesen verlegen.

## Instandhaltung und Instandsetzung

Unter Instandhaltung ist üblicherweise die laufende Pflege und Erhaltung des Gemeinschaftseigentums zu verstehen. Ziel ist die Beseitigung von Mängeln, die durch Alterung, Abnutzung und Verschleiß entstehen.

Im Gegensatz dazu zielt die Instandsetzung auf die Beseitigung von Bauschäden oder -mängeln am Gebäude und die Wiederherstellung eines einmal vorhandenen Zustands ab.

Oft sind unterlassene Instandhaltungsmaßnahmen (ein Reparaturstau) die Ursache für später auftretende Bauschäden oder -mängel, die dann durch eine umfassende Instandsetzung beseitigt werden müssen.

## Modernisierungen

Unter Modernisierung bei Haus oder Eigentumswohnung beziehungsweise beim Gemeinschafts- oder Sondereigentum ist in Anlehnung an § 559 BGB eine bauliche Maßnahme zu verstehen, die den Gebrauchswert nachhaltig erhöht, die allgemeinen Wohnverhältnisse auf Dauer verbessert

**Modernisieren**
Für ältere Eigentumswohnanlagen oft
schon unvermeidbar

oder nachhaltig Einsparungen von Energie oder Wasser bewirkt.

Drei Viertel aller existierenden Häuser wurden vor der Einführung der ersten Wärmeschutzverordnung von 1977 gebaut und sind meist schon aus diesem Grund modernisierungsbedürftig.

Ausgelöst wird ein Modernisierungsbedarf beispielsweise durch feuchte Keller, bröckelnden Putz, Schimmel an den Wänden, zugige Fenster und Türen, veraltete Ver- und Entsorgungsleitungen oder betagte sanitäre und elektrische Anlagen.

Folgende Modernisierungsmaßnahmen sind gerade für ältere Eigentumswohnanlagen typisch: Dämmung von Dach, Keller und Außenwänden, Einbau einer neuen Heizung und der Einbau neuer Fenster.

Bei älteren Wohnungen aus den 1950er und 1960er Jahren des letzten Jahrhunderts ist darüber hinaus oft eine grundlegende Modernisierung vonnöten. Dabei handelt es sich meist um Maßnahmen wie die Änderung des Wohnungszuschnitts (Zusammenlegung von kleinen Zimmern zu einem größeren Raum oder umgekehrt), ein neues

Bad mit modernen Sanitärobjekten, einen neuen Fußbodenbelag und neue Elektroinstallationen.

Haben Sie Ihre Eigentumswohnung vermietet, können Sie die Jahresmiete um bis zu 11 Prozent der entstandenen Modernisierungskosten erhöhen(künftig gedeckelt auf voraussichtlich 3 Euro pro qm Wohnfläche).

Außerdem können Sie Steuerersparnisse erzielen, indem Sie die Kosten für größere Instandhaltungsmaßnahmen auf zwei bis fünf Jahre verteilen. Über Mieterhöhungen und Steuerersparnisse holen Sie die entstandenen Kosten im Laufe von spätestens zehn Jahren wieder rein.

Wenn Sie Ihre eigenen vier Wände modernisieren, steigt der Wohnkomfort. Sofern Sie gleichzeitig Energie sparen, sinken die laufenden Bewirtschaftungskosten. Der Staat hilft Ihnen mit zinsgünstigen Krediten bei Sanierungen, die die Energieeffizienz erhöhen.

Nur Modernisierungen in Ihrer selbst genutzten oder vermieteten Eigentumswohnung können Sie in Eigenregie durchführen oder durch Handwerker erledigen lassen.

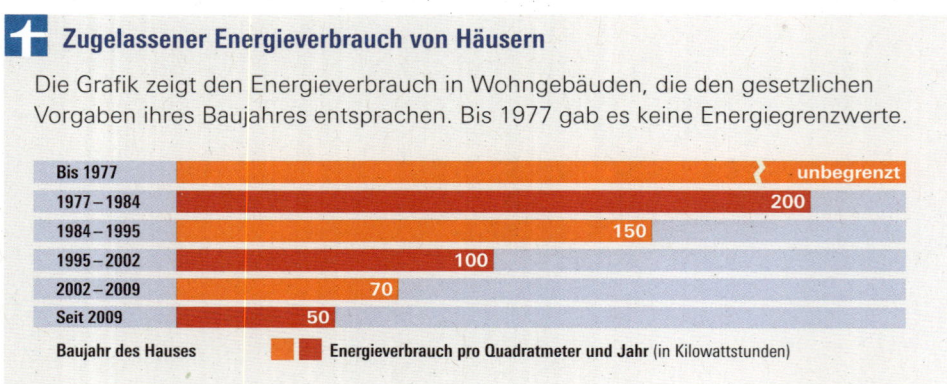

## Zugelassener Energieverbrauch von Häusern

Die Grafik zeigt den Energieverbrauch in Wohngebäuden, die den gesetzlichen Vorgaben ihres Baujahres entsprachen. Bis 1977 gab es keine Energiegrenzwerte.

| Baujahr des Hauses | Energieverbrauch pro Quadratmeter und Jahr (in Kilowattstunden) |
|---|---|
| Bis 1977 | unbegrenzt |
| 1977–1984 | 200 |
| 1984–1995 | 150 |
| 1995–2002 | 100 |
| 2002–2009 | 70 |
| Seit 2009 | 50 |

Sämtliche Modernisierungen, die das Gemeinschaftseigentum betreffen, müssen in der Eigentümerversammlung mit Dreiviertel-Mehrheit der Wohnungseigentümer, die gleichzeitig mehr als die Hälfte der Miteigentumsanteile vertreten, beschlossen werden. Oft ist mit einer solchen Modernisierung auch eine energetische Sanierung verbunden, die besonders sorgfältig geplant werden sollte.

### Energetische Sanierung

Erfolgreich durchgeführte Energiesparmaßnahmen senken nachweisbar die verbrauchsabhängigen Betriebskosten (zum Beispiel Heiz- und Warmwasserkosten). Sie lohnen sich insbesondere, wenn die Kosteneinsparung nach 10 oder 15 Jahren insgesamt höher ausfällt als die Summe der Investitionskosten.

Bei der energetischen Sanierung sind gesetzliche Vorschriften zu beachten wie die Energieeinsparverordnung (EnEV) von 2014. Näheres dazu finden Sie im Internetportal EnEv-Online.

Außerdem sollte vor einer umfassenden Sanierung ein Energieberater eingeschaltet werden. Qualifizierte und registrierte Energieberater sind in der „Dena-Liste" unter www.zukunft-haus.info/experten zu finden. Sie bieten eine umfassende Vor-Ort-Energieberatung und erstellen ein Gutachten, das auch für eine beabsichtigte finanzielle Förderung mit KfW-Mitteln erforderlich ist. Die Kosten dafür liegen in der Regel zwischen 500 und 1000 Euro.

Unter den Energiesparmaßnahmen bringt erfahrungsgemäß die Dämmung des Hauses, also die Dämmung von Dach, Keller und Außenwänden am meisten. Wenn die

**Wärmedämmung** und moderne Heizungs- systeme sparen Energie- kosten.

Eigentümergemeinschaft das Gebäude rundum dämmen lässt, können die Energie- kosten bei älteren Häusern um zwei Drittel sinken. Dabei muss auch die Dämmung von Fenstern und Außentüren einbezogen wer- den, sonst kann es zu erheblichen Proble- men mit Kondenswasser und Schimmelbil- dung kommen. Die Rundumdämmung eines Hauses bedeutet aber auch eine er- hebliche Investition.

Kleinere gezielte Maßnahmen sind das Abdichten von Tür- und Fensterritzen sowie das Dämmen von Heizkörpernischen und Rollladenkästen.

Auch der Einbau einer neuen Heizung spart Heizkosten. Bei modernen Brennwert- kesseln kann bis zu 40 Prozent mehr Wärme aus der gleichen Ölmenge herausgeholt werden als bei einem alten Ölstandardkessel mit hohen Wärmeverlusten.

Nach Angaben des Schornsteinfeger- handwerks sind 23,4 Prozent der erfassten Ölheizungen älter als 25 Jahre. Der Umstieg auf ein modernes Heizsystem lohnt sich in aller Regel, da unter dem Strich 10 bis 30 Prozent der Heizkosten eingespart werden. Einen Vergleich moderner Heizungs- und Energiesysteme für einen 4-Personen-Haus- halt in einem modernen Einfamilienhaus finden Sie auf www.test.de/heizungsver gleich2018. Für Mehrparteienhäuser wer- den zwar größer dimensionierte Anlagen gebraucht. die Investitionskosten werden dafür auch auf mehrere Parteien aufgeteilt.

Es kommt bei der energetischen Sanie- rung und beim ökologischen Investieren sehr stark auf die jeweilige Bauepoche und Baualtersklasse an, in der die Eigentums- wohnanlage errichtet wurde. Ein besonders hoher Energieverbrauch liegt bei vor 1977 erbauten Häusern vor. Der typische Energieverbrauch liegt bei ab 1977 errichteten Wohngebäuden je nach Baujahr zwischen 50 und 200 Kilowattstunden pro Quadratmeter und Jahr. Die energetische Komplettsanierung eines Einfamilienhauses beispielsweise aus den 1970er-Jahren (Außenwand, Fenster, Steildach, Kellerdecke, Heizanlage, Solarthermie) kostet laut Institut für Wohnen und Umwelt (IWU) 133 Euro pro Quadratmeter Wohnfläche, bei 150 Quadratmetern also 20 000 Euro. Nach der Sanierung können Sie laut IWU gut 10 Euro pro Quadratmeter Wohnfläche pro Jahr an Kosten einsparen. Nach 13 Jahren hätten sich die einmaligen Kosten somit amortisiert, sofern man keine Kostensteigerungen ansetzt.

Als Folge der Energieeinsparverordnung (EnEV) wurde die Pflicht eines Energieausweises eingeführt, den es in zwei Varianten gibt. Wenn Sie beispielsweise Ihre Eigentumswohnung verkaufen wollen, müssen Sie dem Käufer einen Energieausweis (auch Energiepass genannt) vorlegen.

Der Verbrauchsausweis, der den tatsächlichen Verbrauch der Wohnungsnutzer aufschlüsselt und somit auch von den Gewohnheiten der anderen Bewohner abhängt, reicht in diesem Falle aus. Im Verbrauchsausweis wird lediglich errechnet, wie hoch der durchschnittliche Verbrauch von Energie in den letzten drei Jahren war. Aufgrund dieses Verbrauchs wird dann anhand einer Skala mit Grün-, Gelb- und Rotmarkierung, die an einen Ampelcheck erinnert, die Einteilung in geringen, mittleren oder hohen Energieverbrauch vorgenommen.

Bei niedrigem Energieverbrauch durch die bisherigen Bewohner können Sie als Verkäufer also Punkte sammeln. Außerdem kostet Sie der Verbrauchsausweis nur bis zu 100 Euro. Ein Gutachter, der Haus oder Wohnung besucht und genau unter die Lupe nimmt, ist für die Erteilung des Verbrauchsausweises nicht erforderlich. Daher sollten Sie den Wert eines Verbrauchsausweises nicht überschätzen.

## Unser Experten-Tipp

**Ab Mai 2014** neu ausgestellte Energieausweise müssen nach Inkrafttreten der neuen Energieeinsparverordnung (EnEV 2014) außer Kennwerten zum Energieverbrauch oder -bedarf auch Angaben zur Energieeffizienzklasse enthalten, zu der das Wohngebäude gehört.

Es gibt Effizienzklassen zwischen A+ (0 bis 30 kWh/m²a) und H (endet bei 250 kWh/m²a). Aber Achtung: Die Farbskala im alten, bis Mai 2014 geltenden Energieausweis reichte noch bis 400 kWh/m²a!

Der Bedarfsausweis setzt den Besuch eines Gutachters voraus. Dieser ermittelt den Energiebedarf auf Basis der verwendeten Baumaterialien, des Hauszustands und der Größe von Haus sowie Wohnung. Dieser Ausweis, der bis zu 300 Euro kostet, ist für die Wohnungseigentümergemeinschaft, die eine energetische Sanierung plant, sinnvoller ist als ein bloßer Verbrauchsausweis. Die Deutsche Energie-Agentur (Dena) listet in ihrer Datenbank qualifizierte Aussteller von Energieausweisen auf und verteilt auch Bedarfsausweise mit Gütesiegel, teilweise auch mit TÜV-Zertifikat.

Die neuen Effizienzklassen machen es Mietern und potenziellen Käufern etwas leichter, den Energieverbrauch von Eigentumswohnungen zu beurteilen als zuvor.

Ab 2015 wurde nach EnEV 2014 der Austausch aller Konstanttemperatur-Heizkessel Pflicht, die älter als 30 Jahre sind. Bei Neubauten haben sich die energetischen Anforderungen ab 2016 nochmals verschärft. Der zuvor zulässige Primärenergiebedarf muss jetzt pro Jahr durchschnittlich 25 Prozent niedriger und die Wärmedämmung der Gebäudehülle im Durchschnitt 20 Prozent besser definiert sein. Für die Sanierung von Altbauten sieht die EnEV 2014 jedoch keine verschärften Anforderungen vor.

Bereits seit August 2014 ist die Reform des Erneuerbare-Energien-Gesetzes (EEG) in Kraft getreten. So ist die zuvor durchschnittliche Vergütung von 17 Cent/kWh für alle Technologien auf rund 12 Cent/kWh gesunken.

# Hilfe

## Lesen und informieren

**1 Lesen und informieren**
Einige Empfehlungen von Büchern, die das Thema „Verwalten und vermieten" vertiefen oder auch ergänzen

**2 Muster-Teilungserklärung mit Gemeinschaftsordnung**
Bewährtes Musterdokument, das zeigt, was alles in die Teilungserklärung und die Gemeinschaftsordnung gehört

**3 Stichwortverzeichnis**
Gesuchte Schlüsselbegriffe im Buch schnell finden

**4 Impressum**
Die technischen Angaben zu diesem Buch

**Wohnungseigentum und Verwaltung**
Bielefeld-Christ-Sommer, **Der Wohnungseigentümer**, 10. Auflage 2017, Verlag Haus & Grund, 652 Seiten

Röll, Ludwig, **Handbuch für Wohnungseigentümer und Verwalter**, 10. neu bearbeitete Auflage 2018, Verlag Dr. Otto Schmidt, 700 Seiten

Elzer, Oliver, **Meine Rechte als Wohnungseigentümer**, 4. Auflage 2018, Beck-Rechtsberater im dtv, 450 Seiten

Stürzer, Rudolf u. a., **Praxishandbuch Wohnungseigentum**, 2016, 5. Auflage, Haufe Lexware, 448 Seiten

**Vermietung**
Mersson, Günter, **Vermieterleitfaden**, 6. Auflage 2015, dtv verlag, 527 Seiten

**Das Mieterlexikon**, Ausgabe 2018/2019, Deutscher Mieterbund, 702 Seiten

**Modernisierung**
**Handbuch Sanieren und Modernisieren**, 1. Auflage 2018, Stiftung Warentest, 256 Seiten

# Muster-Teilungserklärung mit Gemeinschaftsordnung

**Wohnen im Eigentum e.V.** (WiE) hat dieses Muster im Rahmen eines vom BMJV geförderten Projekts zur Teilungserklärung und Gemeinschaftsordnung neu herausgegeben (Stand: Mai 2016).

Bitte lesen Sie hierzu auch den umfassenden Ratgeber „Das Zusammenleben gebacken bekommen. Wie Sie als Wohnungseigentümer/in die Teilungserklärung und Gemeinschaftsordnung sicher beurteilen". Diesen Ratgeber können Sie kostenfrei als PDF herunterladen bei: wohnen-im-eigentum.de/gemeinschaftsordnung

## Urheberrecht und Haftungsausschluss

Diese Muster-Teilungserklärung mit Gemeinschaftsordnung ist urheberrechtlich geschützt. Über den Eigenbedarf hinaus ist jede Verwertung der Inhalte, auch auszugsweise, ohne schriftlich erfolgte Zustimmung des Herausgebers unzulässig und strafbar. Das gilt auch für Vervielfältigungen, Übersetzungen, Mikroverfilmungen sowie für die Einspeicherung und Verarbeitung in elektronischen Systemen aller Art (einschließlich Internet).
Alle in dieser Muster-Teilungserklärung mit Gemeinschaftsordnung enthaltenen Regelungen und Empfehlungen sind sorgfältig erwogen und geprüft. Die Haftung des Herausgebers bzw. der Autoren für Vermögensschäden, die im Zusammenhang mit der Verwendung der Regelungen und Informationen entstehen, ist ausgeschlossen. Der Herausgeber übernimmt keine Gewähr für die Richtigkeit des Inhalts, die Genauigkeit und die Vollständigkeit der Informationen sowie die Aktualität, die insbesondere durch mögliche Änderungen von Gesetzen, sonstigen Vorschriften und Rechtsprechung beeinflusst werden. Die Nutzung des Inhalts der Publikation erfolgt ausschließlich auf eigene Gefahr des Verwenders. Der Herausgeber übernimmt auch keine Gewähr dafür, dass mit der Verwendung der Daten beabsichtigte Zwecke erreicht werden.

Dieses Muster entbindet somit nicht von dem Erfordernis, sich darüber hinaus selbst rechtlich zu informieren und beraten zu lassen.

**Wichtiger Hinweis**: Kein Anspruch auf Allgemeingültigkeit

Die Regelungs- und Gestaltungsmöglichkeiten zur Begründung, Gestaltung und Bewirtschaftung von Wohnungseigentum sind vielfältig und individuell. Was sinnvoll ist, richtet sich nach Art der Wohnungseigentumsanlage, den Besitzern/Bewohnern und den mit der Investitionsentscheidung verfolgten Interessen.

Die nachstehenden Gestaltungsvorschläge können daher keinen allgemeingültigen Anspruch auf Vollständigkeit oder Erforderlichkeit erheben. Sie sollen Anregungen liefern zur Stärkung der Rechte und Unterstützung der Interessen von (selbstnutzenden) Wohnungseigentümern. Bitte bewerten Sie diese Vorschläge immer an Hand der tatsächlichen Umstände des Grundstückes und Baukörpers und der konkreten rechtlichen Erwerbs- oder Investitionssituation.

## Einleitung: Ein Regelwerk nach bestem Rezept

Die Teilungserklärung enthält die sachenrechtliche Aufteilung eines Grundstücks in Miteigentumsanteile (um rechtlich selbstständige, verkehrsfähige Eigentumswohnungen nach dem Wohnungseigentumsgesetz zu ermöglichen) sowie Regeln zur Abgrenzung von Gemeinschafts- und Sondereigentum.

Die Gemeinschaftsordnung regelt die Organisation und Verwaltung der Wohnungseigentümergemeinschaft (WEG) sowie die Verteilung der Kosten für die Bewirtschaftung und Instandsetzung des Gemeinschaftseigentums. Beides ist häufig in einer notariellen Urkunde zusammengefasst.

Obwohl die Teilungserklärung und die Gemeinschaftsordnung äußerst wichtige Grundlagen für die WEG enthalten, kennen die wenigsten Käufer von Eigentumswohnungen diese Urkunde. Sie wissen nicht, welche Konsequenzen, Folgekosten und Konfliktpotenziale mit bestimmten Regelungen einhergehen. So fällen sie ihre Kaufentscheidung auf unsicherer Grundlage.

Auch langjährige Wohnungseigentümer durchblicken das Regelwerk ihrer WEG häufig nicht. Im Extremfall sind Teilungserklärung und Gemeinschaftsordnung seit Gründung der WEG nicht aktualisiert worden. Bei älteren Wohnanlagen entspricht die Urkunde dann sehr häufig nicht mehr der aktuellen Gesetzeslage, den in den letzten Jahren von der WEG gefassten Beschlüssen, den Inhalten des aktuellen Verwaltervertrags und den Vorgaben für die Jahresabrechnung. Wie damit umzugehen ist, bleibt unklar und schürt Konflikte in der WEG.

Mit dieser Muster-Teilungserklärung mit Gemeinschaftsordnung erhalten Sie als Käufer/in, Baugemeinschaft oder Eigentümer/in einer Wohnung eine beispielhafte Sammlung wichtiger, ausgewogener Regelungen. Nutzen Sie dieses Muster als Prüfleitfaden oder als Grundlage für die Erstellung einer neuen Urkunde! So können Sie

▶ als Käufer/in die Qualität der Ihnen vorgelegten Teilungserklärung überprüfen und

▶ als Baugemeinschaft oder Eigentümer/in Anregungen für eine für Ihre WEG neu zu erstellende oder zu verändernde Teilungserklärung gewinnen, welche die Rechte der Wohnungseigentümer gegenüber der Verwaltung, den Dienstleistern und dem gegebenenfalls noch involvierten Bauträger stärkt.

Vorgeschlagen werden Ihnen u.a. Klauseln, welche die gesetzliche Höchstfrist für die

Bestellung des Verwalters verkürzen. Dem Verwalter werden verbindliche Fristen zur Erstellung der Wirtschaftspläne und Jahresabrechnungen sowie zur Einberufung der Eigentümerversammlung auferlegt. Beim Recht der Wohnungseigentümer, über ihr Sondereigentum frei zu verfügen, geht es hingegen um einen gut gewichteten Interessensausgleich. Als Maßstab gilt § 14 Nr. 1 Wohnungseigentumsgesetz (WEGesetz), nach dem durch den Gebrauch des Eigentums kein Mitglied der Eigentümergemeinschaft über das bei einem ordnungsgemäßen Zusammenleben hinausgehende Maß beeinträchtigt werden darf.

Die Muster-Teilungserklärung mit Gemeinschaftsordnung vermeidet darüber hinaus die für juristische Laien häufig unverständliche Rechtssprache, um die Verständlichkeit der Regelungen zu erhöhen. Natürlich müssen die vorgeschlagenen Klauseln der besonderen Situation der jeweiligen WEG angepasst, also verändert, ergänzt oder auch gestrichen werden.

Die aktuelle Gesetzeslage ist berücksichtigt. Gleichwohl sollten Sie die Rechtslage prüfen (lassen), bevor Sie diese Musterklauseln in einer eigenen Urkunde verwenden.

## Abkürzungen/Gestaltung:

▸ **WEGesetz** Wohnungseigentumsgesetz
▸ **WEG** Wohnungseigentümergemeinschaft
▸ **Beispiele** *kursiv und blau unterlegt*
▸ **Alternativvorschläge fett**, *kursiv und blau unterlegt*

## Mustertext

# Muster-Teilungserklärung mit Gemeinschaftsordnung für die *Wohnanlage ABC-Straße 11–17 in Musterstadt*

**I. Begründung von Wohn- und Teileigentum (nach § 8 WEGesetz)**

## § 1 Grundstück

**(1)** Im Grundbuch des Amtsgerichts von (*Ort*), Band (*…*), Blatt (*…*) ist Grundbesitz an der Gemarkung (*Ort*), Flur (*…*), Flurstück (*…*), Größe (*…*) wie folgt eingetragen:

Abteilung I: Eigentümer (...)

Abteilung II: Allgemeine Lasten (...)

Abteilung III: Grundpfandrechte (...)

**(2)** Das Grundstück ist mit einem 5-stöckigen Wohn- und Geschäftshaus bebaut.
**Alternative:** *Die ABC-Straße-Projektgesellschaft GmbH & Co. KG* wird auf dem Grundstück errichten: *4 Mehrfamilienhäuser mit je zwei Gewerbeeinheiten und 8, 10 oder 12 Wohnungen sowie eine Tiefgarage mit 96 Stellplätzen und 20 Außenparkplätze im Freien.*

## § 2 Teilung

**(1)** Der/die teilende Eigentümer/in teilt hiermit das Eigentum an dem genannten Grundstück nach den Bestimmungen des Wohnungseigentumsgesetzes (WEGesetz) in der Weise auf, dass mit jedem Miteigentumsanteil das Sondereigentum

    – an einer Wohnung bzw. einem Teileigentum

    – samt den im Aufteilungsplan mit der gleichen Nummer bezeichneten Nebenräumen bzw. nicht zu Wohnzwecken dienenden Räumen

entsprechend dem (**bei Neubau:** *vorläufigen*) Aufteilungsplan verbunden wird. Auf diesen Aufteilungsplan wird verwiesen. Er lag während der Beurkundung zur Durchsicht aus. Beizufügen ist er dieser Urkunde und der Ausfertigung für das Grundbuchamt jeweils in Originalausfertigung sowie den beglaubigten Abschriften in nicht maßstäblicher Abschrift (Anlage 1).

(2) Der/die teilende Eigentümer/in übergibt dem/der Notar/in eine Aufstellung der Miteigentumsanteile und der mit diesen zu verbindenden Sondereigentumsrechte (Anlage 2) sowie eine Aufteilungsbeschreibung (Anlage 3) zur heutigen Niederschrift. Er/sie macht die Anlagen 1, 2 und 3 zum Gegenstand seiner/ihrer heutigen Erklärungen. Für Lage und Ausmaß des Sondereigentums ist im Zweifel der Aufteilungsplan maßgeblich.

| Miteigentumsanteil in 1/10.000 | Wohnungs-/ Teileigentum Nr. | Beschreibung des Sondereigentums | Sonstiges |
|---|---|---|---|
| 1.150 | 1 | Büro oder Ladenlokal im Erdgeschoss links | verbunden mit dem Sondernutzungsrecht an der Terrasse 1, am Kellerraum 1 sowie an den Stellplätzen AP1 und AP2 |
| 1.150 | 2 | Büro oder Ladenlokal im Erdgeschoss rechts | verbunden mit dem Sondernutzungsrecht am Kellerraum 2 sowie an den Stellplätzen AP3 und AP4 |
| 1.000 | 3 | Wohnung im Erdgeschoss rechts | verbunden mit dem Sondernutzungsrecht am Privatgarten 3, am Kellerraum 3 sowie am Stellplatzes AP5 |
| (...) | (...) | (...) | (...) |

Gesamt:
10.000/10.000

**(3)** Nach Erklärung des teilenden Eigentümers werden die Miteigentumsanteile, mit denen das Sondereigentum verbunden ist, auf der Grundlage
*der Wohn- bzw. Nutzflächen der Räume berechnet. Zwei Erdgeschoss-
Einheiten sind wegen der Definition als gewerblich nutzbares Teileigentum
je 150/10.000stel mehr Miteigentumsanteile zugerechnet.*[1]

## § 3 Begründung von dinglichen Sondernut-
## zungsrechten

**(1)** Im Wege der Gebrauchsregelung nach § 1 WEGesetz wird bestimmt,
dass *als Sondernutzungsrechte im Außenbereich die im Aufteilungsplan
„Erd-/Gartengeschoss" mit der jeweils entsprechenden Nummer bezeichneten Flächen den Wohnungen 3, 4, 5 und 6 zur jeweils ausschließlichen
Nutzung als Privatgarten zugewiesen sind. Bei der erstmaligen Errichtung
der Außenanlagen wird im Bereich dieser Sondernutzungsflächen eine
einheitliche Heckenbepflanzung zur Einfassung dieser Bereiche vorgenommen werden, die von den Sondernutzungsberechtigten zu dulden ist. Die
Pflege dieser Hecken obliegt nicht den Sondernutzungsberechtigten, sondern der WEG. Dem beauftragten Gärtner oder Hauswart ist hierfür Zutritt
zu gewähren.*[2]

## § 4 Gegenstand des Wohnungs- bzw.
## Teileigentums

**(1)** Wohnungseigentum, Teileigentum: Wohnungseigentum ist das Sondereigentum an einer Wohnung in Verbindung mit dem Miteigentumsan-

---

1    Die Berechnung der Miteigentumsanteile muss nicht nach dem Verhältnis der
Wohn- bzw. Nutzflächen erfolgen. Eine unterschiedliche Wertung gleich großer Wohnungen kann durch die Lage im Gebäude (Straßen- oder Gartenseite, Erdgeschoss
oder Dachgeschoss) oder im Gelände (Burgblick oder Wohnung neben dem Müllsam-
melplatz) begründet sein. Die Grundlagen der Aufteilung, die weitgehend im Ermessen
des Aufteilers stehen, sollten in der Teilungserklärung erläutert sein, um Transparenz zu
schaffen, was in der Praxis aber fast nie der Fall ist.

2    Weitere Bestimmungen, etwa über das Zugänglichmachen und Freihalten von sogenannten Aufstellflächen für die Feuerwehr im Außenbereich, sind möglich.

teil an dem gemeinschaftlichen Eigentum, zu dem es gehört. Teileigentum ist das Sondereigentum an nicht zu Wohnzwecken dienenden Räumen des Gebäudes in Verbindung mit dem Miteigentumsanteil an dem gemeinschaftlichen Eigentum, zu dem es gehört.

**(2)** Gegenstand des Sondereigentums sind die gemäß § 2 dieser Teilungserklärung bestimmten Räume sowie die zu diesen Räumen gehörenden Bestandteile des Gebäudes, die verändert, beseitigt oder eingefügt werden können, ohne dass dadurch das gemeinschaftliche Eigentum oder ein auf dem Sondereigentum beruhendes Recht eines anderen Wohnungseigentümers über das nach § 14 WEGesetz zulässige Maß hinaus beeinträchtigt oder die äußere Gestaltung des Gebäudes verändert wird.

**(3)** Zum Sondereigentum gehören in den als Wohnungs- oder Teileigentum bezeichneten Räumen insbesondere:
- die nicht tragenden Innenwände zwischen den Räumen ein- und desselben Sondereigentums, Innenfenster und Innentüren,
- der Wand- und Deckenputz, und zwar unabhängig davon, ob die Wände im Gemeinschafts- oder im Sondereigentum stehen und ob sie tragend oder nicht tragend sind;
- Tapeten oder Wandverkleidungen aller Art, Fußbodenbeläge, Innenjalousien,
- alle Bad- und WC-Einrichtungen bzw. Armaturen sowie dergleichen in Küchen oder Wirtschaftsräumen, soweit diese im Bereich des Sondereigentums liegen.

**(4)** Zum Gemeinschaftseigentum gehören alle Gebäudeteile, Räume, Grundstücksflächen und Gegenstände, die nicht zu Sondereigentum erklärt werden können, sowie solche, die in dieser Teilungserklärung nicht zu Sondereigentum erklärt worden sind – auch wenn Sondernutzungsrechte daran begründet sein können. Insbesondere zählen zum Gemeinschaftseigentum:
- Außenwände und Baukern,
- baukörperliche Abgrenzungen des Sondereigentums, also Dach, Wände, Fenster, Wohnungs- und Hausabschlusstüren, Bodenplatte oder Bodenwanne,
- Bestandteile des Energiekonzeptes des Baukörpers, also alle Dämmungen (Außenwanddämmungen, Trittschalldämmungen etc.; nicht: Dämmtapeten im Sondereigentum), Isolierung, zentrale Klimatisierung und Beheizung,

- die leitungs- und kabelgebundene Versorgung, also Strom, Wasser, Gas, Kabelfernsehen, Telekommunikation (nicht: verbindungslose Einrichtungen im Sondereigentum),
- Ver- und Entsorgungsleitungen,
- Verkehrsflächen, Zu- und Abwege,
- Außenflächen (Dachflächen, Dachterrassen, Balkone, Balkonverglasungen, Terrassen, angebaute Wintergärten, Gartenflächen, Spielplatzausstattungen, Lampen und Zäune, Garagen, Stellplätze außen etc.).

**(5)** Zum Gemeinschaftseigentum zählt auch das Verwaltungsvermögen der WEG (WEG-Vermögen), insbesondere die Instandhaltungsrücklage. Eine Auszahlung oder Übertragung seines vermeintlichen Anteils an der Instandhaltungsrücklage kann von keinem Miteigentümer verlangt werden.

**(6)** Zum Gemeinschaftsvermögen gehören zudem bewegliche Sachen, die aus dem WEG-Vermögen angeschafft oder diesem zugeführt worden sind, *zum Beispiel Gartengeräte und Handwerkszeug*.

## § 5 Name

Die Wohnungseigentümergemeinschaft (WEG) führt den Namen *„Wohnanlage ABC-Straße 11–17 in Musterstadt"*.

**II. Bestimmungen über das Verhältnis der Eigentümer untereinander und die Verwaltung**

## § 1 Grundsatz

Das Verhältnis der Eigentümer untereinander bestimmt sich nach den §§ 10 bis 29 WEGesetz, soweit nachfolgend nicht etwas anderes bestimmt ist.

## § 2 Zweckbestimmung

**(1)** Die Wohnanlage dient Wohnzwecken. *Die Gewerbeeinheiten können zu Handel und Gewerbe, zu Dienstleistungen, als Büro oder Praxis genutzt werden. Die Erbringung von Tanzdarbietungen, sexuell ausgerichteten Diensten oder die Erbringung von Angeboten an Wohnsitzlose oder Drogenabhängige ist wegen des im Vordergrund stehenden Wohncharakters nicht zulässig.*

**(2)** Jede andere Nutzung ist nur mit schriftlicher und widerruflicher Zustimmung der WEG – vertreten durch den/die Verwalter/in – zulässig. Die Einwilligung ist zu versagen, wenn die abweichende Nutzung den Wohncharakter verändern oder das Gemeinschaftseigentum übermäßig oder belästigend in Anspruch nehmen würde.

## § 3 Art und Umfang der Nutzungen

**(1)** Jede/r Sondereigentümer/in hat das Recht, die in seinem Sondereigentum stehenden Gebäudeteile und -flächen oder solche, an denen er/sie ein Sondernutzungsrecht besitzt, beliebig zu nutzen. Das Gesagte gilt, soweit dem nicht das Gesetz, insbesondere die Vorschriften des Wohnungseigentumsgesetzes, öffentlich-rechtliche Bestimmungen, diese Teilungserklärung und Gemeinschaftsordnung oder die Beschlüsse und Vereinbarungen der Eigentümergemeinschaft, soweit sie ordnungsgemäßer Verwaltung entsprechen, entgegenstehen. Durch die Nutzung darf kein/e Sondereigentümer/in über das bei einem ordnungsgemäßen Zusammenleben hinausgehende Maß beeinträchtigt werden. Jede/r Sondereigentümer/in verpflichtet sich, auf Besucher, Kunden oder Mieter dahingehend einzuwirken, dass keine entsprechenden Störungen entstehen. Wird einem/einer Sondereigentümer/in das Recht zur alleinigen unentgeltlichen Nutzung bestimmter Teile des gemeinschaftlichen Eigentums als Sondernutzungsrecht eingeräumt, sind die übrigen Miteigentümer von der Mitbenutzung dauerhaft ausgeschlossen.

**(2)** Jede/r Miteigentümerin hat das Recht, die im Gemeinschaftseigentum stehenden Teile des Gebäudes mitzubesitzen und mitzubenutzen, soweit diese Rechte nicht in dieser Teilungserklärung und Gemeinschaftsordnung eingeschränkt oder ausgeschlossen sind. Das Recht kann auf Mieter und sonstige Berechtigte übertragen werden. Durch den Mitgebrauch des Gemeinschaftseigentums darf kein Mitglied der Eigentümergemeinschaft über das bei einem ordnungsgemäßen Zusammenleben hinausgehende Maß beeinträchtigt werden. Jede/r Sondereigentümer/in muss darauf hinwirken, dass seine/ihre Besucher, Kunden oder Mieter Störungen unterlassen.

**(3)** Die Sondereigentümer können durch Mehrheitsbeschluss eine Hausordnung festlegen, die den ordnungsgemäßen Gebrauch der im gemeinschaftlichen Eigentum stehenden Bestandteile des Grundstücks und des Gebäudes regelt.

## § 4 Nutzungsänderungen

**(1)** Eine vorübergehende Nutzung von Wohnungseigentum zu gewerblichen oder freiberuflichen Zwecken und von Teileigentum zu Wohnzwecken ist zulässig, soweit die übrigen Eigentümer nicht stärker beeinträchtigt werden als bei der vereinbarten Nutzung. Eine solche Nutzung ist vorübergehend, wenn sie nicht länger als *12 Monate* andauert.

**(2)** Eine dauerhafte Nutzung von Teileigentum als Wohnungseigentum oder von Wohnungseigentum für eine freiberufliche oder kleingewerbliche Tätigkeit mit nur wohnungstypischem Publikumsverkehr ist mit Zustimmung der WEG – vertreten durch den/die Verwalterin – zulässig. Eine (Nicht-)Zustimmung des Verwalters kann durch Mehrheitsbeschluss der Eigentümerversammlung abgeändert werden. Die Zustimmung darf nur aus wichtigem Grund verweigert werden, vor allem wenn
  – die geänderte Nutzung rechtlich unzulässig ist,
  – ein/e Miteigentümer/in über das bei einem ordnungsgemäßen Zusammenleben hinausgehende Maß beeinträchtigt wird oder
  – das Gemeinschaftseigentum durch die geplante Nutzungsänderung wesentlich stärker genutzt werden wird; in diesem Fall kann durch einen mehrheitlichen Beschluss der Eigentümerversammlung die Zustimmung daran geknüpft werden, dass der/die betroffene Eigentümer/in einen erhöhten Anteil an den gemeinschaftlichen Kosten und Lasten trägt.

## § 5 Werbeschilder

**(1)** Sondereigentümer, die gewerblich oder freiberuflich tätig sind, dürfen

Hinweisschilder zu Werbezwecken *an der Außenfassade des Gebäudes und/oder im Hausflur* mit Zustimmung der WEG – vertreten durch den/die Verwalter/in – anbringen. Der/die Verwalter/in darf die Zustimmung nur aus wichtigem Grund verweigern bzw. Auflagen machen oder Änderungen verlangen, zum Beispiel wegen

- einer von der Eigentümerversammlung beschlossenen Gestaltungs- und Platzierungsanweisung,
- der Sicherung der Beschilderung vor Witterungseinflüssen oder
- der Verkehrssicherungspflicht.

Eine (Nicht-)Zustimmung, Änderung oder Auflage des Verwalters kann durch Mehrheitsbeschluss der Eigentümerversammlung abgeändert werden.

**(2)** Die Kosten der Hinweisschilder sowie der Befestigung und der Beseitigung hat der/die jeweilige Sondereigentümer/in zu tragen. Er/sie ist verpflichtet, die Schilder unverzüglich zu entfernen, wenn die gewerbliche oder freiberufliche Nutzung endet oder er/sie die WEG verlässt. Dem/der Sondereigentümer/in bleibt vorbehalten, noch für einen Zeitraum von *drei Monaten nach dem Auszug* in gleicher Form auf die Verlegung der Geschäftsräume hinzuweisen.

## § 6 Vermietung

**(1)** Jede/r Sondereigentümer/in ist berechtigt, sein/ihr Sondereigentum mit den verbundenen Sondernutzungsrechten zu vermieten oder Dritten zur Nutzung zu überlassen. Eine Vermietung oder dauerhafte Nutzungsüberlassung ist der WEG – vertreten durch den/die Verwalter/in – unverzüglich anzuzeigen.

**(2)** Abweichend davon nicht zulässig ist/sind

- *die Vermietung oder Nutzungsüberlassung an einen ständig wechselnden Personenkreis (zum Beispiel als Ferienwohnung, an Medizin- oder an Wochenendtouristen),*
- *die getrennte Vermietung von Sondernutzungsflächen (zum Beispiel Kfz-Stellplätze).*

**(3)** Die Sondereigentümer verpflichten sich untereinander zu Folgendem: Vermietende Sondereigentümer haben Mietern alle Verpflichtungen aufzuerlegen, die sich aus dieser Gemeinschaftsordnung sowie ggf. der

Hausordnung für die Benutzung des Sondereigentums und des gemeinschaftlichen Eigentums ergeben. Sie haftet für die Verstöße der Mieter wie für eigene Verstöße. Stören oder belästigen Mieter die anderen Bewohner in unzumutbarer Weise, ist der/die Vermieter/in verpflichtet, die Unterlassung der Störung zu verlangen und das Mietverhältnis gegebenenfalls zu kündigen.

## § 7 Veräußerung

Jede/r Sondereigentümer/in ist berechtigt, sein/ihr Sondereigentum mit den verbundenen Sondernutzungsrechten frei zu veräußern. Die Veräußerung ist der WEG – vertreten durch den/die Verwalter/in – unverzüglich anzuzeigen.

## § 8 Mehrheit von Eigentümern, Auslandsaufenthalt

(1) Gehört ein Sondereigentum oder Sondernutzungsrecht mehreren Personen gemeinschaftlich, sind sie verpflichtet, einen der Mehrpersoneneigentümer als ihre/n Vertreter/in zu bevollmächtigen. Die Vollmacht ist für alle im Zusammenhang mit dem Sonder- und Gemeinschaftseigentum und mit eventuellen Sondernutzungsrechten stehenden Rechte und Pflichte zu erteilen, insbesondere für die umfassende Vertretung in der Eigentümerversammlung und die Abgabe und den Empfang von Willenserklärungen und Zustellungen. Wird kein Bevollmächtigter benannt, gilt jeder der Mehrpersoneneigentümer als alleinvertretungsberechtigt. Sind Eheleute oder Mitglieder einer eingetragenen Lebenspartnerschaft Eigentümer des Sondereigentums, gelten diese solange jeweils einzeln für die Eheleute oder Lebenspartnerschaft als vertretungsberechtigt, bis der WEG – vertreten durch die/den Verwalter/in – etwas anderes angezeigt wird.

(2) Ist ein/e Eigentümer/in nicht nur vorübergehend an der Besorgung seiner Angelegenheiten gehindert oder hat ein/e Eigentümer/in seinen/ihren Wohnsitz im Ausland, hat er/sie einen Zustellungsbevollmächtigten mit Wohnsitz in Deutschland zu bestellen. Solange von Eigentümern mit

Wohnsitz im Ausland keine Vollmacht vorliegt, ist der/die Verwalter/in zur Entgegennahme von Zustellungen berechtigt.

**(3)** Vollmachten nach den Absätzen 1 und 2 sind der WEG – vertreten durch den/die Verwalter/in – bekannt zu geben. Auf Beschluss der WEG sind solche Vollmachten in öffentlich beglaubigter Form zu erteilen.

## § 9 Instandhaltung und Instandsetzung

**(1)** Die WEG ist verpflichtet, die im Gemeinschaftseigentum stehenden Bestandteile des Grundstücks und die Bestandteile des Gebäudes instand zu halten und zu setzen. Zur Instandhaltung zählen auch die Maßnahmen der sogenannten modernisierenden Instandhaltung, also Erneuerungen, die durch den Fortschritt der Technik und der Wohn- und Lebensverhältnisse erforderlich werden, eine Erweiterung und/oder Veränderung des ursprünglichen Zustandes bringen und aus der Sicht eines wirtschaftlich denkenden und handelnden Wohnungseigentümers, der erprobten technischen Neuerungen gegenüber aufgeschlossen ist, sinnvoll erscheinen.

**(2)** Für die Instandhaltung und Instandsetzung des Gemeinschaftseigentums hat die WEG eine mittel- und langfristige Instandhaltungsplanung vorzunehmen. Hierfür werden der Verwaltungsbeirat und die Verwaltung mindestens *einmal* pro Kalenderjahr die Wohnanlage begehen und den voraussichtlichen Instandhaltungs- und Instandsetzungsbedarf des Gemeinschaftseigentums feststellen. Die Verwaltung führt Protokoll und erstellt einen Instandhaltungsplan, *der mit dem Verwaltungsbeirat abzustimmen ist* (**Alternativ:** *der der Eigentümerversammlung zur Abstimmung vorgelegt wird.*) Die Kosten der in den nächsten *fünf Jahren* voraussichtlich anfallenden Instandhaltungs- und Instandsetzungsarbeiten sind anschließend im Wege einer Schätzung zu ermitteln.

**(3)** Die geschätzten Kosten der Instandhaltungs- und Instandsetzungsarbeiten sind der Planung der Instandhaltungsrückstellung zugrunde zu legen. Somit sind der nach § 21 Abs. 5 Nr. 4 WEGesetz von der WEG zu bildenden Instandhaltungsrückstellung jährlich mindestens so hohe Einzahlungen zuzuführen, dass die Kosten der Instandhaltung oder -setzung voraussichtlich ohne Erhebung von Sonderumlagen aus der Rücklage bezahlt werden können.

**(4)** Jede/r Sondereigentümer/in ist verpflichtet, sein/ihr Sondereigentum so instand zu halten und zu setzen, dass kein Mitglied der WEG oder sonstiger Berechtigte über das bei einem ordnungsgemäßen Zusammenleben hinausgehende Maß beeinträchtigt wird.[3]

**(5)** Jede/r Sondereigentümer/in ist ferner verpflichtet, nach rechtzeitiger Ankündigung das Betreten der zu seinem/ihrem Sondereigentum oder Sondernutzungsrecht gehörenden Räume oder Flächen zu gestatten, soweit dies zur Instandhaltung oder Instandsetzung des Gemeinschaftseigentums oder eines anderen Sondereigentums erforderlich ist. Die Ankündigung ist rechtzeitig erfolgt, wenn sie dem/der betroffenen Sondereigentümer/in mindestens *zwei* Wochen vor dem geplanten Termin zugegangen ist.

## § 10 Modernisierungen

**(1)** Modernisierungen sind bauliche Veränderungen ohne Reparaturanlass, durch die nachhaltig Energie oder Wasser eingespart oder das Klima geschützt, der Gebrauchswert oder die allgemeinen Wohnverhältnisse dauerhaft verbessert werden sollen oder durch die das Gemeinschaftseigentum an den Stand der Technik angepasst werden soll (vgl. § 22 Abs. 2 WEGesetz in Verbindung mit § 555b Ziffer 1–5 BGB). Modernisierungen können mit einer doppelt qualifizierten Mehrheit beschlossen werden: Dafür stimmen müssen
  – *3/4* (**alternativ:** *2/3*) *aller stimmberechtigten* (**alternativ:** *aller anwesenden stimmberechtigten*[4]) Sondereigentümer,
  – die zusammen über mehr als der Hälfte der Miteigentumsanteile verfügen.

**(2)** Die Kostenverteilung einer Modernisierung des gemeinschaftlichen Eigentums erfolgt nach Miteigentumsanteilen, wenn nicht nach § 16 Abs. 4 WEGesetz eine andere Kostenverteilung festlegt; *hierfür ist dieselbe*

---

3    So steht es schon im WEGesetz. Doch es dient der Aufklärung der Miteigentümer, wenn die Gemeinschaftsordnung es wiederholt.

4    Diese Formulierung erleichtert Modernisierungsbeschlüsse, wenn viele Miteigentümer der Eigentümerversammlung fernbleiben und nur deswegen die erforderliche Mehrheit nicht erreicht wird. Ob das gewünscht wird, ist abzuwägen.

*Mehrheit erforderlich, die § 10 Abs. 1 dieser Gemeinschaftsordnung bestimmt.*

## § 11 Bauliche Veränderungen

**(1)** Bauliche Veränderungen am Sondereigentum, die zum Gemeinschaftseigentum gehörende Bestandteile des Gebäudes beeinträchtigen, bedürfen der Zustimmung der WEG vertreten durch den/die Verwalter/in. Die Zustimmung darf nur aus wichtigem Grund verweigert werden, zum Beispiel wenn der/die die bauliche Veränderung beantragende Sondereigentümer/in

– nicht nachweist, dass die gewünschte Maßnahme sach- und fachgerecht geplant ist und die bauliche Ausführung den allgemein anerkannten Regeln der Technik entsprechen wird,

– keine Baugenehmigung, Standsicherheits- und Brandschutznachweise vorlegt bzw. nicht nachweist, dass so etwas nicht erforderlich ist,

– mit der Baumaßnahme gegen Auflagen des Denkmalschutzes verstößt oder

– die Ausführung der Maßnahme den Miteigentümern nicht *zwei* Wochen vor Beginn schriftlich anzeigt.

Die Zustimmung oder Verweigerung des Verwalters kann durch einen Beschluss der Eigentümerversammlung ersetzt werden.

**(2)** Unter den in Absatz 1 genannten Voraussetzungen kann und darf durch die Teilung eines bestehenden Sondereigentums weiteres Sondereigentum begründet werden. Ebenso können mehrere Sondereigentumseinheiten zu einem Sondereigentum zusammengelegt werden. In diesem Zusammenhang darf Gemeinschaftseigentum durchbrochen oder dürfen bestehende Durchbrüche verändert werden (zum Beispiel Decken und Wände), um einen Zugang vom Gemeinschaftseigentum zum neuen Sondereigentum zu schaffen oder Sondereigentumseinheiten zu verbinden bzw. zu trennen. Der änderungswillige Sondereigentümer hat der WEG auf deren Wunsch Sicherheit für die geplanten Maßnahmen zu leisten und ist verpflichtet, die erforderlichen bau- und öffentlich-rechtlichen Genehmigungen oder Bescheinigungen nach § 7 Abs. 4 Nr. 2 WEGesetz, sowie – soweit zur Aufrechterhaltung oder Herstellung einer gültigen Rechtslage erforderlich – die Änderungen der Aufteilung im Grundbuch auf seine Kosten zu wahren. Die übrigen Miteigentümer sind zur unentgeltlichen Mitwirkung und Abgabe der erforderlichen Erklärungen gegenüber den Miteigentümern oder gegenüber dem Grundbuchamt verpflichtet.

**(3)** Bauliche Veränderungen am Gemeinschaftseigentum bedürfen der Zustimmung aller beeinträchtigten Miteigentümer. Die Zustimmung einzelner Miteigentümer ist nicht erforderlich, wenn diese durch die bauliche Veränderung nicht über das bei einem ordnungsgemäßen Zusammenleben hinausgehende Maß beeinträchtigt werden. Miteigentümer, die ihre Zustimmung nicht erteilt haben, sind nicht verpflichtet, sich an den Kosten und Lasten zu beteiligen.

## § 12 Sondernutzungsrechte

**(1)** Sondernutzungsrechte an Räumen und Flächen des Gemeinschaftseigentums entstehen, soweit sie in der Aufteilungsbeschreibung und im Aufteilungsplan (Anlage 1) übereinstimmend dem Miteigentumsanteil zugeordnet sind oder durch Vereinbarung oder vereinbarungsersetzenden Beschluss gebildet werden. Sie berechtigen den/die betreffende/n Miteigentümer/in zur ausschließlichen Nutzung dieser Räume und Flächen oder zu den ansonsten vereinbarten Rechten.

**(2)** Die jeweiligen Sondereigentümer tragen die Kosten der Pflege, Instandhaltung und Instandsetzung sowie der Verkehrssicherung für die ihnen zugeordneten Sondernutzungsflächen. Die Instandhaltungslast des die Fläche umschließenden Gemeinschaftseigentums verbleibt bei der WEG.[5]

---

5  Sondernutzungsrechte beziehen sich regelmäßig nur auf die Flächen (ähnlich wie im Fall des Sondereigentums, das ja nicht den Gebäudekern, sondern nur die Innenräume umfasst). Somit kommen als Instandhaltungsmaßnahmen vor allem die Reinigung in Fragen, bei Gartenanteilen die Bepflanzung innerhalb der Abgrenzung. Typische Sondernutzungsrechte betreffen Balkone, Gartenparzellen, Gartenhäuser, Wegerechte, Außenparkplätze sowie Stellplätze oder Duplexparker in Tiefgaragen. Die Instandhaltungslast des die Fläche umschließenden Gemeinschaftseigentums (Balkonbrüstung, Zaun, Hecke etc.) sollte bei der WEG verbleiben.

# § 13 Kosten und Lasten

**(1)** Jede/r Sondereigentümer/in trägt die Kosten und Lasten selbst, die sein/ihr Sondereigentum oder seine/ihre Sondernutzungsrechte betreffen.

**(2)** Die Kosten und Lasten des Gemeinschaftseigentums trägt jede/r Sondereigentümer/in nach den folgenden Grundsätzen[6]:

a) Heizung und Warmwasserversorgung
Die Kosten für die Heizung und die Warmwasserversorgung werden nach den Grundsätzen der Heizkostenverordnung verteilt. Dabei sind 30 % der Kosten **(alternativ:** 40 % oder 50 %) nach dem Anteil der beheizbaren Wohn-/Nutzfläche an der beheizbaren Gesamtwohn- bzw. Gesamtnutzfläche verteilt und 70 % der Kosten **(alternativ:** 60 % oder 50 %, s.o.) werden nach dem erfassten Verbrauch umgelegt.

b) Abrechnung nach Verbrauch
Soweit Verbrauchserfassungsgeräte installiert sind, werden die entsprechenden Kosten gemäß dem Verbrauch auf die Sondereigentümer umgelegt.

c) Verwaltungskosten
Die Kosten der Verwaltung gemäß Verwaltervertrag werden als einheitlicher Pauschalbetrag je Wohnungs- oder Teileigentum verteilt.

d) Kabel- und Kommunikationsanschlüsse
Die nicht verbrauchsabhängigen Kosten für einen Kabelanschluss sowie andere Kommunikationskosten werden als einheitlicher Pauschalbetrag je Wohnungs- oder Teileigentum verteilt.

e) Müllentsorgung
Die Kosten der Müllentsorgung für das Gemeinschaftseigentum und das zu Wohnzwecken genutzte Sondereigentum tragen die Wohnungseigentümer gemäß der Anzahl der im Haushalt lebenden Personen. Jede/r Wohnungseigentümer/in ist verpflichtet, Änderungen der Personenzahl unverzüglich dem Verwalter mitzuteilen. Das gilt auch bei Vermietung der Wohnung.

---

6    Aufgeführt sind hier die in den meisten Fällen sinnvollen Regelungen. Je nach Art der WEG können weitere Kostenverteilungsschlüssel interessengerecht sein. Jede Jahresabrechnung basiert allerdings auf den gewählten Kostenschlüsseln und ist nur nachrechenbar, wenn die Regelungen transparent und nicht zu kompliziert sind.

**(Alternativ:** *... gemäß dem Anteil ihrer Wohnfläche an der Gesamtwohnfläche ohne die Nutzflächen gewerblich genutzter Einheiten.)*

Die Kosten der Müllentsorgung für jedes gewerblich oder freiberuflich genutzte Teileigentum trägt der/die Sondereigentümer/in selbst. Wird eine gewerbliche oder freiberufliche Tätigkeit in einem Wohnungseigentum ausgeübt, kann die Eigentümerversammlung beschließen, dass die tatsächlichen oder fiktiven („als ob") Kosten der Müllentsorgung für dieses Wohnungseigentum von dem/der betreffenden Sondereigentümer/in allein zu tragen sind.

**(3)** Gebrauchen Sondereigentümer oder Nutzer des Sondereigentums das Gemeinschaftseigentum überdurchschnittlich, kann die Eigentümergemeinschaft durch einen Beschluss von ¾ aller stimmberechtigten Miteigentümer ein erhöhtes Nutzungsentgelt festsetzen.

**(4)** Kosten für die Beseitigung von Schäden am Gemeinschaftseigentum trägt der/die Sondereigentümer/in, der/die diese Schäden vorsätzlich oder fahrlässig verursacht hat. Handlungen eventueller Haushaltsmitglieder oder anderer Nutzer sind Sondereigentümern wie selbst verursachte Schäden zuzurechnen.

**(5)** Ob das beschädigte Gemeinschaftseigentum frei zugänglich ist oder in Bereichen liegt, an denen Sondereigentum oder Sondernutzungsrechte bestehen (zum Beispiel Fenster, Heizkörper, Balkone), ist unerheblich.

## § 14 Erlöse und Nutzungen

**(1)** Erlöse aus der Nutzung von Gemeinschaftseinrichtungen[7] werden *den Einnahmen der WEG oder dem WEG-Vermögen zugeführt*. **(Alternativ:** *Jede/r Sondereigentümer/in erhält den Erlös aus der Nutzung von Gemeinschaftseigentum gemäß seinem Miteigentumsanteil. Die Abrechnung erfolgt mit der Jahresabrechnung (Einzelabrechnung).)*

---

7   Beispiele: Einspeisevergütungen, Erlöse aus im Gemeinschaftseigentum stehenden Parkplätzen oder Waschmaschinenmarken, dem Betrieb einer gemeinschaftlichen Sauna, der Miete für eine Hausmeisterwohnung der WEG o.ä.

**(2)** Hat ein/e Sondereigentümer/in die Zustimmung zu einer baulichen Veränderung gemäß § 22 Abs. 1 WEGesetz verweigert und ist er/sie an den Kosten dieser Maßnahme nicht beteiligt gewesen, kann er/sie keinen Anteil an den Nutzungen aus dieser Maßnahme verlangen. Dies gilt auch für Rechtsnachfolger (z.B. Käufer, Erben des Sondereigentums).

## § 15 Eigentümerversammlung und Stimmrechte

**(1)** Eine Eigentümerversammlung ist mindestens einmal pro Jahr einzuberufen. Hierfür ist ein Termin im *2. Quartal*[8] des Jahres zu wählen. Darüber hinaus ist eine außerordentliche Eigentümerversammlung einzuberufen, wenn dies den Grundsätzen ordnungsgemäßer Verwaltung entspricht oder von mehr als *25 %* (**Alternativ:** *10 %*)[9] der Sondereigentümer (berechnet nach dem Kopfprinzip) verlangt wird.

**(2)** Die Einberufung ist ordnungsgemäß, wenn die Einladung vier Wochen vor dem geplanten Termin den Sondereigentümern zugeht. Von der Frist darf nur in dringenden Fällen abgesehen werden. Dringlichkeit liegt z.B. vor, wenn mit kürzerer Frist auf Ansprüche oder Rechtsmittel reagiert werden muss, die für oder gegen die WEG geltend gemacht werden, oder wenn der WEG wegen einer mangelhaften bzw. unterlassenen Verwaltungsentscheidung Nachteile drohen oder deren Eintritt wahrscheinlich ist.

**(3)** Jede Eigentümerversammlung *muss auf einen Werktag einberufen werden. Sie darf nicht während der Schulferien des Bundeslandes stattfinden, in dem sich die Wohnanlage befindet, ebenso wenig an Brückentagen zwischen zwei Feiertagen, soweit kein wichtiger Grund vorliegt.*

**(4)** Die Eigentümerversammlung ist beschlussfähig, wenn stimmberechtigte Miteigentümer mit mehr als der Hälfte der im Grundbuch eingetra-

---

8    Eine solche Vorgabe schafft Terminsicherheit und betont die Ernsthaftigkeit der Forderung einer mindestens jährlichen Eigentümerversammlung. Alle nötigen Abrechnungen sollten bis zum 30.6. des auf das Wirtschaftsjahr folgenden Jahres vorliegen.

9    Die 25 % entsprechen der gesetzlichen Regelung (§ 24 Abs. 2 WEGesetz). Eine vertragliche Heraufsetzung dieser Hürde beschränkt Ihre Rechte gravierend, ist nicht zu empfehlen und zudem in ihrer Zulässigkeit umstritten.

genen Miteigentumsanteile vertreten sind. Ist die Erstversammlung nicht beschlussfähig, ist eine Zweitversammlung (Eventualversammlung) mit einer Einladungsfrist von *drei Wochen*[10] einzuberufen. Die Zweitversammlung ist schon beschlussfähig, wenn mindestens *ein/e Miteigentümer/in* (**Alternativen:** *zwei / zehn Miteigentümer/innen*) vertreten ist/sind, sofern hierauf in der Einberufung hingewiesen wurde.

**(5)** Für die Einberufung von Eigentümerversammlungen zuständig ist der/die Verwalter/in. Ist kein/e Verwalter/in bestellt oder weigert diese/r sich pflichtwidrig, eine Eigentümerversammlung einzuberufen, ist der/die Vorsitzende des Verwaltungsbeirats oder sein/e Stellvertreter/in dazu ermächtigt. Ist kein Beirat vorhanden oder weigert sich der/die Vorsitzende oder sein/e Stellvertreter/in pflichtwidrig, eine Eigentümerversammlung einzuberufen, können 10 % der Sondereigentümer (berechnet nach dem Kopfprinzip) die Eigentümerversammlung einberufen.

**(6)** *In der Eigentümerversammlung üben die Wohnungseigentümer ihr Stimmrecht wie gesetzlich vorgesehen nach dem Kopfprinzip aus: Jede/r Eigentümer/in einer oder mehrerer Sondereigentumseinheiten verfügt über eine Stimme.*

(**Alternativen:** *Das Stimmrecht in der Eigentümerversammlung richtet sich nach den im Grundbuch eingetragenen Miteigentumsanteilen (Verhältnisprinzip). Pro 1/10.000stel Miteigentumsanteil verfügt der/die Eigentümer/in über 1 Stimme.*

**Oder:** *Das Stimmrecht in der Eigentümerversammlung richtet sich nach der Anzahl der im Grundbuch eingetragenen Sondereigentumseinheiten im Haus (Objektprinzip). Jedes Wohnungseigentum und jedes Teileigentum (Gewerbeeinheit) gewährt dem/der Eigentümer/in eine Stimme.*)

Gehört eine Wohnung oder ein Teileigentum mehreren Personen gemeinschaftlich, können sie das ihnen zustehende Stimmrecht nur gemeinsam ausüben.

---

10   Auch wenn der Gesetzgeber die Einberufung der Zweitversammlung direkt nach der nicht beschlussfähigen Erstversammlung nicht ausschließt, empfiehlt WiE die hier genannte Regelung. Sie räumt jedem Eigentümer eine erneute Bedenkfrist ein. Ob Sie diesen Schutz als sinnvoll oder organisatorisch hinderlich werten, hängt von Ihrer persönlichen Situation ab.

# § 16 Beschlussfassungen

**(1)** Soweit die Sondereigentümer nicht Beschlüsse schriftlich mit Allzustimmung fassen, sind Beschlüsse in der Eigentümerversammlung zu fassen.

**(2)** Zur Vorbereitung der Beschlussfassungen hat die/der Einberufende die Sondereigentümer mit angemessener Frist zur Vorlage und Anmeldung von Beschlussgegenständen aufzufordern, wenn es sich um eine jährliche, allgemeine Eigentümerversammlung handelt.

**(3)** Beschlüsse fällen die Sondereigentümer in der Eigentümerversammlung mit einfacher Stimmenmehrheit, wenn dies nach den Vorschriften des Wohnungseigentumsgesetzes zulässig und in dieser Gemeinschaftsordnung nicht anders vereinbart ist. Beschlussanträge sind, soweit sie der Eigentümerversammlung nicht in Textform vorliegen, spätestens vor der Abstimmung in Textform zu erstellen, zu verlesen und dann zur Abstimmung zu stellen.

**(4)** Die Eigentümerversammlung leitet der/die Verwalter/in, soweit nicht durch Mehrheitsbeschluss ein/e andere/r Versammlungsleiter/in bestellt wird.

**(5)** *Der/die Versammlungsleiter/in hat die Eigentümerversammlung zu protokollieren.* (**Alternativ:** *Für jede Eigentümerversammlung ist ein Protokollführer aus den Reihen der Sondereigentümer zu wählen.*) Das Protokoll muss die gefassten Beschlüsse sowie den wesentlichen Inhalt der Versammlung im Rahmen eines sogenannten Ergebnisprotokolls wiedergeben. Beschlussfassungen über Maßnahmen der Instandhaltung und -setzung, über bauliche Veränderungen nach § 22 Abs. 1 WEGesetz sowie Beschlussfassungen zur Gestattung oder Genehmigung eines Eingriffs in das Gemeinschaftseigentum sowie über Verfügungen über das Verwaltungsvermögen oder eine Ermächtigung hierzu sind namentlich und unter Angabe der abstimmenden Sondereigentumseinheit(en) zu protokollieren, damit überstimmte Sondereigentümer die Möglichkeit einer rechtlichen Überprüfung der Mehrheitsentscheidung haben.

**(6)** Die Niederschrift des Protokolls ist zu unterschreiben von dem/der Versammlungsleiter/in, einem/r anwesenden Sondereigentümer/in und ggf. dem/der Verwaltungsbeiratsvorsitzenden bzw. dessen/deren Vertreter/in. Das unterschriebene Protokoll ist unverzüglich, spätestens binnen einer Frist von zwei Wochen beginnend mit dem Tag der Versammlung, allen Sondereigentümern der WEG zuzustellen. Das Protokoll dient dem Nachweis der Beschlussinhalte und der Abstimmungsergebnisse, ist aber keine Voraussetzung für Beschlusswirksamkeit, die aus Gründen der rechtssicheren Fristberechnung mit Verkündung durch den Versammlungsleiter eintreten soll.

**(7)** Beschlüsse der Eigentümerversammlung sind nach Maßgabe von § 27 Abs. 7 WEGesetz in die Beschlusssammlung aufzunehmen, und zwar mit einer Frist von drei Werktagen beginnend mit dem Tag nach der Eigentümerversammlung.

## § 17 Vertretung und Begleitung in der Eigentümerversammlung

**(1)** Jede/r Sondereigentümer/in kann sich in einer Eigentümerversammlung vertreten oder bei berechtigtem Interesse von einem Dritten begleiten lassen. Ein berechtigtes Interesse ist zum Beispiel gegeben, wenn sich der Sondereigentümer fachkundig zu Beschlussinhalten beraten oder aus Gründen einer Behinderung, einer Krankheit oder seines Alters unterstützen lassen will. Eine Vertretung ist nur wirksam, wenn die Vollmacht zu Beginn der Versammlung in Schriftform und im Original vorliegt. Solche Vollmachten müssen für alle Teilnehmer der Versammlung zur Einsichtnahme ausliegen.

**(2)** Eine Vollmacht zur Vertretung in der Eigentümerversammlung kann höchstens für die Dauer *eines Kalenderjahres* erteilt werden und soll regelmäßig mit Weisungen zu dem Abstimmungsverhalten versehen werden.

## § 18 Allgemeine Festlegungen für die Verwaltertätigkeit

**(1)** Über die Bestellung und Abberufung des/der Verwalters/in beschließen die Wohnungseigentümer mit *Stimmenmehrheit nach dem Kopfprinzip*[11]. Die Bestellung des ersten und aller weiteren Verwalter darf für höchstens drei (**alternativ:** *zwei*) Jahre erfolgen. Eine automatische Verlängerung der Bestellung ist unzulässig. Eine erneute Bestellung desselben Verwalters durch Beschluss der Eigentümerversammlung ist zulässig. Der Beschluss zur erneuten Bestellung darf frühestens ein Jahr vor Ablauf der aktuellen Bestellung gefasst werden.

**(2)** Die Bestellung eines Verwalters darf nicht erfolgen, solange der/die Verwalter/in für seine/ihre Verwaltungstätigkeit nicht den Abschluss und die Aufrechterhaltung einer angemessenen Vermögensschadens- und Betriebshaftpflichtversicherung nachgewiesen hat. Als Nachweis dienen die Police sowie ein Beleg über die Prämienzahlungen für das laufende Geschäftsjahr. Nachweise über die Prämienzahlung hat der/die Verwalter/in laufend und unaufgefordert dem Verwaltungsbeirat vorzulegen. Gibt es keinen Verwaltungsbeirat, sind alle Sondereigentümer berechtigt, diesen Nachweis jederzeit von dem/der Verwalter/in zu fordern.

**(3)** Ist eine Bestellung wirksam, ist die Abberufung des Verwalters ausgeschlossen, es sei denn, es liegt ein wichtiger Grund hierfür vor. Wichtige Gründe liegen beispielsweise vor, wenn der/die Verwalter/in
- Gelder der WEG mit seinem Privatvermögen oder mit dem Vermögen Dritter vermischt,
- die WEG-Konten nicht auf den Namen der WEG führt[12],
- eigenmächtig ohne WEG-Beschluss WEG-Vermögen verschiebt, verschleiert oder veruntreut, indem er/sie etwa WEG-Konten auflöst oder Verfügungsberechtigungen ändert,
- zahlungsunfähig ist,
- Prämien für seine/ihre Vermögensschaden- und Betriebshaftpflichtversicherung nicht zahlt,
- eigenmächtig ohne Beschluss Versicherungen der WEG kündigt oder Beiträge nicht zahlt,
- den Erhalt einer Vermittlungsprovision beim Abschluss eines Versicherungsvertrags oder bei Durchführung einer Baumaßnahme für die WEG nicht offenlegt,
- sich grundlos weigert, mit dem Verwaltungsbeirat zusammenzuarbeiten,

---

11   Dies verhindert, dass ein Mehrheitseigentümer allein über die Verwaltung entscheidet.

12   Ein Konto auf den Namen der WEG wird WEG-Eigenkonto genannt, häufig aber auch als offenes Fremdgeldkonto bezeichnet.

- wiederholt die Jahresabrechnung nicht bis zum vereinbarten Termin vorlegt,
- mehrfach grobe Fehler in der Jahresabrechnung zu vertreten hat,
- sich pflichtwidrig weigert, zur Eigentümerversammlung einzuladen,
- sich pflichtwidrig weigert oder untätig darin bleibt, Beschlüsse der Eigentümerversammlung zeitnah auszuführen,
- die Beschluss-Sammlung nicht zeitnah aktualisiert,
- wiederholt nicht das Protokoll der Eigentümerversammlung innerhalb der hierfür festgelegten Frist versendet,
- sich wiederholt weigert, einzelnen Sondereigentümern Akteneinsicht in Angelegenheiten der laufenden Verwaltung zu gewähren.

**(4)** Die Sondereigentümer sind verpflichtet,
- mit dem/der Verwalter/in einen schriftlichen Vertrag zu schließen,
- dem/der Verwalter/in eine Vollmachturkunde zu erteilen, aus welcher der Umfang der Vertretungsmacht hervorgeht,
- im Veräußerungsfall den/die Erwerber/in des jeweiligen Wohnungs- oder Teileigentums zu verpflichten, in den Verwaltervertrag einzutreten.

**(5)** Die Rechte und Pflichten des Verwalters ergeben sich aus §§ 27 und 28 WEGesetz, dem Verwaltervertrag sowie aus den Vorschriften dieser Gemeinschaftsordnung. Insbesondere ist der Verwalter verpflichtet,
- eine mittel- und langfristige Instandhaltungsplanung vorzunehmen und der Kalkulation der Instandhaltungsrücklage gemäß § 10 dieser Gemeinschaftsordnung zugrunde zu legen,
- den Sondereigentümern jederzeit und umfassend Auskunft über die Angelegenheiten der laufenden Verwaltung zu erteilen,
- Beschlüsse der WEG unverzüglich in die Beschlusssammlung einzutragen und den Miteigentümern auf deren Verlangen offen zu legen.

**(6)** Eine Entlastung des Verwalters findet nicht statt. Der/die Verwalter/in ist nicht[13] von den Beschränkungen des § 181 BGB befreit. Die WEG kann der/ dem Verwalter/in im konkreten Einzelfall durch Beschluss mit einfacher Stimmmehrheit von den Beschränkungen des § 181 BGB befreien.

**(7)** Endet die Bestellung des Verwalters durch Zeitablauf oder Abberufung, endet auch der Verwaltervertrag, ohne dass es einer gesonderten Kündigung bedarf.

# § 19 Verwaltungsbeirat

**(1)** Die Eigentümerversammlung kann einen Verwaltungsbeirat gemäß § 29 WEGesetz bestellen und seine Mitglieder („Beiräte") wählen. Die Eigentümerversammlung entscheidet per Mehrheitsbeschluss über die Anzahl der Beiräte, die Aufgaben des Beirats sowie den/die Verwaltungsratsvorsitzende/n und ggf. deren/dessen Stellvertreter/in. Jeder Sondereigentümer hat das Recht, eine geheime Wahl zur Bestellung der Mitglieder des Beirates, auch in Einzelwahlen, zu verlangen. Die Mitglieder des Verwaltungsbeirats werden für *3 Jahre* gewählt und bestellt. Eine Wiederwahl ist unbegrenzt möglich. Das Recht der Abberufung hat die Eigentümerversammlung, das Recht der Amtsniederlegung hat jedes Mitglied des Beirates, soweit diese nicht zur Unzeit ausgeübt wird.

**(2)** Die Gemeinschaft erstattet den Beiräten die im Zusammenhang mit dieser Tätigkeit entstandenen notwendigen Kosten gegen Nachweis[14]. Darüber hinaus kann die Eigentümerversammlung beschließen, ob und in welcher Höhe der Verwaltungsbeirat einen Anspruch auf eine Aufwandsentschädigung für seine Tätigkeit und eine fachliche Fortbildung hierfür hat.

**(3)** Die Mitglieder des Verwaltungsbeirats haften gegenüber der WEG für die Wahrnehmung ihrer Sorgfaltspflichten nur wie in eigenen Angelegenheit (vgl. § 277 BGB). Sie haben Anspruch auf Entlastung, wenn ihre Amtsführung den Grundsätzen ordnungsgemäßer Verwaltung entspricht. Die Mitglieder des Verwaltungsbeirats haben gegen die WEG einen Anspruch auf den Abschluss und die Aufrechterhaltung einer Vermögensschadenshaftpflichtversicherung für ihre Tätigkeit in angemessener Höhe (siehe § 23 dieser Gemeinschaftsordnung).

---

13   Dies werden Sie bei Erwerb einer noch zu errichtenden Immobilie immer umgekehrt lesen, weil der Verkäufer, wenn er ein Immobilienunternehmer ist, häufig auch Verwalterdienste, Hausmeister- oder Wartungsdienste oder Bauleistungen anbietet, und zumindest den von ihm eingesetzten Erstverwalter, von dieser rechtlichen Hürde befreien will. § 181 BGB ist aber eine wichtige, allgemeingültige Schutzvorschrift für den Vertretenen (hier die WEG) und sollte nicht unbedacht preisgegeben werden.

14   Beiräte investieren bereits ihre Freizeit in ihr Ehrenamt. Für ihre Fortbildung muss die WEG aufkommen. Nach § 670 ff. BGB können sie die Erstattung der Kosten und Auslagen für ihr Amt verlangen. Zu den möglichen Aufwandsentschädigungen zählen neben Porto-, Telefon- und Fahrtkosten auch Fachliteratur und die Teilnahme an Ausbildungs- und Fortbildungsveranstaltungen.

## § 20 Führung und Kontrolle der Bankkonten

**(1)** Der/die Verwalter/in ist verpflichtet, für die WEG sowohl ein Konto für die Einnahmen und Ausgaben der laufenden Verwaltung als auch separat ein Konto für die Instandhaltungsrückstellung einzurichten. Die Konten müssen als WEG-Eigenkonten auf den Namen *„Wohnanlage ABC-Straße 11–17 in Musterstadt"* geführt werden.

**(2)** Der/die Verwalter/in hat darüber hinaus dafür zu sorgen[15], dass
– der WEG die Kontenauszüge des Kreditinstituts und die Konteneröffnungsunterlagen (Kontenvertragsformulare) im Original zugänglich gemacht werden,
– das gewählte Kreditinstitut der WEG verschiedene Kontenkontrolldienste anbietet, zum Beispiel die jederzeitige Online-Einsichtsmöglichkeit in alle WEG-Konten und die Zusendung der originalen Kontoauszüge an den Verwaltungsbeirat,
– das gewählte Kreditinstitut bei Eröffnung eines vorläufigen Insolvenzverfahrens oder Insolvenz des Verwalters jedem/r Wohnungseigentümer/in, der/die sich legitimieren kann, Auskunft über und Einsicht in die WEG-Konten erteilt.

**(3)** Die Kontenkontrollmöglichkeiten sind den jeweiligen neuen technischen Entwicklungen anzupassen.

**(4)** Die Kontovollmacht für das Instandhaltungsrücklagenkonto ist gegenüber der kontoführenden Bank oder Sparkasse so zu beschränken, dass für Verfügungen, die *über … Euro* (**alternativ:** *über monatlich … Euro*) hinausgehen, die Zweitunterschrift eines Mitglieds des Verwaltungsbeirats – oder falls nicht vorhanden eines per WEG-Beschluss bestimmten Sondereigentümers – erforderlich ist.

**(5)** Ohne ausdrücklichen Beschluss der WEG ist der Verwalter nicht berechtigt, Gelder der Instandhaltungsrückstellung zweckwidrig – etwa für die Begleichung von Verbindlichkeiten der laufenden Verwaltung – zu verwenden.

---

15  Diese Regelung findet sich – noch – in kaum einer Gemeinschaftsordnung, wird von WiE aber im Interesse des Verbraucherschutzes und zur Veruntreuungsvorbeugung nachdrücklich empfohlen.

## § 21  Wirtschaftsplan

**(1)** Das Wirtschaftsjahr entspricht dem Kalenderjahr.[16]

**(2)** Der/die Verwalter/in ist verpflichtet, für jedes Jahr einen Wirtschafts-plan mit Gesamt- sowie Einzelwirtschaftsplan für jede/n Sondereigentü-mer/in zu erstellen.

Der Gesamtwirtschaftsplan muss enthalten
- die voraussichtlichen Einnahmen und Ausgaben für die Verwaltung des Gemeinschaftseigentums (laufende Bewirtschaftungskosten) sowie·den WEG-Jahresbeitrag zur Instandhaltungsrückstellung ge-mäß § 10 dieser Gemeinschaftsordnung.
- Die Einzelwirtschaftspläne müssen die sich aus dem Wirtschaftsplan ergebenden monatlichen Vorauszahlungen (das sogenannte Haus-geld) und die sonstigen Zahlungspflichten für den/die einzelne/n Sondereigentümer/in enthalten, die entsprechend der gesetzlichen oder vereinbarten Kostenverteilungsschlüssel zu errechnen sind.

**(3)** Der Wirtschaftsplan (Entwurf) muss dem Verwaltungsbeirat zur Prü-fung vorgelegt werden, und zwar bis *spätestens zum 31. März des laufen-den Wirtschaftsjahrs* (**alternativ:** *zwei Monate vor der Eigentümerver-sammlung*). Die Frist kann aus sachlichen Gründen verlängert werden. Der mit dem Beirat abgestimmte Wirtschaftsplan ist allen Wohnungs- und Teileigentümern mindestens vier Wochen vor der Eigentümerver-sammlung vorzulegen, in der über den Wirtschaftsplan beschlossen wer-den soll.

**(4)** Der Wirtschaftsplan ist von der Eigentümerversammlung mit Stim-menmehrheit zu beschließen; bis zur ersten Eigentümerversammlung ist die/der Verwalter/in (bei deren/dessen Fehlen die mit Auflassungsvormer-kung im Grundbuch eingetragenen und die besitzenden werdenden Ei-gentümer gemeinsam) ermächtigt, ein zur Deckung der Bewirtschaf-tungskosten angemessenes Hausgeld festzusetzen. Das Hausgeld gemäß dem beschlossenen Wirtschaftsplan ist jeweils zum dritten Werktag des Monats zur Zahlung fällig. *Die Sondereigentümer sind verpflichtet, das*

---

16  Ein vom Kalenderjahr abweichendes Wirtschaftsjahr ist verwaltungstechnisch aufwen-diger und intransparenter abzurechnen. Das verursacht unnötige Kosten und Probleme.

*Hausgeld fristgerecht an die WEG – vertreten durch den/die Verwalter/in – zu überweisen.* (**Alternativ:** *Jeder Sondereigentümer ist verpflichtet, dem Verwalter eine Lastschriftermächtigung für die jeweils fälligen Zahlungen zu erteilen.*) Das Recht der Sondereigentümer zur Zurückbehaltung und Aufrechnung gegen Hausgeldforderungen ist – soweit diese Forderungen nicht unstreitig oder rechtskräftig festgestellt sind – ausgeschlossen um die Bewirtschaftung des Gemeinschaftseigentums nicht zu gefährden.

**(5)** Die Verpflichtung zur Zahlung des Hausgelds in der beschlossenen Höhe gilt fort, bis die WEG einen neuen Wirtschaftsplan beschließt.

**(6)** Ansprüche der WEG auf Hausgeldzahlungen oder Sonderumlagen darf ein/e Sondereigentümer/in nur mit unbestrittenen oder rechtskräftig festgestellten Verbindlichkeiten der WEG ihm/ihr gegenüber aufrechnen. Das gilt entsprechend für ein unbestrittenes oder rechtskräftig festgestelltes Zurückbehaltungsrecht, dessen Ausübung einer Aufrechnung gleichkommt.

**(7)** Bei Zahlungsverzug eines Sondereigentümers sind die Guthaben bzw. die rückständigen Hausgeldzahlungen oder Sonderumlagen mit einem Zinssatz von *5 Prozentpunkten über dem Basiszinssatz nach § 247 BGB* pro Jahr zu verzinsen. Hinterlegungen oder Zahlungen auf ein Sperrkonto gelten als Zahlungsverzug.

**(8)** Die WEG – vertreten durch den/die Verwalter/in – hat bei Rückständen von Hausgeld oder Sonderumlagen ein effektives Forderungsmanagement zu betreiben.

## § 22 Jahresabrechnung

**(1)** Der/die Verwalter/in ist verpflichtet, nach Ablauf eines Wirtschaftsjahres die Jahresabrechnung zu erstellen. Enthalten muss die Jahresabrechnung vor allem diese Bestandteile:
- Gesamtabrechnung,
- Einzelabrechnungen,
- Übersicht über alle Einzelabrechnungen,
- Entwicklung der Instandhaltungsrückstellung (differenziert nach IST- und SOLL-Rückstellung),
- *Auflistung sämtlicher Forderungen und Verbindlichkeiten der WEG am 31.12 des Wirtschaftsjahres gegenüber Dritten oder Miteigentü-*

*mern unter Angabe von Schuldner/Gläubiger, Höhe und Fälligkeit* (**alternativ:** *Vermögensstatus unter Angabe von Schuldner/Gläubiger, Höhe und Fälligkeit*).

**(2)** Die Jahresabrechnung (Entwurf) muss dem Verwaltungsbeirat zur Prüfung vorgelegt werden, und zwar bis spätestens zum *31. März des auf das Wirtschaftsjahr folgenden Kalenderjahres* (**alternativ:** *zwei Monate vor der geplanten Eigentümerversammlung*). Die Frist kann aus sachlichen Gründen verlängert werden. Die mit dem Beirat abgestimmte Jahresabrechnung ist allen Sondereigentümern mindestens vier Wochen vor der Eigentümerversammlung vorzulegen, auf der über die Jahresabrechnung beschlossen werden soll.

**(3)** Die Jahresabrechnung ist von der Eigentümerversammlung mit Stimmenmehrheit zu beschließen. Binnen *zehn* Bankarbeitstagen nach Beschluss über die Jahresabrechnung ist der Verwalter zur Überweisung sich ergebender Guthaben oder zum Lastschrifteinzug von Nachzahlungen verpflichtet. Die Verwaltung darf Guthaben mit eventuell bestehenden Zahlungsrückständen der jeweiligen Sondereigentümer verrechnen.

**(4)** Jede/r Sondereigentümer/in ist verpflichtet, eine eventuell beschlossene Nachzahlung binnen einer Frist von *zehn* Bankarbeitstagen nach dem Beschluss über die Jahresabrechnung an die WEG zu leisten. Ansprüche der WEG darf ein/e Sondereigentümer/in nur mit unbestrittenen oder rechtskräftig festgestellten Verbindlichkeiten der WEG ihm/ihr gegenüber aufrechnen. Das gilt entsprechend für ein unbestrittenes oder rechtskräftig festgestelltes Zurückbehaltungsrecht, dessen Ausübung einer Aufrechnung gleichkommt.

**(5)** Bei Zahlungsverzug der WEG oder eines Sondereigentümers sind die Guthaben bzw. die rückständigen Zahlungen mit einem Zinssatz von *5 Prozentpunkten über dem Basiszinssatz nach § 247 BGB* pro Jahr zu verzinsen. Hinterlegungen oder Zahlungen auf ein Sperrkonto gelten als Zahlungsverzug.

## § 23  Versicherungen

**(1)** Für das Sondereigentum und das Gemeinschaftseigentum sind von der WEG – vertreten durch den/die Verwalter/in – folgende Versicherungen abzuschließen:

1. eine Versicherung gegen Inanspruchnahme aus der gesetzlichen Haftpflicht der WEG für das gemeinschaftliche Eigentum am Grundstück;

2. eine Feuerversicherung und eine damit verbundene Wohngebäudeversicherung für das Sonder- und das Gemeinschaftseigentum;

3. eine Haftpflichtversicherung für Gewässerschäden, soweit Öltanks zum Gebäude gehören;

4. eine Leitungswasserschadensversicherung, soweit sie nicht Bestandteil der Wohngebäudeversicherung ist;

5. eine Versicherung gegen Elementarschäden, insbesondere gegen Sturm-, Hagel- und Hochwasserschäden[17];

6. eine Vermögensschadenshaftpflichtversicherung für die Mitglieder des Verwaltungsbeirats.

Die Sachversicherungen sind zum gleitenden Neuwert abzuschließen, die Haftpflichtversicherungen in angemessener Höhe.

**(2)** Der/die Verwalter/in ist nicht berechtigt, eine oder mehrere der vorstehenden Versicherungen ohne Beschluss der WEG zu kündigen. Die Kündigung mit Neuabschluss oder die Änderung eines Versicherungsvertrags bedarf der Zustimmung der Eigentümerversammlung oder des Verwaltungsbeirates, wenn dieser dazu von der Eigentümerversammlung ermächtigt worden ist. Die Eigentümergemeinschaft kann durch einen Beschluss mit einer Mehrheit von ¾ aller stimmberechtigten Sondereigentümer beschließen, dass eine oder mehrere der in den Absatz 1 Ziffern 4 bis 6 genannten Versicherungen ersatzlos gekündigt werden.

### III. Eintragungs- und Bewilligungsanträge, Grundbuchverfahren, evtl. Vollmachten

[Hierfür braucht es kein Muster, da dieser Bereich von den Notaren bestimmt wird.]

---

17   Letzteres nur, wenn das Grundstück in einem hochwassergefährdeten Bereich liegt.

# Stichwortverzeichnis

**Die Stiftung Warentest** wurde 1964 auf Beschluss des Deutschen Bundestages gegründet, um dem Verbraucher durch vergleichende Tests von Waren und Dienstleistungen eine unabhängige und objektive Unterstützung zu bieten.

Wir haben für dieses Buch 100 % Recyclingpapier und mineralölfreie Druckfarben verwendet. Stiftung Warentest druckt ausschließlich in Deutschland, weil hier hohe Umweltstandards gelten und kurze Transportwege für geringe $CO_2$-Emissionen sorgen. Auch die Weiterverarbeitung erfolgt ausschließlich in Deutschland.

**Der Autor:** Werner Siepe ist seit 1987 Fachbuchautor und Dozent mit Schwerpunkt Immobilien. Er kennt die Knackpunkte der Verwaltung und Vermietung von Wohnungen nicht zuletzt aus der eigenen langjährigen Erfahrung als Eigentümer.

2., aktualisierte Auflage
© 2018 Stiftung Warentest, Berlin

Stiftung Warentest
Lützowplatz 11–13
10785 Berlin
Telefon 0 30/26 31–0
Fax 0 30/26 31–25 25
www.test.de
email@stiftung-warentest.de

USt-IdNr.: DE136725570

**Vorstand:** Hubertus Primus
**Weitere Mitglieder der Geschäftsleitung:**
Dr. Holger Brackemann, Daniel Gläser

**Programmleitung:** Niclas Dewitz

**Autor:** Werner Siepe
**Projektleitung/Lektorat:** Uwe Meilahn
**Mitarbeit:** Merit Niemeitz
**Fachliche Unterstützung:** Michael Bruns
**Interviews:** Thomas Brandt, Bonn; Sandra Braunwald, Berlin; Sandra Lenzenhuber, Berlin; Annette Schaller, Berlin
**Titelentwurf:** Susan Unger, Berlin
**Layout:** Büro Brendel, Berlin
**Grafik, Satz:** Phillip Hailperin, Berlin

**Bildredaktion:** Phillip Hailperin, Berlin; Anne-Katrin Körbi
**Bildnachweis: IHV: thinkstock:** S. 4 kim carson (oben), ninuns (Mitte), solvod (unten); S. 5 goodshot (oben), urilux (Mitte), monkeybusinessimages (unten); S. 38 Sandra Braunwald; S. 42 Sandra Lenzenhuber; S. 62 Thomas Brandt; S. 95 Annette Schaller; **Fotolia:** S. 10 riedberg; S. 16 Natalie Prinz; S. 151 Images, Marco2811, S. 135 Denis Junker; S. 153 RioPatuca; **thinkstock:** S. 19 zviger alexandre; S. 23 Terence Keller; S. 22 totalpics; S. 29 Jacob Wackerhausen; S. 31 Urilux; S. 33 IVYPHOTOS; S. 36 ridofranz; S. 48 stockfotoart (links), siri stafford; S. 68 kim carson; S. 72 g215 (links), Ines Wiehle; S. 78 Lisa F. Young; S. 87 ninuns, S. 88 aetb (links), keith brofsky (rechts); S. 96 stockfotoart; S. 98 kim carson; S. 106 piovesempre; S. 113 Jupiterimages; S. 119 David de Lossy; S. 100 kato; S. 102 monkeybusinessimages; S. 141 goodshot; S. 146 Gregor Bister; S. 156 Gkuna; S. 161 zoran simin (links), solar plant (rechts); S. 164 stockfotoart; S. 167 simazoran; S. 169 Olga Volodina;
**Umschlagrückseite:** thinkstock: aetb (links), Jacob Wackerhausen
**Infografiken/Diagramme:** S. 75 Deutscher Mieterbund
**Produktion:** Vera Göring
**Verlagsherstellung:** Rita Brosius (Ltg.), Susanne Beeh, Romy Alig
**Litho:** tiff.any, Berlin
**Druck:** Rasch Druckerei und Verlag GmbH & Co. KG, Bramsche

**ISBN:** 978-3-86851-282-3